PPP模式
在城市综合管廊工程中的应用

宋志宏 梁舰 冯海忠 著

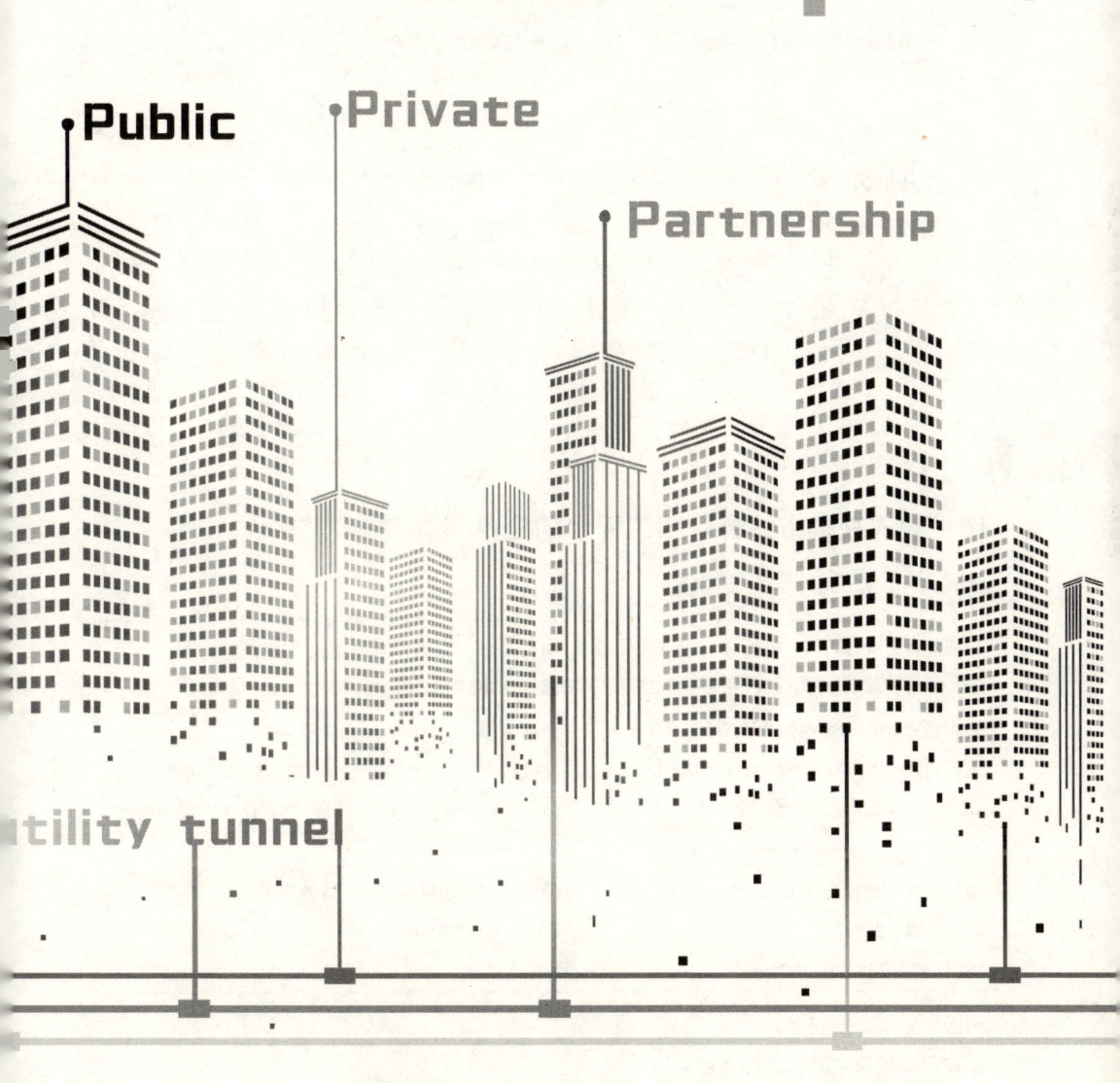

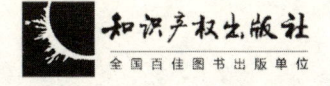

Public

Private

Partnership

utility tunnel

知识产权出版社
全国百佳图书出版单位

图书在版编目（CIP）数据

PPP模式在城市综合管廊工程中的应用/宋志宏，梁舰，冯海忠著.—北京：知识产权出版社，2017.1

ISBN 978-7-5130-4661-9

Ⅰ.①P… Ⅱ.①宋… ②梁… ③冯… Ⅲ.①政府投资—合作—社会资本—应用—基础设施建设—研究—中国 Ⅳ.① F299.24

中国版本图书馆CIP数据核字（2016）第304532号

责任编辑：刘　爽　　　　　　　责任校对：谷　洋
封面设计：吴晓磊　　　　　　　责任出版：刘译文

PPP模式在城市综合管廊工程中的应用

宋志宏　梁舰　冯海忠　著

出版发行	知识产权出版社有限责任公司	网　　址	http://www.ipph.cn
社　　址	北京市海淀区西外太平庄55号	邮　　编	100081
责编电话	010-82000860转8125	责编邮箱	13810090880@139.com
发行电话	010-82000860转8101/8102	发行传真	010-82000893/82005070/82000270
印　　刷	北京嘉恒彩色印刷有限责任公司	经　　销	各大网上书店、新华书店及相关销售网点
开　　本	720mm×960mm　1/16	印　　张	17
版　　次	2017年1月第1版	印　　次	2017年1月第1次印刷
字　　数	249千字	定　　价	98.00元

ISBN 978-7-5130-4661-9

出版权专有　侵权必究
如有印装质量问题，本社负责调换。

Public Private Partnership 序言

　　城市市政公用管线是城市赖以正常运行的生命线。早在 2011 年 11 月，中国城市规划协会地下管线专业委员会就透露：2008~2010 年，全国仅媒体报导的地下管线事故，平均每天就有 5.6 起。随着城市发展，更多未得到及时更新的管线造成的事故就更多。据不完全统计，全国每年由于路面开挖造成的直接经济损失约 2000 亿元。鉴于此，为提升管线建设水平，保障市政管线的安全运行，新的管线敷设方式——城市地下综合管廊受到空前重视。

　　目前，建设综合管廊已经具备了一系列有利条件，体现在：第一，党中央和国务院高度重视；第二，地方政府有很高的积极性；第三，国家及各城市具备了这个经济实力；第四，投融资体制改革开辟了新的资金渠道；第五，企业有参与的愿望和能力；第六，广大市民非常支持；第七，在城市综合管廊建设方面已经进行了许多探索，积累了经验。正是在这些背景因素的支持下，尤其是近两年就城市综合管廊建设接连出台的一系列技术方面的、投融资方面的、政府导向方面的政策、法规等文件，极大地推动了综合管廊建设事业的发展，自 2014 年至今，综合管廊项目已在全国全面推进。根据国家发展和改革委员会等七部门发起的专项建设基金支持综合管廊建设情况的通报披露，到 2016 年

5月,专项建设基金已经投放6批,共支持综合管廊项目152个,投资2711亿元,其中大多数采用的是PPP模式,项目建成后将形成3300 km的综合管廊,发展势头迅猛。

然而,综合管廊在我国毕竟是一项新型的市政基础设施,PPP模式也还正处于发展起步阶段,就PPP模式应用于综合管廊建设运营而言,我们已在实践中遭遇了法律法规缺失、资本投入大回收期长、确定长期资本收益率困难,以及行业壁垒、技术制约、协调管理不畅等诸多问题的困扰,而且这些问题今后还可能在项目的规划、设计、投融资、施工、采购以及将来的运营等全寿命周期、全产业链上的各个环节高频率发生。因此,通过调查、分析、研究,寻求解决这些问题的办法,是开展课题研究的重要的工作背景。

住房和城乡建设部政策研究中心及时申请和组织了"PPP模式在城市综合管廊工程中的应用研究"课题。北京中建政研信息咨询中心积极承担和参与了这一前沿性的软科学课题,并充分发挥了民间咨询机构的作用。该课题研究顺应了市场需求,实现了跨部门、多专业、综合性优势,联合研究攻关,历时10个月完成了近17万字的研究报告,填补了国内在综合管廊与PPP两个市场热点有机结合的研究空白,为采用PPP模式建设运营综合管廊提出了系统性的解决方案,为政府在这个领域制订、调整政策提供了有益的借鉴。

课题研究人员坚持实事求是的科学精神,精准收集信息,深入一线调查,严谨取证分析,在研究过程中广泛汇集业界专家观点,结合具体项目与相关政府部门、地方政府机构、社会资本方等多角度展开实证性交流与沟通,使得提出的建议得到了来自多方面的理解与支持。我相信,在本研究成果获得社会广泛共识的基础上,PPP模式应用于城市地下综合管廊领域建设与运营的脚步将迈得更为坚实、有力。

徐宗威

2016年11月1日

序言

Public Private Partnership

    城市地下综合管廊便是国务院总理李克强指出：我国新型城镇化建设既要重"面子"，也要重"里子"，中称之为城市"里子"的重要组成部分。

    我国过去的城镇化建设是伴随着改革开放后经济、社会发展的快速前进而相对处于粗放型发展状态的。就城市市政公用管线设施建设来说，粗放发展所直接形成的结果就是"马路拉链""空中蜘蛛网"的现象。其实质是国内城市发展不规范，中、远期规划设计不周，造成了城市动态变化幅度过大。

    在有些国家，城市地下综合管廊已经发展了一百多年，而在我国是比较新的事物。通过对国外实践经验的学习和对国内实际情况的调研，可以看到，部分人由于对城市地下综合管廊了解不多，一方面对其内部管线存在的风险过度放大从而造成心理上过分紧张，制定了过度放大安全等级的相关标准。另一方面，城市综合管廊在规划设计阶段没有得到应有重视，建设资金的单位体量较大，对运营管理的重要性相对忽视等。以上情况叠加起来，致使城市综合管廊处于难以可持续发展的状态。

    该书通过对由住房和城乡建设部政策研究中心和北京中建政研集团有限公司联合发起的相关课题研究，提出了对城市地下综合管廊廊体及廊内管线设计一体化、廊内环境及管线监视监控集成设计与构建、EPC 建造、集约化运营管理、投融资保险等系统的解决办法，对解决目前存在的问题有很好的帮助，值得参考。

书中汇集的资料来源于对全国 11 个城市、12 个项目进行的系统性现场调研，调查内容涉及这些城市综合管廊的基本信息、PPP 投融资模式、建设过程中存在的问题、政府管理体制、社会资本方参与状况、地方政府出台的相关法律法规等 140 余个问题；书中形成的概念、观点和建议通过作者参与的一系列国内高层次综合管廊技术论坛的交流、自主举办的综合管廊 PPP 沙龙和技术研讨、就承接的综合管廊 PPP 咨询业务深入到有关政府部门、地方政府主管部门、各路社会资本方和金融机构等多层次、广角度的沟通与实证，已经获得了广泛的认可。作为一个曾经在城市市政公用设施建设领域的计划财务方面工作过的经历者，读后甚为感叹，是为序。

秦玉文

2016 年 11 月 24 日

Public Private
Partnership

编者按

  正值本书交付印刷之时，《PPP模式在城市综合管廊工程中的应用研究》课题成果验收会议于2016年11月24日在京举行。住房和城乡建设部科技与产业化发展中心作为验收组织单位，邀请了陈淮、杜峰、吴冰、李平、李超建等五位专家组成验收委员会。经对由住房和城乡建设部政策研究中心和北京中建政研信息咨询中心联合承接的2016年度住房和城乡建设部唯一的软科学课题——PPP模式在城市综合管廊工程中的应用研究成果严肃而认真地评审，验收委员会一致同意该课题研究成果通过评审验收。

  当前，PPP大潮汹涌而至，而城市综合管廊应用PPP模式却频频陷入困境。此时此刻完成的课题成果，应时地为相关政府决策机构、地方政府主管部门、各路社会资本和金融机构提供了较为全面的综合管廊、PPP以及二者交互影响的众多信息，提出了系统化解决问题的思路与建议，受到验收委员会各位专家的一致赞赏和高度评价。验收委员会主任委员陈淮特别指出，我国改革开放30多年来，综合经济实力显著提升，但是在城市的发展和管理方面仍面临四大短板，一是城市基础设施落后，二是政府公共产品供给不足，三是城市管理系统化尚有很大发展空间，四是对城市基础设施建设影响深远的金融与产权制度改革远没有到位。本课题研究内容恰恰全面触及上述四个方面的问题，研究成果确实具有很好的现实意义。

验收委员会认为：

PPP模式作为一种新的融资建设模式具有其独有的优势，它能够很好解决政府作为单一投资主体模式存在的投资总量不足、融资渠道狭窄和资金效率不高的缺点。

该课题通过对城市综合管廊工程中应用PPP模式相关法律、政策、方法、路径、举措等的研究，发现问题并提出战略性、前瞻性、可实施性的政策建议，为下一步在城市综合管廊工程中大规模应用提供了重要依据。

该课题全方位地揭示目前我国在利用PPP模式建设城市综合管廊工程中遇到的障碍、难题和潜藏的风险，可为后续类似项目提供借鉴；课题提出了实现PPP模式建设城市地下综合管廊的系统优化建议。一是顺应PPP基本理念，选择适宜的PPP投融资模式，构建总体实施框架；二是建立和完善利于综合管廊PPP模式建设运营的法制环境；三是顺应综合管廊PPP项目的管理需要，实现政府管理机制创新；四是提出了综合管廊PPP项目中采购社会资本方式的匹配度建议。

该课题逻辑清晰、结构合理、结论明确。研究提出的政策措施切实可行。课题研究达到了委托方的要求。

参与课题研究的一众编者在得到验收委员会专家认可而万分欣慰的同时，更感责任重大。编者认为，课题通过验收只是下一步工作的起点，综合管廊PPP模式的有效应用仍面临很多挑战，其中综合管廊的全部工程一次性完成设计、廊内管线和环境监视监控实行集成化构建、采用EPCO建设运营管理方式实现项目建造、廊内管线及环境监视监控集约化运营管理等运作方式的革新将是综合管廊PPP模式应用方面的战略性攻坚战役。

编者
2016年11月25日

前言

当前，我国城市地下综合管廊应用 PPP 模式建设运营的市场正在向纵深发展，但囿于相关信息缺乏，社会上仍有诸多疑虑待解。笔者根据住房和城乡建设部政策研究中心、北京中建政研信息咨询中心合作开展的"PPP 模式在城市综合管廊工程中的应用研究"课题成果编撰成书，以飨广大读者。

上述研究课题于 2015 年 11 月初申报，当年 11 月 25 日通过初审，2016 年 5 月 11 日正式入选住房和城乡建设部 2016 年科学技术项目规划——软科学研究项目（项目编号 2016-R3-005），并成为 2016 年度住房和城乡建设系统唯一的软科学课题。

研究团队旨在通过对由住房和城乡建设部统领的城市地下综合管廊领域应用 PPP 模式相关法律、政策、方法、路径、举措等的研究，发现问题并提出战略性、前瞻性、可实施性的政策建议，为政府下一步在这个规模宏大的建设市场进行必要的政策调控提供依据。

"PPP 模式在城市综合管廊工程中的应用研究"项目达到了预期目标：提出了完善综合管廊在 PPP 模式下相关法律法规的建议；提出了 PPP 模式下综合管廊在政府管理体制、运行机制的调整思路；提出了综合管廊在 PPP 模式下有关投融资、股权结构、权益处置等方面的方案设计；提出了在 PPP 模式应用下实现综合管廊设计、施工、调试、运营等工程领域的基本技术匹配建议。

研究团队对本研究成果应用前景的展望是：通过全方位地揭示目前我国在利用 PPP 模式建设城市综合管廊工程中遇到的障碍、难题、含糊的处理方式及潜藏的风险，为后续类似项目提供借鉴；通过研究而得出的就利用 PPP 模式建设城市综合管廊工程出现的各类问题的系统解决方案将成为迄今较为全面的实用型研究成果，在推动 PPP 模式建设运营城市综合管廊方面发挥独特作用；希望通过在课题研究过程中与之充分交流的一批国内顶尖的适合综合管廊项目投融资、工程设计、工程施工、大型工程构建生产、主要装备、材料供应、集约化运营管理等社会资本，形成综合管廊工程行业的领军企业，为培育强有力的综合管廊工程总承包商或构建联合体打下基础。

在研究过程中，研究团队先后搜集、整理了国内外有关城市地下综合管廊的技术文献 52 篇、PPP 咨询技术文献 185 篇、综合管廊与 PPP 模式关联的文献 160 篇，获得了大量的基础性信息；于 2016 年 1 月 24~30 日、3 月 2~10 日和 5 月 25~31 日分三个批次对哈尔滨、长春、吉林、四平、沈阳、石家庄、孝感、长沙、六盘水、包头、白银 11 个城市的项目进行了实地调查，得到了各地方政府实施机构官员的热情接待并获取了丰富的第一手项目资料；不失时机地参加了"2016 城市地下综合管廊技术交流暨工程观摩会"（深圳）、"2016 中国城市地下综合管廊规划设计与施工关键技术论坛"（北京）、"2016 地下综合管廊全生命周期建设管理技术交流研讨会"（青岛）等国内重大综合管廊主题活动；同时接轨 PPP 项目咨询，先后与吉林集安市住房和城乡建设局、贵州铜仁市大龙经济开发区、四川德阳市住房和城乡建设局、河北张家口怀来县住房和城乡建设局、甘肃庆阳市住房和城乡建设局、山西吕梁市住房和城乡建设局、山东聊城经济开发区等综合管廊项目政府实施机构进行了深入接触和探讨；此外还在中建政研的平台上先后举办了三次全国性的综合管廊 PPP 应用专题沙龙和论坛，在公开刊物和中建政研网络平台发表综合管廊 PPP 应用专题研究论文12篇。

  本书的写作过程中，以下人员亦做出了贡献：王树海、林正刚对投融资相关内容给予指导；杨贺龙、林益洋、杜峰对PPP模式选择部分给予指导；苏勇、魏国强、黄思雄、芦运石为实践写作部分提供了意见；姚海林对文中涉及法律的部分进行完善；阎运虎对涉及项目财税的内容给出建议并参与写作。

  课题研究得到了住房和城乡建设部、财政部、发展和改革委相关领导、专家、学者的关注和支持，得到了国内PPP咨询界同仁的关注和支持，研究团队表示衷心感谢！

  研究团队还得到了以下单位在相关研究议题方面的配合和支持，在此一并表示感谢！

  鸣谢：

中冶京诚工程技术有限公司

中国石油天然气管道局

中国天辰工程有限公司

中国移动通信集团设计院有限公司

中国煤炭科工集团南京设计研究院有限公司

广东省电力设计研究院

广东宏正工程咨询有限公司

中铁二局集团有限公司

中泰国际控股集团有限公司

中铁建设集团有限公司

中交隧道工程局有限公司

中国二十二冶集团有限公司

中电建建筑集团有限公司

中国建筑一局（集团）有限公司

中基发展建设工程有限责任公司
中煤矿山建设集团有限责任公司
裕腾建设集团有限公司
中国水利水电第八工程局有限公司
施耐德电气（中国）有限公司

Public Private Partnership 目录

第一章 绪论 /001

第一节 研究背景及意义 /003

第二节 文献综述 /007

第三节 研究方法及框架 /012

第二章 国内外城市地下综合管廊的发展状况及其特征 /017

第一节 国外城市地下综合管廊的发展状况及特点 /019

第二节 国内城市地下综合管廊的发展演变与阶段特征 /024

第三节 国内外城市地下综合管廊不同投资模式建设效果
比较 /035

第三章 我国城市地下综合管廊PPP模式应用的现状分析 /047

第一节 我国城市地下综合管廊工程技术现状分析 /049

第二节 PPP模式应用于城市地下综合管廊的现状调查与
评价 /055

第四章　国外城市地下综合管廊投资、建设、运营管理的经验借鉴 /069

第五章　制约我国PPP模式下建设城市地下综合管廊发展问题的破解思路 /075

第一节　适宜的投融资模式选择及PPP操作建议 /077

第二节　法律法规建设 /123

第三节　综合管廊PPP项目管理对应的政府职能转变及管理机制创新 /147

第四节　综合管廊PPP模式下采购社会资本的深度解析与建议 /168

第六章　结论 /237

参考文献 /254

第一章 绪 论

第一节　研究背景及意义

一、研究背景

2015年，中央在推行政府和社会资本合作模式、汇聚社会力量增加公共产品和服务供给方面进行了一系列部署，采用PPP模式建设城市地下综合管廊成为这一年度最热门的话题之一。

建设城市地下综合管廊具有以下意义。第一，城市地下综合管廊已被证明是一条完善城市基础设施的成功路径。第二，可以有效且充分地利用地下空间。第三，因为纳入多种管线，具有规模集约化、管理综合性的优势。第四，从长效机制看节省投资。第五，综合管廊建设将拉动经济增长。第六，综合管廊建设将改变城市面貌。第七，综合管廊有利于保障城市的安全。

同时，建设城市地下综合管廊具备了以下条件。第一，党中央、国务院高度重视。第二，地方政府有很高的积极性。第三，具备经济实力。第四，金融机构全力支持。第五，企业有参与的愿望，也有参与的能力。第六，广大市民非常支持。第七，在城市综合管廊建设方面已经进行了许多积极的探索，取得了很好的经验。

采用PPP模式建设城市地下综合管廊已成趋势，表现在五个方面。第一，我国基础设施领域PPP模式历经四个发展阶段，已奠定了坚实的政策环境基础。第二，当前一个时期，中央政府正在从法规、制度、机构、项目和能力建设等多方面着手打造综合管廊推广PPP模式的有利环境。第三，城市地下综合管廊建设需求快速增长与政府有限供给能力之间的矛盾，为PPP模式的发展开辟了空间。第四，PPP潜在的效率效应会使其在城市地下综合管廊领域充分发挥社会资本与政府合作模式的综合效益。第五，后发优势将使我们少走弯路，在推进城市地下综合管廊领域 PPP 的发展过程中，可以"不再摸着石头过河"。

但是，应用 PPP 模式建设城市地下综合管廊工程在我国毕竟只有较短的实践过程，由于综合管廊构筑物本体的特殊性，管廊内纳入管线的特殊性，管廊造价高、运营维护难等特征，以及包括其法律法规缺失、政策壁垒、行业壁垒、技术制约、协调管理不畅等问题，在项目的规划、设计、投融资、施工、运营等全产业链上各个环节都呈现高频率发生现象。因此，调查、分析、研究并解决这些问题，使城市地下综合管廊工程在 PPP 模式下健康发展已成为政府和市场的双重需要。

二、研究对象及其特点

1. 概念清理

"PPP 模式在城市综合管廊工程中的应用研究"是一项搭接综合管廊工程技术领域和 PPP 模式投融资咨询领域，使两者交融、合理构建的应用型研究。随着 PPP 项目咨询向专业化、精细化以及向项目全寿命周期纵深方向的发展，结合工程特征应用 PPP 所涉及的概念、范围、门类和具体内容等工作将变得更加丰富，需要厘清和解决的问题也日趋庞杂。就课题而言，需要清理以下概念。

① 要使城市地下综合管廊这样的公共基础设施能够适用 PPP 模式进行融资建设，综合管廊就得具备可经营性。由此派生出综合管廊的权属问题、强制入廊问题、入廊费用的计算与收取问题、运营维护费用的计算与收取问题等一系列涉及法律法规的概念。

② PPP 项目运作需要构建政府治理理念、治理结构和运作方式三位一体的政府治理框架。普通单个 PPP 项目的实施就需要联动多个政府部门、整合各方资源，而综合管廊更具特殊性，至少需要水、电、气三个以上部门协同管理，并获得规划、发展和改革、财政、建设、国土、电力、通信等多个同级平行

政府部门和跨级垂直行业机构的支持。因此，对综合管廊而言，其实施机构应具有个性鲜明的政府管理特点。

③ 近两年来，政府为推动 PPP 模式建设城市综合管廊做出了诸多政策部署，尤其是财政支持措施及其力度均极具亮点。其中涉及综合管廊项目特有的股权结构、特许经营、投资补贴、贷款贴息、加大政府投入、信贷支持、专项金融债、企业债、预期收益担保等众多投融资方面的概念。

④ 作为参与综合管廊建设运营的重要主体之一——社会资本方，其设计、融资、建造、运营等能力匹配应是 PPP 项目能否落地的关键所在。综合管廊在我国发展历程短暂，国内社会资本在工程建设领域和运营管理领域均存有很多短板，因此采购社会资本时与 PPP 直接关联的几个概念要引起注意，如项目签约时所处的设计阶段、项目工程总造价、项目建造实施方式、项目运营实施方式、项目终止交接办法等。

2. 研究对象及特点

本研究涉及以下几个方面。

① PPP 模式下的法律法规应用。

其特点是通过对地下空间法、物权法、行政强制办法、计价原则及价格法等的研究，为使综合管廊有效适应 PPP 模式廓清法律障碍。

② PPP 模式下的政府实施机构设置及其运作机制优化。

其特点是通过将纳入管廊的各类管线主管部门及涉及管线建设和 PPP 项目审查、批准、监管的发展和改革、工业和信息化、国土资源、规划、财政、审计、园林、水务、公安、消防、人防、安监、质监、环保、文物等部门的责任与权力进行整合，保证综合管廊 PPP 项目在前期运作、项目落地、施工建设、运营维护、项目交付等全寿命周期受到来自政府部门的有效监管。

③ PPP 模式下对综合管廊投融资支持政策的有效利用。

研究的特点在于利用金融专业知识，探求把控最合适的度，用好、用活中央政府关于支持 PPP 模式建设综合管廊给出的一些投融资财政支持或优惠政策，包括投资补贴、贷款贴息、专项金融债等，精准地为综合管廊PPP项目提供交易结构设计、合同体系构建、融资、造价、税务管理等服务。

④PPP模式下综合管廊全生命周期内的技术匹配要求。

PPP模式优点之一是有利于通过社会资本的介入提升公共产品质量和公共服务水平。对综合管廊工程而言，选择实力雄厚、技术强大，包括从整合各类管线工程在内的综合管廊规划设计、可行性研究、初步设计和施工图设计；覆盖综合管廊工程全部作业种类的工程施工与验收；运营期管理社会资本显得尤其重要。因此，研究包括政府采购的起始时机（初设阶段还是施工图阶段）、项目工程总造价的控制（初步设计概算还是施工图预算）、项目建造实施方式（是工程总承包还是传统的设计、施工分别委托）、项目运营实施方式（是廊道总体运管还是与管线权属部门分责）、项目终止交接办法（是无偿移交还是股本转让）等概念和运作方式。均将对PPP模式下综合管廊工程的融资、建造和运营管理产生实质性影响，并且自然地与社会资本的能力匹配要求发生共鸣。

三、研究目的与意义

1. 课题的预期成果

课题预期成果包括以下几个方面。

①提出综合管廊在PPP模式应用下完善相关法律法规的建议。

②提出综合管廊在PPP模式应用下政府管理体制、运行机制的调整思路。

③提出综合管廊在PPP模式应用下有关投融资、股权结构、权益处置等方面的方案设计。

④提出综合管廊在PPP模式应用下实现设计、施工、调试、运营等工程领域的基本技术匹配建议，为实现政府采购和保证工程质量打好基础。

2. 研究目的与意义

①力图全方位地揭示目前我国在利用PPP模式建设城市地下综合管廊工

程中遇到的障碍、难题、含糊的处理方式及潜藏的风险，为后续类似项目提供借鉴。

② 为利用 PPP 模式建设城市综合管廊工程可能出现的各类问题提出系统解决方案。

③ 希望通过课题研究汇集、整合一批国内顶尖的投融资机构、工程设计企业、工程施工企业、大型工程构件生产企业、综合管廊综合运营商等，通过技术层面的切磋、交流、融合、提高，形成综合管廊工程领域的领军企业，为培育强有力的综合管廊工程总承包商或构建 PPP 模式建设综合管廊的社会资本联合体打下基础。

第二节 文献综述

一、国外相关研究综述

1. 法律法规层面

美国对基础设施（包括长距离输送管道）公私合营投资交易都需要某种类型的法律授权。如果该资产属于州政府的管辖范围，那么典型的做法是通过州授权法案，使相关机构能够就建立基础设施公私合作伙伴关系开展交易。美国除了州政府外，地方政府也有与州政府相同的授权问题。

日本政府于 1963 年颁布了《共同沟特别措施法》，借以规范和推动共同沟的建设，日本也因该法成为全球首个对综合管廊实行立法管理的国家。

2. 政府管理层面

美国[1]随着经济发展，在管道管理方面从管理规格到具体管理对象一直都在调整中，其主要机构有：交通部下属的管道安全办公室、安全部下设的交通安全署、联邦能源监管委员会、地下公共设施共同利益联盟等。各机构根据不同的授权进行管理监督，为相关的利益方代言。

英国[2]的管理经验具有其历史的背景，由于管道修建的时间较长、管道的位置不准确导致事故频频发生，要求在施工前、施工后建立适当的信息管理制度和受影响群众的权利保护机制；由于历史城市污水处理不及时曾导致大规模霍乱、城市恶臭，因此非常注意环保。

法国[2]在2006年之前对管廊内的管线是多头管理，由于协调缓慢造成了许多事故，2006年开始通过立法来统一对管廊的管理，成立了专门协调的机构，同时，加强政府监督来防止施工对管廊的破坏。

3. PPP 模式设计层面[3]

文献内有英国 2010 年综合管廊的每延米成本，它由三部分构成，分别是工程成本、社会成本及环境成本。这提示中国在修筑综合管廊的过程中对综合管廊的成本考虑应该是多方面的，而不仅是工程成本的考量。

4. 综合管廊的规划设计技术层面

Cyrus D. Garner 和 Richard A. Coffman 对伊斯坦布尔和曼谷两个地铁隧道工程孔洞表面的受力进行了分析，虽然只是两个个案，但具有一定的代表性。Ugur Atesetal[4]对土耳其 TBM 掘进过程中所受的压力进行分析，认为 TBM 掘进过程中所经过的地层地质情况对 TBM 所采用的扭力有重要的作用，希望研究的成果给 TBM 掘进过程中迅速调整扭矩提供帮助。

日本从共同沟建设开始至今制定了多部技术法规进行规划和设计管理与指导，如《共同沟实施法》《共同沟建设特别措施法》《电缆沟（CCBOX）推进法》《共同沟设计指针》等。

5. 综合管廊的建设运营层面[3, 5, 6]

Julian Canto-Perello 等应用基于 Delphi 和 AHP 的专家系统方法对城市综合管廊在突发状况下可能受到的影响程度进行了分析，建议在综合管廊规划和设计时期就要考虑可能遭受到的突发状况，并且要尽可能考虑突发事件的细节。

日本公共管廊的建设及运营管理由专门的机构负责，比如负责管廊建设所需资金的公共管廊建设基金委员会、专门建设公共管廊的机构及负责运营的管理维护中心等。

二、国内相关研究综述

1. 法律法规层面

张光明[7]对美国、德国、日本的地下空间立法历史进行回顾，对我国地下空间立法的中央和地方两个方面现状进行了分析和总结，提出了我国城市地下空间立法规制的构想，认为应在《中华人民共和国物权法》的基础上进行独立成章，然后整合现有的法律法规独立成为单行法，同时在具体设计时提出既要注意城市地下空间权物权规则的具体设计，又要注意程序规则设计，建议重新定义容积率和进行地下空间权的价格评估。黎桦[8]对地方在城市地下空间开发利用领域的立法中行使其先行先试权时必然存在如何与科学民主立法的理念相协调的问题，认为应对地方立法先行先试权和科学民主立法分别进行解读，结合现实实践要求进行反思，以实现其二者的相互协调。

2. 政府管理层面

王恒栋等[9]对综合管廊在规划设计施工、运行管理等角度进行了分析，认为城市地下综合管廊管理需注意：规划时需科学统筹规划，适度超前；建设及入廊应对入廊的管线单位和入廊管线从法律和空间角度协调；用信息技术促进综合管理。尚秋谨等[2]对美国、英国和法国的综合管廊建设和管理经验进行了总结。

3. PPP模式设计层面

楼可为[10]认为，综合管廊众多优点是城市基础设施发展的新方向，通过无锡市综合管廊的发展现状介绍，对无锡城市综合管廊建设的经济分析，研究了目前我国城市综合管廊发展中存在的一系列问题，如需明确综合管廊的准公共物品定位、完善配套法规体系、建立与收费机制相协调的多元投融资模式、制定兼顾各方利益的收费定价机制等。

于玲[11]的研究认为，PPP模式突破了传统公共服务供给思路，由单一财政投入转为政府与社会资本共同合作，在解决资金的同时，也为公共服务引入更高效的管理机制。PPP模式没有普适性的模板，需要结合地域和项目实际情况灵活选取运作方式。以四川省为例，从提高公共服务效率和质量出发，进行了实证研究并明确在整个过程中的方向定位。

宋定[12]在对我国综合管廊运营现状分析的基础上，针对存在的问题，提出了为政府寻求合作伙伴引入PPP模式的解决方案，对综合管廊运用PPP模式的可行性及机制进行了分析，并搭建了适合我国综合管廊建设及运营的PPP模式——前补偿模式及后补偿模式。最后在分析综合管廊综合效益的基础上确定了综合管廊的费用承担主体，在综合考虑综合管廊效益及各种因素的情况下提出了在综合管廊后期运营过程中向管线单位收费的模式。

4. 综合管廊的规划设计技术层面

井发明等[13]介绍了宁波市地下管线动态更新工作的开展情况，从政策依据、工作机制、作业模式、管理方法等方面对城市地下管线动态更新及管理机制进行了分析和探讨。他们认为宁波市地下管线动态更新机制对其他城市开展此类工作具有借鉴意义。

傅健[14]对地下空间的含义及地下空间的历史发展进行介绍，探讨了地下空间在国外的发展现状及对我国城市发展的借鉴，认为对地下空间有效开发有助于解决我国城市发展中出现的各种问题。

刘春彦[15]对日本空间开发利用管理体制进行研究。日本形成了比较完善的法律体系，法律体系的建立有利地推动了地下空间合理的开发利用，对我国地下空间开发利用提供了有益的启示。刘春彦等[16]认为我国台湾地区地下空间开发利用比较发达，管理体制、机制和法制也比较健全，与日本的经验有较好的互补，我国大陆地下空间的开发利用可以借鉴台湾地区的先进管理经验。

孙波等[17]对地下空间开发的不可逆性进行探讨，认为若使城市可持续发展，地下空间开发应当深入调研、合理规划及科学管理，并利用在亚洲两个人口密集城市的地下空间开发经验进行了实证。

油新华[18]认为，地下空间开发利用是解决城市化发展的有效途径，通过分析国内外地下空间的开发利用状况，深入剖析我国地下空间利用中存在的问题，在明确地下空间开发未来发展趋势的同时，给出了地下空间开发的建议。

陈燕[19]认为，国民经济快速发展的同时，随着人口数量不断攀升，人们的生活离不开一定的物质保障，然而城市的地域空间以及生活资源是极其有限的。要解决这个矛盾，就必须开发利用地下空间。

段天雷[20]对综合管廊的管理运营技术历史进行了梳理，认为应用基于 webGIS 综合管廊管理系统对未来的管理进行不啻为一种良好的选择，该系统具有若干良好的特点，满足了城市管线管理的需求，可以为规划、建设提供便利。

于骏[21]分析了城市地下管线的管理现状，并阐述了建设城市地下管线信息系统的必要性，详细地讲解了管线信息管理系统建设方案，并从社会效益与经济效益方面进行了探讨。

段巧、李治[22]以对巴彦淖尔市的规划设计为例，对综合管廊项目的规划过程进行梳理，认为综合管廊建设前期协调要多与管线单位沟通，尽早考虑未来的运营。

5. 综合管廊的建设运营层面

王超、孙晓洪等对中国地下管线管理进行了总结研究，认为中国的地下管线管理缺乏动态的信息化管理，造成大量浪费；对天津市地下空间管线管理进行了分析，提出了天津模式——"政府＋企业＋社会三位一体"齐抓共管，建设城市地下管线信息化。在地下管线管理过程中多项工作同步展开，连续动态地解析城市地下管线信息化。

通过对国内外文献的整理研究，研究团队认为，在综合管廊应用 PPP 模式建设运营方面，国外的相关信息相对较少，国内的探讨性研究文章虽然不断见诸报章，但具有系统性指导意义的文献则相对有限。从 21 世纪初，国内在地下空间和综合管廊技术领域的研究开始活跃，业内人士对各专业涉及的问题进行了描述，证明我国地下综合管廊建设的重要性和必要性。但是，这些研究大都是对专业内的问题进行就事论事的探讨，未将综合管廊所涉及的规划、融资、建造、运营和维护上升到产业链进行研究，这也是本课题的一个特色。

综合管廊全寿命周期所需的资金体量是巨大的，所查阅的文献未有对综合管廊项目的融资进行研究的内容。PPP 在公共基础设施建设方面筹措资金具有着天然的优势；同时 PPP 在综合管廊项目中的应用会涉及诸多相关方的利益，需要在 PPP 项目合同实施前确定好各种协调机制；对项目所涉及的利益进行规划，对风险进行识别，确立好相应的管理方法；对综合管廊的可持续发展进行总体规划，避免由于短板效应影响发展。

第三节　研究方法及框架

一、研究思路与方法

本研究团队拟通过对国内外相关文献的分析梳理，在深入调查研究及结合本国国情的基础上，通过对近一年半 PPP 模式在综合管廊工程应用中遇到的若干板块化问题的揭示，努力寻找合理的破解途径，以解决 PPP 模式与综合管廊工程技术相结合的关键矛盾，促使综合管廊工程采用 PPP 模式建设运营事业的健康发展。

1. 文献研究

文献研究是课题研究的一项重要工作，贯穿于整个课题研究全过程。本书参阅了国内外大量的创新理论、博弈理论、战略管理学、可持续发展理论、法律实践理论、工程管理理论、政府公共管理理论、PPP理论、综合管廊在国内外应用研究等领域的相关文献，从而形成在巨人的肩膀上发现、分析并解决问题的优势地位。

2. 理论研究与实际调研相结合

研究团队进行了专门的实证研究和案例研究。在整个报告的形成过程中，所有观点都是根植于实际调研基础之上的。研究团队曾分多个批次深入财政部综合管廊PPP项目试点城市，对相关的政府实施机构、社会资本机构、综合管廊运营管理机构、具有竞争力的综合性设计院、具有施工能力的大型、特大型施工企业进行了调研。同时，针对专门的问题召集了多次了专题讨论会，几乎参与了2016年上半年国内大型机构主办的所有的全国性综合管廊研讨会，到有已建成的代表性的综合管廊进行了考察、观摩和交流，利用北京中建政研信息咨询中心平台举办了PPP模式应用于综合管廊的高端技术论坛和专题沙龙。通过上述一系列活动，研究团队掌握了目前试点城市的综合管廊PPP项目动态、采用的模式、施工技术、政府管理方式、管线入廊情况、入廊费谈判情况等。研究团队通过对潜在参与综合管廊建设的社会资本方进行多维度地调查与沟通，找到了参与建设的兴趣点和参与方式，并对可能遇到的融资风险管理、建设运营风险管理进行了深度解析，从而给出了具备后续跟进条件的优化建议。

3. 定性研究和定量研究相结合

研究团队在PPP模式应用于综合管廊方面充分运用了定性和定量研究相结合的方式，对综合管廊在PPP模式下有关设计范围、社会资本采购、建设管理方式、运营管理方式、收费管理、综合管廊收支能力等进行了重新界定，分析了PPP模式的作用和PPP模式失灵后造成的危害等。研究团队较多地运用了定量研究方法，构建了数理分析模型，通过基于模糊集的层次分析法，定量地研究了综合管廊在PPP模式下的规划成本、融资成本、综合管廊建造成本、后期运营维护成本等方面的问题，形成了PPP模式应用于综合管廊的全寿命周期的成本构成，对相关咨询机构今后形成物有所值的评价报告、政府财政承受能力论证报告提供了良好的方法支持。

4. 技术路线

研究团队秉持问题导向原则，通过实地调研、现状分析、理论研究，最后提出对策建议。技术路线如图 1.3.1 所示。

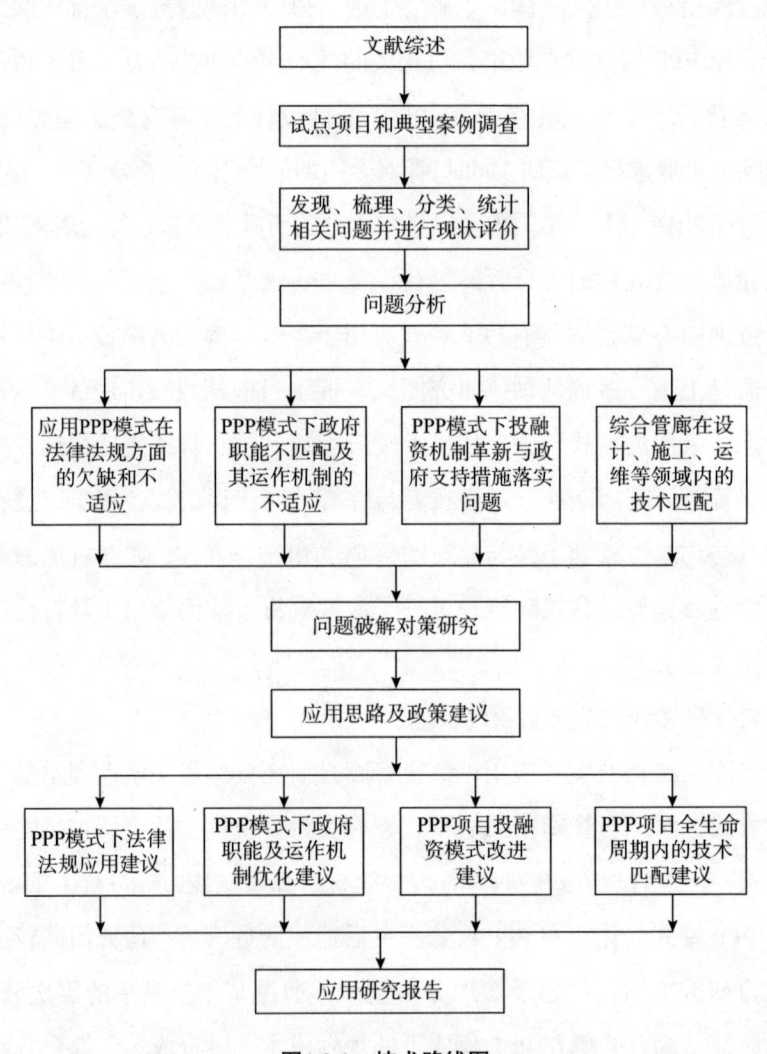

```
           ┌──────────────────┐
           │     文献综述      │
           └────────┬─────────┘
                    │
           ┌────────▼─────────┐
           │ 试点项目和典型案例调查 │
           └────────┬─────────┘
                    │
     ┌──────────────▼───────────────┐
     │ 发现、梳理、分类、统计相关问题并进行现状评价 │
     └──────────────┬───────────────┘
                    │
           ┌────────▼─────────┐
           │     问题分析      │
           └────────┬─────────┘
                    │
  ┌─────────┬───────┼────────┬─────────┐
  │         │       │        │         │
应用PPP模式  PPP模式下  PPP模式下  综合管廊在
在法律法规   政府职能   投融资机制  设计、施工、
方面的欠缺   不匹配及   革新与政府  运维等领域内
和不适应    其运作机   支持措施落   的技术匹配
           制的不适应  实问题
  │         │       │        │         │
  └─────────┴───────┼────────┴─────────┘
                    │
           ┌────────▼─────────┐
           │  问题破解对策研究  │
           └────────┬─────────┘
                    │
           ┌────────▼─────────┐
           │ 应用思路及政策建议 │
           └────────┬─────────┘
                    │
  ┌─────────┬───────┼────────┬─────────┐
PPP模式下   PPP模式下   PPP项目    PPP项目全
法律法规    政府职能及   投融资模式  生命周期内
应用建议    运作机制优   改进建议   的技术匹配
           化建议                   建议
  └─────────┴───────┼────────┴─────────┘
                    │
           ┌────────▼─────────┐
           │   应用研究报告    │
           └──────────────────┘
```

图1.3.1　技术路线图

二、研究的创新与局限

课题对我国PPP模式在城市地下综合管廊工程中的应用状况进行了系统性研究,这在国内尚无先例。

研究团队提出了城市地下综合管廊全部工程一次性设计、一次性施工、一次性投运的建设主张,从而在这一基础上,进一步实现研究团队期望达到的能入廊的管线全部入廊、入廊费和运营管理费有效收缴、工程总承包建管方式的有效落实、工程造价的有效控制、综合管廊廊道与管线集约化管理的有效实施、PPP模式成功应用等目标。

为实现上述目标,对政府实施机构在综合管廊PPP项目全寿命周期内如何实现监管提出了系统性建议。

研究团队虽然收集研究了诸多文献和进行了大量的实地调研,但仍然不能全面反映全国轰轰烈烈的城市地下综合管廊建设情况,所得到的结论难免存在瑕疵。

由于研究团队提出的部分建议涉及诸多利益关系的重新构建,因此真正实现有效推动尚需要政府高层领导的理解和重视,必要时需要借助行政力量的干预。

第二章 国内外城市地下综合管廊的发展状况及其特征

第一节　国外城市地下综合管廊的发展状况及特点

综合管廊的建设最早是在欧洲开始的，目前法国、英国、德国、俄罗斯、日本、美国等国都建有综合管廊，地下管线在综合管廊中铺设是综合利用地下空间的一种手段。

欧洲是地下空间开发利用的先进地区，在市政设施和公共建筑方面更是如此。地下综合管廊的发源地就在欧洲。早在19世纪，法国（1833年）、英国（1861年）、德国（1890年）等国就开始兴建地下综合管廊。到20世纪，美国、西班牙、俄罗斯、日本、匈牙利等国也开始兴建地下综合管廊。下面简要介绍一下国外地下管线综合管廊的发展历程和现状。

第一次工业革命初期，迅速的城市化导致城市人口大量增加，同时原有的城市基础设施根本无法适应城市化水平的迅速提高，进而在工业化较早的伦敦和巴黎等城市产生了一系列的城市问题。法国由于1832年发生了霍乱，当时研究发现城市的公共卫生系统建设对于抑制流行病的发生与传播至关重要，于是在第二年，巴黎市着手规划市区下水道网络系统的建设。1833年，巴黎在开始有系统地规划排水网络的同时，就在管道中收容了自来水（包括饮用水及清洗用的两类自来水）、电信电缆、压缩空气管及交通信号电缆等五种管线，这是历史上最早规划建设的综合管廊形式，巴黎成了综合管廊的发源地。巴黎为防止霍乱，首次设置了简陋的综合管廊，使其与下水道分离。后来，综合管廊开始发展起来。长期的使用结果证明了综合管廊具有管线直埋方式所无法具有的优点，并很快得到了推广和普及，19世纪60年代末，为配合巴黎市副中心的开发，规划了完整的综合管廊系统，收容自来水管、电力、电信、冷热水管、煤气管及集尘配管等，并且为适应现代城市管线种类多和敷设要求高等特点，而把综合管廊的断面修改成了矩形形式。迄今为止，巴黎市区及郊区的综合管廊总长已达 2100 km，堪称世界城市里程之首。法国已制定了在所有有条件的大中城市建设综合管廊的长远规划，为综合管廊在全世界的推广树立了良好的榜样。

英国于 1861 年在伦敦市区兴建综合管廊，采用 12 m × 7.6 m 的矩形断面，收容自来水管、污水管、煤气管、电力电信线路外，还敷设了连接用户的供给管线，迄今伦敦市区建设综合管廊已超过 22 条。

1890 年，德国开始在汉堡建造综合管廊。1893 年，德国在汉堡市的 Kaiser-Wilheim 街两侧人行道下方兴建了 450 m 长的综合管廊，收容暖气管、自来水管、电力电信缆线及煤气管，但不含下水道。在德国第一条综合管廊兴建完成后发生了使用上的困扰，自来水管破裂使综合管廊内积水，当时因设计不佳，热水管的绝缘材料使用后无法全面更换。沿街建筑物的配管需要以及横越管路的设置仍常发生挖马路的情况，同时因沿街用户的增加，规划断面未预估日后的需求容量，而使原建的综合管廊断面空间不足，为了新增用户，不得不在原综合管廊之外的道路地面下再增设直埋管线。尽管有这些缺失，但在当时评价仍很高，所以，1959 年又在布白鲁他市兴建了 300 m 的综合管廊用以收容瓦斯管和自来水管。1964 年苏尔市及哈利市提出兴建综合管廊的实验计划，至 1970 年共完成 15 km 以上的综合管廊并开始营运，同时也拟定在全国推广综合管廊的网络系统计划。德国综合管廊收容的管线包括雨水管、污水管、饮用水管、热水管、工业用水干管、电力电缆、通信电缆、路灯用电缆及煤气管等。

西班牙在 1933 年开始计划建设综合管廊，1953 年马德里市首先开始进行综合管廊的规划与建设，当时被称为服务综合管廊计划，而后演变成目前广泛使用的综合管廊管道系统。经市政府官员调查发现，建设有综合管廊的道路，路面开挖的次数大幅减少，路面塌陷与交通阻塞的现象也得以减少，道路寿命也比其他道路显著延长，在技术和经济上都收到了满意的效果，于是综合管廊逐步得以推广。

北欧利用地下空间的特点充分发挥基岩坚硬、稳定的优势。如同所建的核防空洞那样，既可用于防御又保护了环境。瑞典、芬兰等国均把综合管廊修建于地下 20 m 的岩层中，由于基岩坚固，开挖时很少使用辅助措施。随着机械化程度不断提高，在许多情况下，城市基础设施建在地下比建在地上还要便宜。

俄罗斯的地下综合管廊也相当发达。俄罗斯规定在下列情况下敷设综合管沟：在拥有大量地下管线的干道下面；在改建地下工程设施很发达的城市干道下面；需同时埋设给水管线、供热管线及大量电力电缆的情况下；在没有余地专供埋设管线，特别是铺在刚性基础的干道下面时；在干道同铁路的交叉处等。莫斯科地下已有 130 km 长的地下综合管廊，除煤气管外，纳入其中的各种管线均有，只是截面较小，内部通风条件较差。

北美的美国和加拿大，虽然国土辽阔，但因城市高度集中，城市公共空间用地矛盾仍十分尖锐。他们都在 20 世纪逐步形成了较完善的地下综合管廊系统。美国纽约市的大型供水系统，完全布置在地下岩层的综合管廊中。加拿大的多伦多和蒙特利尔市，也有很发达的地下综合管廊系统。

美国自 1960 年便开始了综合管廊的研究，在当时看来，传统的管线直埋和缆线架空所能占用的土地日益减少，而且成本愈来愈高，随着管线种类的日益增多，因道路开挖而影响城市交通，破坏城市景观。研究结果认为，从技术上、管理上、城市发展上、社会成本上看，建设综合管廊都是可行且必要的。1970 年，美国在怀特·普莱斯恩市中心建设综合管廊。其他如大学校园内、军事机关或为特别目的而建设综合管廊，均不成系统网络，除了煤气管外，几乎所有管线均收容在综合管廊内。此外，美国具代表性的还有纽约市从束河下穿越并连接 Astoria 和 Hell Gate Generatio Plants 的隧道，该隧道长约 1554 m，收容有 345 kV 输配电力缆线、电信缆线、污水管和自来水干线，而阿拉斯加的 Fairbanks 和 Nome 建设的综合管廊系统，是为防止自来水和污水受到冰冻，Faizhanks 系统长约有六个廊区，而 Nome 系统是唯一将整个城市市区的供水和污水系统纳入廊道的综合管廊，廊体长约 4022 m。

日本综合管廊的建设始于 1926 年，为便于推广，他们把综合管廊的名字形象地称之为"共同沟"。东京关东大地震后，为东京都复兴计划鉴于地震灾害原因乃以试验方式设置了三处综合管廊。九段阪综合管廊，位于人行道下，净宽 3 m，高 2 m，干管长度 270 m，为钢筋混凝土箱涵构造。滨町金座街综合管廊，设于人行道下，为电缆沟，只收容缆线类。东京后火车站至昭和街之综合管廊亦设于人行道下，净宽约 3.3 m，高约 2.1 m，收容电力、电信、自来水及煤气等管线，后停滞了一段时间。一直到 1955 年，由于汽车交通快速发展，积极新辟道路，埋设各类管线，为避免经常挖掘道路影响交通，于 1959 年再度于东京都淀桥旧净水厂及新宿西口设置综合管廊。1962 年政府宣布禁止挖掘道路，并于 1963 年 4 月颁布《共同沟特别措施法》，制定建设经费的分摊办法，拟定长期的发展计划，自公布综合管廊专法后，首先在长崎地区建设综合管廊 889 m，同时在全国各大都市拟定 5 年期的综合管廊连续建设计划，到 1992 年，仙台、冈山、广岛、福冈、熊本等地方中心城市都已建成，形成总长达到 310 km 的全国性综合管廊。1993—1997 年，日本综合管廊再次掀起建设高峰，至 1997 年已完成干管 446 km，较著名的有东京银座、青山、麻布、幕张副都心、横滨 M21、多摩新市镇（设置垃圾输送管）等地下综合管廊。其他各大城市，如大阪、京都、名古屋、冈山市等也均大规模地投入到综合管廊的建设中。有资料介绍，至 2015 年，日本全国已有 80 多座城市兴建了 2057 km 的综合管廊，纳入的管线包括上水管、中水管、下水管、煤气管、电力电缆、通信电缆、通信光缆、空调冷热管、垃圾收集管 9 种城市基础管线，且合理地分布在廊道中。在亚洲地区名列第一。迄今为止，日本是世界上综合管廊建设速度最快、规划最完整、法规最完善、技术最先进的国家。

其他国家如挪威、瑞士、波兰、匈牙利等都建设有城市地下管线综合管廊项目，并都有相应中长期发展规划。

世界主要国家城市地下综合管廊建设发展的情况参见表 2.1.1。

表2.1.1 国外地下综合管廊分布特点

年份	1820	1850	1875	1900	1925	1950	1955	1960	1965	1970	1975	1980	1985	1990	1995	2000	2005	2010	2015
法国																2100			
德国				0.45		0.3					15								
西班牙												100							
英国																			
美国									0.889		1.554					4.022			
日本													156		310	446	160	1100	
其他国家															0	0			
合计	0	0	0	0.45	0	0.3	0	0	0.889	0	16.55	100	156	0	310	2550	160	1100	0
总计	0	0	0	0.45	0.45	0.75	0.75	0.75	1.639	1.639	18.19	118.2	274.2	274.2	584.2	3134	3294	4394	4394

第二节　国内城市地下综合管廊的发展演变与阶段特征

一、1978 年前城市地下综合管廊建设状况

相对于国外城市在 19 世纪即开始建设城市地下综合管廊而言，我国的地下综合管廊起步较晚，1958 年北京天安门广场铺设的一段地下综合管廊，当属我国城市地下综合管廊首例。当时，鉴于北京市天安门广场的特殊政治地位，为了避免广场的反复开挖，建设了一条长约 1 km，宽约 4.0 m，高约 3.0 m，埋深 7~8 m 的市政综合管廊，内部设置电力电缆、通信电缆、热力管道。管廊由政府投资建设，热力公司代管。

二、20 世纪 90 年代以来转型期的城市地下综合管廊建设状况

1. 我国台湾地区城市地下综合管廊发展状况

自 1980 年，我国台湾地区即开始研究评估城市地下综合管廊建设方案，并从立法方面进行研究突破。1990 年，台湾地区制定了《公共管线埋设拆迁问题处理方案》，1992 年委托"中华道路协会"进行了公共管道法立法的研究，2000 年 5 月 30 日通过相关法规的制订程序，同年 6 月 14 日正式公布实施公共管道法规。2001 年 12 月又颁布了公共管道施行细则及建设公共管道经费分摊办法和工程设计标准，并授权当地政府制定公共管道的维护办法。至此，台湾地区继日本之后成为亚洲具有综合管廊最完备法律基础的地区。台湾结合新建道路、新区开发、城市再开发、轨道交通系统、铁路地下化及其他重大工程优先推动综合管廊建设，目前台北、高雄、台中、嘉义、新竹、台南、基隆等城市已建有综合管廊逾 300 km，其累积的经验可供我国其他地区借鉴。

2. 国内其他城市地下综合管廊建设状况

1990 年，天津市为解决新客站行人、管道与多股铁道穿越问题而兴建了长 50 m、宽 10 m、高 5 m 的隧道，同时拨出宽约 2.5 m 廊体作为综合管廊，用于收容上下水道、电力电缆等管线，属于我国建设地下综合管廊的探索性尝试。

1994 年年末，国内第一条真正意义上的地下综合管廊——上海市浦东新区张杨路地下综合管廊修建完成。该管廊全长 11.125 km，共有一条干线、两条支线，该路段两条支线管廊均宽 5.9 m、高 2.6 m、双孔各长 5.6 km，管廊内收容了煤气、通信、上水、电力 4 种城市管线，该管廊已成为我国第一条较具规模并已投入运营的综合管廊，为我国其他城市地下综合管廊的发展提供了可供借鉴的经验。2006 年年底，上海的嘉定安亭新镇地区又建成了一条全长 7.5 km 的地下管线综合管廊，另外在松江新区也有一条长 1 km，集所有管线于一体的地下管线综合管廊。此外，为推动上海世博园区的新型市政基础设施建设，创造和谐美丽的园区环境，政府管理部门在园区内规划建设了世博园区综合管廊，该管廊是目前国内系统最完整、技术最先进、法规最完备、职能定位最明确的一条综合管廊。它以城市道路下部空间综合利用为核心，围绕城市市政公用管线布局，对世博园区综合管沟进行了合理布局和优化配置，构筑了服务整个世博园区的骨架化综合管廊系统。

2003~2005 年，广州市在广州大学城建成了全长 17.4 km，断面尺寸为 7 m×2.8 m 的地下综合管廊，大学城干线三仓综合管廊建设在小谷围岛中环路中央隔离绿化带地下，沿中环路呈环状结构布局，全长约 10 km，支线管廊 8 km。廊道内集中铺设了电力、通信、燃气、给排水等市政管线。也是迄今为止国内已建成并投入运营、单条距离最长、规模最大的综合管廊。

2003 年以来，昆明城市地下管线建设趋于系统化和全面化，目前已在广福路、彩云路、沣源路 3 条道路施工时同步建设了共 45.198 km 的城市综合管廊。综合管廊断面尺寸一般为宽 4 m、高 2.6 m 的矩形，实现了 220 kV、110 kV 电力，

1.2 m 供水干管、燃气、通信、有线电视、交通等管线入廊，成为全国已建成管廊规模最大的省会城市。

2005 年，深圳市大梅沙至盐田坳共同沟隧道建成投运，这是深圳市第一条综合管廊，标准断面为 2.40 m×2.85 m 的半圆拱形，半园直径 2.40 m，隧道内容纳了给水管、污水管、电力电缆、通信线缆和燃气管道，隧道全长 2.67 km。2010 年，深圳市华夏路地下综合管廊竣工，随后光侨路和观光路下的管廊也相继建成，形成深圳西部光明新区综合管廊系统。目前，上述 3 条道路地下综合管廊的主体已建成，管廊断面为矩形，宽约 3 m、高约 2.8 m 矩形，廊道总长 18.28 km。廊道内强弱电系统、桥架、支架、线槽及给水管道均已施工完毕，生活饮用水管道和电缆已经进入廊内，包括移动、电信、联通和天威等通信企业的光缆也已进入，但燃气管道并未进入管廊。

2006 年初，杭州钱江新城长 2.16 km 的综合管廊完工。杭州在火车站站前广场改建工程中，为避免站屋和各地块进出管线埋设与维修开挖路面，影响车站运行，从而建设了公共管沟，将给水管、污水管、电信电缆、电力电缆、铁路特殊电信电缆、有线电视电缆、公交动力线、供热管等纳入了综合管廊。

2006 年 3 月，重庆茶园新区在长生中学到通江大道的地下建成了一条类似的共同管沟。这是当时全国建成的第三条共同管沟，该共同管沟断面为高 4 m、宽 2.6 m 的矩形，全长 5.4 km，但至今只有一条直径 0.6 m 的给水管道架在洞内。

2001 年，济南市在泉城路两侧的人行道下修建了济南市第一条地下综合管沟，将排水、电力、供水、供热、供气系统全部纳入管沟内，全长 1.24 km。之后又相继建设了奥体片区综合管廊，该管廊全长约 4.8 km，内置供水、强电、弱电等管线；二环西路综合管廊，该管廊南起段金路，北至滨河南路，主线全长约 4.5 km，包含支线共 6 km；旅游北路全长约 3.1 km 的综合管廊工程。到 2010 年，全市已累计建设地下综合管廊 15.35 km，建设综合管廊信息系统 2 个，完成总投资 7.16 亿元。

2007年，武汉CBD建设进入"快车道"，同时开始建设中央商务区综合管廊。该管廊采用干线和支线相结合的布线方式，总长6.1 km，其中干线管廊3.9 km，主要沿云飞路、振兴二路等道路布设，呈"T"字形状；支线管廊2.2 km，主要沿珠江路、商务东路、泛海路等道路布设，呈"P"字形状。管廊断面呈矩形，宽度5 m，高度2.5 m，采用双仓布置，其中一仓容纳通信信息管和给水管，另一仓设置110 kV和220 kV的高压电力电缆。这是全国唯一在城市中心区建设的综合管廊，也是华中地区第一条城市综合管廊。

自2012年起，南京市在河西新城和浦口新城开展了地下综合管廊的规划建设。其中，河西新城南部地区在红河路、天保街、黄河路及江东南路上共规划有4条地下综合管廊，共同构成河西地区三横一纵总长约8.9 km的"丰字形"管廊布局，入廊管线主要为给水、通信、电力、蒸汽管线等。浦口新城核心区共规划丰子河路、临江路、胜利路、兴城路、商务大街、迎江路、商务东街、规划支路等10条道路的地下综合管廊建设，规划总长约12.55 km，入廊管线主要为给水、通信、电力等管线。目前，河西新城和江北新区已经累计完成19.1 km的地下综合管廊建设。

青岛在2011年就投入使用了第一条地下综合管廊，目前青岛市红岛高新区已建成并投入综合管廊运营55 km，这也是迄今国内规模最大的地下管廊工程。该管廊建在高新区的主次干道下，已形成宽3 m、高3 m的矩形断面单舱廊道网状结构，纳入了市政、电力、通信、给水、中水、热力6种管线。

2015年，宁波建成了总长度为9.38 km的东部新城地下综合管廊，该管廊由三横三纵组成，服务面积约8 km^2。在这个范围内的电力、通信、广电、给水、热力等各类管线基本都已铺设在内，并预留有中水管位。东部新城地下综合管廊分为38个区段，串联起江澄路、海晏路、河清路、宁东路、宁穿路、中山东路6条道路并形成网状管廊结构。

2007年以来，厦门市累计完成投资12亿元，建成投用湖边水库、集美新城片区和翔安南部新城等区域综合管廊11.6 km、缆线沟35.5 km，已入廊管线有 10 kV 电力 6.12 km、220 kV 高压缆线 18 km。在建综合管廊 20 km、缆线管廊（缆线沟）50.5 km。入廊管线有 110 kV、220 kV 高压电缆、10 kV 电力、通信电缆、给水、雨水、污水、有线电视、交通信号等。

2013 年 11 月珠海市建成了横琴新区综合管廊。该管廊全长 33.4 km，按不同路由分为一仓式、两仓式和三仓式三种，纳入的管线类型有给水管、中水管、220 kV 电力电缆、通信线缆、冷凝水管和垃圾真空管 6 种。综合管廊呈"日"字形布局，基本覆盖全区的市政道路主干道，服务 106.46 km^2 横琴新区。横琴地下管廊工程投资高达 20 亿元，但是采取地下综合管廊的方式总计可为全岛节约土地 40 多万平方米，产生超过 80 亿元的直接经济效益。

苏州市于 2015 年 3 月相继在城北路、北环路、澄阳路、太湖新城等区段启动综合管廊，加上已建成的 7.8 km 桑田岛综合管廊，将形成总长度 31.2 km 的地下综合管廊系统，该管廊将收容上述规划区域内自来水、污水、燃气、电力、通信、有线电视等管线。

2009 年，北京市在昌平区未来科技城主干路——北七家镇鲁疃西路地下 11 m 深的地方，开始修建北京市第一条真正意义上的地下综合管廊。该综合管廊为 4 个仓道结构，其中两个电力仓，一个水加电信仓及一个热力仓，纳入了五大类管线，包括热力、给水、再生水、电力、通信管线，同时预留了热水、压力污水、直饮水的管线位置，没有考虑燃气和雨水管道入廊布局。该综合管廊呈矩形断面，4 个仓的并行宽度为 13.35 m，高为 2.9 m，其中水加电信仓最大，宽度为 4.8 m。该综合管廊全长 3.9 km，如今廊道和管线工程已全部竣工，共投入造价 8.3 亿元，成为国内综合管廊单位造价最高的项目，但目前尚未投入使用。

据不完全统计，到 2014 年年底，我国大陆地区共建成综合管廊约 270 km，有效投入运营的约 80 km。

三、引入PPP模式以来国内城市地下综合管廊的发展态势

1. PPP政策及其应用于综合管廊领域的助推力度

由于我国城市基础设施建设的投入严重不足，表现在三个方面：一是政府长期欠账的问题还没有从根本上得到解决，资金缺口较大；二是投入主体和融资渠道单一，过度依赖政府财政资金的状况没有得到根本性改变；三是城市基础设施建设的投融资体制改革与市场经济体制改革要求还有差距。为此，2013年9月，国务院下发了《关于加强城市基础设施建设的意见》（国发〔2013〕36号），提出了城市建设投资体制改革的总体思路。2014年6月，国务院办公厅印发了《关于加强城市地下管线建设管理的指导意见》，该意见就城市地下管线建设问题从六个方面明确了近、中、远期的总体工作目标，提出了全面加强城市地下管线建设管理的重点任务。一是加强规划统筹，严格规划管理。二是统筹工程建设，提高建设水平。三是加大老旧管线改造力度。四是加强维修养护，消除安全隐患。五是开展普查工作，完善信息系统。六是完善法规标准，加大政策支持力度，加快城市建设投融资体制改革，鼓励社会资本参与城市基础设施投资和运营。

在2014年间，财政部紧锣密鼓地相继发出《关于政府购买服务有关预算管理问题的通知》（财预〔2014〕13号）、《关于推进和完善服务项目政府采购有关问题的通知》（财库〔2014〕37号）、《关于推广运用政府和社会资本合作模式有关问题的通知》（财金〔2014〕76号）等系列文件，指引在基础设施建设领域引入社会资本。到2015年5月，国务院办公厅发布《国务院办公厅转发财政部发展改革委人民银行关于在公共服务领域推广政府和社会资本合作模式指导意见的通知》（国办发〔2015〕42号），自此，掀开了PPP模式在城市地下综合管廊工程中应用的新篇章。

由于在基础设施领域，新兴的城市地下综合管廊工程建设更具广泛性和紧迫性，因此，为了发挥PPP模式优势，支持城市地下综合管廊建设发展，

中央政府相关机构又先后发出一系列文件给予配合，计有：财政部《关于推广运用政府和社会资本合作模式有关问题的通知》（财金〔2014〕76号）、财政部与住房和城乡建设部《关于开展中央财政支持地下综合管廊试点工作的通知》（财建〔2014〕839号）、财政部办公厅与住房和城乡建设部办公厅《关于组织申报2015年地下综合管廊试点城市的通知》（财办建〔2015〕1号）、国务院办公厅《关于推进城市地下综合管廊建设的指导意见》（国办发〔2015〕61号）、住房和城乡建设部与财政部《关于印发城市管网专项资金管理暂行办法的通知》（财建〔2015〕201号）、国家发展改革委办公厅《关于印发城市地下综合管廊建设专项债券发行指引的通知》（发改办财金〔2015〕755号）、国家发展改革委与住房和城乡建设部《关于城市地下综合管廊实行有偿使用制度的指导意见》（发改格〔价2015〕2754号）、财政部与住房和城乡建设部《关于印发城市管网专项资金绩效评价暂行办法的通知》（财建〔2016〕52号）、财政部办公厅与住房和城乡建设部办公厅《关于开展2016年中央财政支持地下综合管廊试点工作的通知》（财办建〔2016〕21号）等。此外，财政部已连续两年推出PPP示范项目评审，住房和城乡建设部、财政部也联合进行了两个批次的城市地下综合管廊试点城市评审，上述一系列政策动向向社会传递了大规模采用PPP模式建设综合管廊的强烈信号。

2. PPP模式应用于综合管廊领域后的发展状态

2014年以来PPP政策的强力推动，尤其是国家发展和改革委员会、住房和城乡建设部、财政部等部门给予城市地下综合管廊建设的特别关注与政策支持，从2015年到2016年上半年的一年半时间内，我国在利用PPP模式建设运营城市地下综合管廊工程领域掀起了一股轰轰烈烈的热潮，据国家发展和改革委等5部门发起的专项建设基金支持综合管廊建设的情况通报，截至2016年6月，专项建设基金已经发放六批，共支持综合管廊项目152个、投资2711亿元，项目建成后将形成3300 km的综合管廊。

（1）拟采用 PPP 模式建设运营综合管廊的主要城市及项目概况。

①包头。

包头市城市综合管廊规划共建设 102.56 km，近期拟实施新都市区 26.4 km，北梁棚户区 8 km；中远期在昆北改造区规划了 16.81 km，结合旧城道路改造设计（民族西路）规划了 5.7 km；远景结合轨道交通建设规划了 45.65 km。目前，北梁区地下综合管廊项目前期工作全部完成，已于 2016 年 6 月开工建设。新都市区地下综合管廊项目处于社会资本采购中。

②沈阳。

沈阳已开工建设三条地下管廊，分别位于南运河、南北快速干道和铁西新城。预计 2017 年年底竣工投入使用。南运河综合管廊西起南京南街，东至善邻路，该管廊长度 12.828 km，入廊管线包括电力、通信、给水、中水、供热、天然气。南北快速干道地下综合管廊计划将与该地段的隧道同步建设，置于隧道上方，全长 2.4 km。铁西新城综合管廊建设里程 21 km，工程计划采用明挖开槽施工，预制构件拼装，收容电力电缆、通信管线、给水管道、热力管道。

③哈尔滨。

哈尔滨市将启动实施综合管廊建设 23.8 km，其中主城区将完成 12.1 km，新区完成 11.7 km。哈尔滨市已完成老城区宏图街和新城区哈南九路 1.7 km 管廊主体建设。2015 年，哈尔滨完成社会资本引入，组建了管廊项目公司，全面启动哈市地下综合管廊建设，计划投资 22 亿元。

④苏州。

2015 年，苏州编制完成《城市地下管线综合规划》及《地下综合管廊专项规划》，规划面积为 2742.6 km^2。其中，苏州市区干线综合管廊规划 175 km，分近期（2015—2020 年）、远期（2021—2030 年）和远景（2030 年以后）三个阶段推进建设，近期规划 63 km，远期规划 112 km，准备收纳供水、排水、燃气、热力、电力、通信、广播电视、工业八大类地下管线入廊。苏州将首批推进桑田岛、太湖新城启动区、城北路、澄阳路和北环路5个试点项目，建设里程总计31.161 km，总投资39.255亿元。

⑤厦门。

厦门市将在取得成效的三个地下综合管廊试点项目建设的基础上，结合新城区建设、老城区改造、地铁建设等，推动全市综合管廊建设。其中，集美大道综合管廊建设要确保在今年年底投入运营。翔安南部新城综合管廊计划2017年实现土建工程完工，翔安新机场片区综合管廊争取在2017年年底前完成60%以上。

⑥十堰。

十堰市地下综合管廊项目于2015年12月开工，将在2015年至2017年新建地下管廊51.64 km，总投资35.5亿元。2016年1月，十堰发行了城市综合管廊专项债券，债券期限10年，发行总额15亿元，票面利率4.88%。该债券是湖北省首只城市地下综合管廊建设专项债券。此次债券募集资金主要用于十堰城市地下综合管廊一期工程建设，建设总长度43.59 km，总投资25.78亿元。

⑦长沙。

长沙市计划在2015~2017年三年建设高铁新城、梅溪湖国际新城、老城区综合管廊共计62.62 km，包含18个项目（21条道路）及3座综合管廊控制中心，总投资约55.95亿元。按照"应进皆进"的原则，排水、燃气、供水、热力、电力、通信等七大类15种管线将全部入廊敷设。长沙市首条综合管廊正在劳动东路延长线地下建设中，管廊宽14 m、高约3 m，力争在2016年10月投入运营。

⑧海口。

海口地下综合管廊建设项目计划分三年实施（2015~2017年），总长43.24 km，总投资38.47亿元。包含的片区有：西海岸南片区21.53 km，美安科技新城4.6 km，新海港棚户改造区5.88 km，博义、盐灶、八灶棚改区1.13 km，椰海大道10.1 km。海口市编制了新的《海口市地下综合管廊专项规划》，已在 2016 年 6 月完成，为海口市地下综合管廊的全面开展提供依据。

⑨ 六盘水。

六盘水市综合管廊全长 39.69 km，总投资 29.94 亿元。项目引用 PPP 模式，主要由中国建筑第二工程局有限公司承建，预计将于 2017 年 6 月竣工投入使用。

⑩ 白银。

白银市结合旧城区道路改造和新城区道路建设，以搭建主城区及银西新区主干管廊系统为目标，拟投资 20.4 亿元新建主城区北环路、银山路、振兴大道、诚信大道、北京路、银西新区迎宾大道、南环西路共 7 条地下综合管廊 26.25 km，管廊内将纳入给水、排水、雨水、热力、燃气、电力、通信等 8 类管线。目前，正在进行主体管廊结构施工，项目建成后，服务面积 40 km^2，受益人口 35 万人。

⑪ 长春。

长春新区空港经济开发区作为综合管廊建设的先行先试区，将在整个区域建设地下综合管廊。目前，空港经济开发区综合管廊专项规划已经完成。根据规划，2016 年，空港经济开发区将建设地下综合管廊 23.7 km，管廊断面以矩形为主，按照市政管线布局要求分为单仓、双仓和三仓形式。另外，长春市还计划在市内 4 条主要道路下共建 17.3 km 的地下综合管廊，其中乙六路 1.7 km、皓月大路 4 km、临河街 9 km、天泽大路 2.6 km。乙六路、天泽大路、临河街已经开始施工，皓月大路正在进行土地和地上附着物资征收工作。

⑫ 银川。

银川市结合老城区改造和新区建设选择并确定了十条道路建设综合管廊，其中：结合新区新建道路工程（6 条路）建设管廊 21.88 km；结合老城道路改扩建工程（4 条路）建设管廊 17.24 km。管廊覆盖范围占建成区面积的 20%，总长 39.12 km，将投资 37.64 亿元。纳入的管线包括电力、通信、燃气、热力、给水、雨水、污水、再生水等道路范围内所有管线。

⑬ 南京。

南京江北新区综合管廊一期工程 10 km 目前已全部完工交付，二期工程将再建 53.41 km，涉及横江大道、沿山大道、广西埂大街、石佛大街、七里河大街、绿水湾路等 18 条道路，含干线综合管廊 31.29 km，支线综合管廊 22.12 km。其中三舱廊道 6.29 km，四仓廊道 2.2 km。电力、通信、给水、再生水、燃气、雨水、污水、空调热力管、真空垃圾管 9 种管线全部进入管廊。三期综合管廊约 60 km，到 2020 年基本建设完成 109.82 km 综合管廊并投入使用。

⑭ 武汉。

武汉市全长 24.67 km 的光谷中心城地下综合管廊将开工建设，该管廊包括给水、电力、信息缆线等 6 类管线，部分管廊还预留有垃圾气力管和制冷管道。除光谷中心城综合管廊项目外，武汉还将开建吴家山新城综合管廊项目、中法生态城综合管廊项目等，开工建设的管廊总长达 42.9 km。根据规划，到 2020 年武汉市地下管廊将达到 141.1 km，至 2030 年扩大至 566.5 km。

⑮ 合肥。

合肥市计划实施综合管廊试点，在高新区拓展区、新站区少荃湖片区和肥西县产城融合示范区分别试点建设综合管廊 10.28 km、17.56 km 和 12.99 km，建设总里程 40.83 km，总投资 24.2 亿元。

除以上大中城市外，全国其他地区的综合管廊报建计划也都十分活跃，湖北省年度建设计划为 150 km；四川省将力争新建地下综合管廊 200 km；广西计划新建 37.08 km，投资 20.87 亿元；河南省 2016 年计划总投资 5 亿元以上的地下综合管廊项目；河北省要求各市在 2017 年年底前均要开工建设不少于 10 km 的地下综合管廊建设工程。

（2）综合管廊 PPP 示范项目及试点城市。

在各地纷纷上马综合管廊项目的同时，发展和改革委、住房和城乡建设部、财政部等部门按照工作部署，先后通过法定程序完成了两批综合管廊 PPP 示范项目入选评审及 2015 年、2016 年两个年度的地下综合管廊试点城市评审。

这些示范项目或试点城市的推出也为后续工作指明了方向，有利于 PPP 模式应用于综合管廊工程的健康、长期发展。

① 2014 年度综合管廊 PPP 示范项目（财金〔2014〕112 号）入选名单。石家庄正定新区综合管廊项目。

② 2015 年度综合管廊 PPP 示范项目（财金〔2015〕109 号）入选名单。包头市新都市区地下综合管廊；盘锦市辽东湾新区海岛生态住区地下综合管廊一期；沈阳市地下综合管廊（南运河段）工程；四平市地下综合管廊；长春市地下综合管廊皓月大路；长春市地下综合管廊南部新城乙六路；吉林市地下综合管廊；哈尔滨市地下综合管廊试点；孝感市临空区地下城市综合管廊；长沙市地下综合管廊；铜仁市大龙经济开发区综合管廊；六盘水市综合管廊；白银市地下综合管廊。

③ 2015 年度地下综合管廊试点城市。

包头、沈阳、哈尔滨、苏州、厦门、十堰、长沙、海口、六盘水、白银（财政部经济建设司、住房和城乡建设部城市建设司 2015 年 4 月 10 日文）。

④ 2016 年度地下综合管廊试点城市。

郑州、广州、石家庄、四平、青岛、威海、杭州、保山、南宁、银川、平潭、景德镇、成都、合肥、海东（财政部经济建设司、住房和城乡建设部城市建设司 2016 年 4 月 25 日文）。

第三节　国内外城市地下综合管廊不同投资模式建设效果比较

一、国外城市地下综合管廊的不同投资模式及其效果

国外城市地下综合管廊（也称共同沟）的出现由来已久，自 1833 年法国

建设了第一条城市地下市政综合管廊以来，经过180多年的发展，综合管廊建设的技术水平、管理水平以及相关法规都已经日臻成熟。但在地下综合管廊的建设中，建设资金、技术、材料是三大难题，一直制约着管廊建设的发展。综合管廊一般投资额比较大，建设与管理均与传统的管线直埋方式有所不同，因此不同的投资模式也直接影响着管廊建设的效果，综合分析可知，有着综合管廊发展代表性的欧洲国家和日本呈现出不同的建设和管理方式。

1. 法国、英国等欧洲国家建设运营综合管廊的投资模式

法国、英国等欧洲国家，由于政府财力比较强，综合管廊被视为由政府提供的公共产品，建设费用由政府承担。建成之后的管廊以出租的形式提供给管线单位，实现投资的部分回收。至于出租价格，并没有统一规定，是由市议会讨论并表决确定当年的出租价格，该价格可根据实际情况逐年调整变动。这一分摊方法基本体现了欧洲国家对于公共产品的定价思路，充分发挥民主表决机制来决定公共产品的价格，类似于道路、桥梁等其他公共设施。由于在这些国家的相关法律中有规定，一旦建设有综合管廊，相关管线单位必须通过综合管廊敷设管线，不得再采用传统埋设方法。

2. 日本建设运营综合管廊的投资模式

虽然日本很早就开始建造地下综合管廊（如关东大地震后，为复兴首都而兴建的八重州共同沟），但真正大规模的兴建地下综合管廊，还是在1963年日本制定《共同沟特别措施法》以后。自此，地下综合管廊就作为道路合法的附属物，在由公路管理者负担部分费用的基础上开始大量建造。管廊内的设施仅限于通信、电力、煤气、上水管、工业用水、下水道6种。随着社会不断发展，管廊内容纳的管线种类已经突破6种，增加了供热管、废物输送管等设施。日本在共同沟建设中，建设资金由道路管理者与管线单位共同承担，但对两者承担的比例没有明确的法律规定。其中，道路如果为国道，则道路管理者为中央政府，共同沟的建设费用由中央政府承担一部分；当道路为地方道路时，地方政府承担部分的共同沟建设费用，同时地方政府可申请

中央政府的无息贷款用作共同沟的建设费用。共同沟后期运营管理中，还是采取道路管理者与各管线单位共同维护管理的模式。共同沟本体的日常维护由道路管理者（或道路管理者与各管线单位组成的联合体）负责，而共同沟内各种管线的维护，则由各管线单位自行负责，其维护管理则由道路管理者与各管线单位共同承担。表 2.3.1 为国外城市地下综合管廊投融资模式。

表2.3.1 国外城市地下综合管廊投融资模式

国别	费用分担	效果
法国、英国等欧洲国家	建设费用由政府承担，以出租的形式提供给管线单位实现投资的部分回收	充分发挥民主表决机制来决定公共产品的价格
日本	建设资金由道路管理者与管线企业共同分担	后期运营管理中还是采取道路管理者与各管线企业共同维护管理的模式

二、国内城市地下综合管廊投资模式的变化及效果比较

1. 我国台湾地区综合管廊投融资模式的发展变化

我国台湾地区 20 世纪 90 年代以来，公共管道的推动速度相当快。台湾地区公共管道的快速发展同样离不开政府的主导与直接支持。但是台湾地区相对日本的政策更进了一步，其根本原因在于找到了各方均能接受的费用分摊办法，并以法律的形式保证执行。从投资费用来看，台湾地区公共管道是由主管机关和管线单位共同出资建设的，其中主管机关承担 1/3 的建设费用，管线单位承担 2/3，纳入管道的各管线单位以各自所占用的空间以及传统埋设成本为基础，分摊建设费用。从公共管道的维护费用分摊来看，管线单位于建设完工后的第二年起平均分摊管理维护费用的 1/3，另外 2/3 由主管机关协调管线单位依使用时间或次数等比例分摊。其中的管理费用不包括主管机关编制内人事费用。为确保公共管道建设与维护资金，中国台湾地区还成立了公共建设管线基金，用于办理公共管道及多种电线电缆地下化共管工程的需要。政府机关、管线单位作为资金提供者可以享受一定数量的免息资金以及

时保证共同沟所需资金。

2. 我国内陆城市在各历史时期城市基础设施建设投融资模式发展变化

新中国成立以来，我国城市基础设施建设融资经历着从传统经济体制下财政主导型融资方式到市场经济体制下的多元化融资方式的转变，城市基础设施投资中各项资金来源的结构变化显著。这是我国渐进式经济体制改革的产物，是市场经济向纵深发展的必然表现，同时也契合了世界城市基础设施融资模式发展的新趋势。表2.3.2反映了我国城市基础设施建设投融资模式发展的基本特点。

表2.3.2 我国城市基础设施建设投融资模式发展历程

阶段	融资模式	费用分担	效果
传统时期（新中国成立至1978年改革以前）	中央集中计划融资模式	由政府单独提供	融资渠道单一而且融资额度有限。一方面因投入不足造成基础设施建设总体水平的低下；另一方面也导致了资金使用效率的有限、运营管理绩效的降低
改革初期（20世纪80年代至90年代）	财政性资金融通和间接融资相结合模式	政府资金加银行贷款	充分调动各地区、各部门、各企业单位的主动性和积极性，加强基本建设管理，建立经济责任制，缩短基建战线，提高投资效果
改革纵深时期（20世纪90年代至今）	多元化融资主体和渠道模式	中央、地方、企业共同参与的多元投资体制	打破政府及公共部门垄断，引入市场竞争；加快城市建设领域的市场化进程，解决城市建设的资金需求与政府财政资金短缺的矛盾，缓解政府的资金压力，加快我国城市经济的发展

（1）传统时期——中央集中计划融资模式。

改革开放之前（新中国成立至1978年改革开放以前），由于我国实行计划经济体制，城市基础设施作为公共产品，长期以来一直由政府单独提供，融资渠道单一而且融资额度有限。政府包办了几乎所有城市基础设施的投资、建设、管理和运营，各级财政投资也就成了唯一的资金来源，这样的投资模式一直持续到80年代初。在城市基础设施的财政性资金融通阶段，地方财政实行统收统支，城市基础设施投资作为城市固定资产投资的一部分，通过城市建设和城市财政预算计划投资。基础设施建设项目列入基本建设项目，其投资列入财政支出预算，建设部完全按照计划进行建设。因此，基础设施投资不仅取决于国家和城市的财政状况，而且取决于国家和城市的投资政策和计划安排。1953~1980年，我国基本建设投资总额中，财政预算拨款所占比重为80%左右（见表2.3.3），而其中基础设施建设一直被置于"配套""辅助"的地位，仅在全社会固定资产投资总额中占有很低的比重。这种主要依靠政府财政的融资方式，一方面因投入不足造成基础设施建设总体水平的低下，另一方面也导致了资金使用效率的有限、运营管理绩效的降低。其中在新中国成立初期，由于城市主要是由工业化带动发展，在"先生产、后生活"的思想指导下，国家和城市在安排投资时对基础设施建设重视不足，城市基础设施建设整体情况滞后，欠账较多，"一五"期间，城市基础设施建设投资仅占基本建设总投资2.6%~3.76%。表2.3.3反映了改革开放前中央财政资金占基本建设投资的比重情况（资料来源：《中国统计年鉴2002》）。

表2.3.3　改革开放前中央财政资金占基本建设投资的比重

时期	"一五"时期 （1953—1957年）	"二五"时期 （1958—1962年）	"三五"时期 （1966—1970年）	"四五"时期 （1971—1975年）	"五五"时期 （1976—1980年）
比重	88.54%	78.30%	89.60%	82.50%	72.40%

显然，这一时期因为有待建设发展的领域和项目太多，对城市地下综合管廊的认识远没到位，所以综合管廊的建设长期处于空白期。

（2）改革初期——财政性资金融通和间接融资相结合阶段。

从20世纪80年代开始，随着改革开放的不断深入和扩大，国民经济出现了较快速度的发展，对城市基础设施的需求日渐迫切，建设资金缺口不断扩大。与此同时，在企业改革中实施了减税让利的政策，财政收入在国民收入中的比重增速放缓，居民收入有了较大幅度的提升，居民储蓄连年增加。在这种情况下，一方面，国家通过设立新的税种和提高税率，如设立城市维护建设税、开征车船税等来增加城市的财政收入，并对这些收入实行专款专用，以增加对城市基础设施建设资金的投入；另一方面，一些城市采取对一些基础设施使用收费及提高市政公用产品价格的形式，筹集城市建设资金。例如，通过收取过桥费、城市增容费、排水费、排污费等，筹集资金用于桥梁、道路、能源等项目的建设。行政收费一般采取受益付费、合理负担的原则和取之于基础设施用之于基础设施建设的方针，对贷款建设的桥梁、高速公路等基础设施多数通过收取过桥费、过路费等方式来偿还建设的资金及利息。同时，对一些公用事业的价格相应地做了调整，如调整水费、电费、煤气费等。从而增加了基础设施建设资金来源渠道。

在单纯依靠财政性资金融通无法满足城市基础建设资金需求的情况下，银行贷款开始成为城市基础设施建设一个重要的资金来源渠道。1979年8月，国务院同意并批复了国家计委、国家建委、财政部《关于基本建设投资试行贷款办法的报告》及《基本建设贷款试行条例》。自此，我国在城市基础设施领域开始了"拨改贷"的融资模式。《基本建设贷款试行条例》中明确规定了可以贷款的范围和还款来源。在贷款范围上"凡实行独立核算，有还款能力的工业、交通运输、农垦、畜牧、水产、商业、旅游等企业进行基本建设所需的资金，建设银行可根据国家基本建设计划，给予贷款。行政和无盈利的事业单位，以及国家计划指定的项目，仍由财政拨款"。《基本建设贷款试行条例》的实施，对于引导银行贷款进入城市基础设施领域发挥了重要作用。此后，各国有银行提供的间接融资开始在城市基础设施领域占据重要地位，尤其是中国建设银行对基础设施建设的信贷支持比例最大。在间接融资方面，除了商业银行贷款之外，我国的城市基础设施建设还积极利用国家开发银行政策性贷款和国外金融机构及政府贷款，推动城市基础设施建设事业的发展。总之，"拨改贷"以及其后的原国家计委组建的专业性投资公司，逐渐在公共事业融资领域引入了市场调节机制，初步建立了项目投资的"借贷"经济合同关系。

由于有了一定程度的资金来源，再加上城市配套设施严重短缺，因此，地下管网作为城市供给的基本需求得到释放，开始了一定规模的建设，只是彼时多为各管线单位自行直埋管线，综合管廊建设尚没有提到议事议程。

（3）改革纵深时期——多元化融资主体和渠道阶段。

20世纪90年代初，中国开始在全国推行城市公共事业和基础设施投资项目法人责任制改革，到1996年，各地相继成立了"城市投资开发建设公司"，其职能是作为政府投资建设经营城市的载体，负责筹集、使用、偿还城市基础设施建设基金，并具体从事资产运营工作。图2.3.1表现了城市投资开发建设公司的运作模式。随着投资管理主体的确立和法人责任制的实施，城市公共事业和基础设施项目投资的激励机制开始形成。

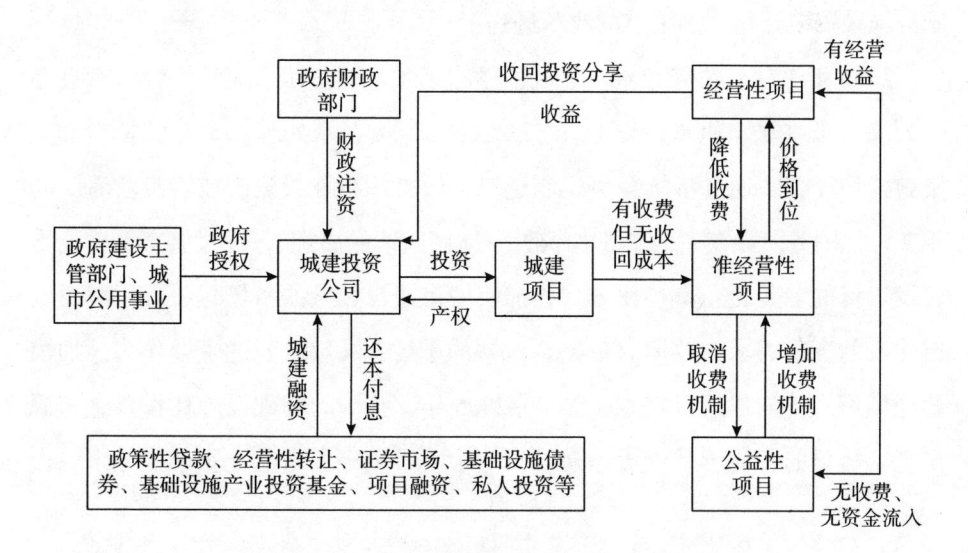

图2.3.1　城市投资开发建设公司的运作模式

从1992年开始，国务院陆续颁布了一系列引导城市基础设施多元化融资主体和渠道的政策法规，逐步形成中央、地方、企业共同参与的多元投资体制，由此进入我国城市基础设施多元化融资主体和融资渠道阶段。进入21世纪后，中国城市公共事业投融资体制改革呈现加快之势，制度创新的倾向主要集中在打破政府及公共部门垄断，引入市场竞争，逐步放开政府对民间资本和外国资本进入城市公共事业领域的限制等。

  2003年10月，党的十六届三中全会通过了《中共中央关于完善社会主义市场经济体制若干问题的决定》。《决定》指出，垄断行业要放宽市场准入，引入竞争机制。有条件的企业要积极推行投资主体多元化，继续推进和完善电信、电力、民航等行业的改革重组，加快推进铁道、邮政和城市公用事业等改革，实行政企分开、政资分开、政事分开。2003年12月，住房和城乡建设部颁布了《关于加快市政公用行业市场化进程的意见》，鼓励社会资金和外国资本采取独资、合资、合作等多种形式，参与市政公用设施的建设，以形成多元化的投资结构并通过在市政公用行业建立特许经营制度来推动城市基础设施融资多元化、多渠道的改革进程。

  2004年3月，住房和城乡建设部颁布了《市政公用事业特许经营管理办法》，提出要在城市供水、供气、供热、公共交通、污水处理、垃圾处理等行业，实施特许经营，通过市场竞争机制选择市政公用事业投资者或者经营者。同年7月，国务院颁布了《关于加快投资体制改革的决定》，通过城市基础设施建设投资的多元化、市场化方式，加快城市建设领域的市场化进程，解决城市建设的资金需求与政府财政资金短缺的矛盾，缓解政府的资金压力，加快我国城市经济的发展。特别是2000~2005年，我国的基础设施建设资金来源出现了显著的变化，基础设施建设投资中自筹资金所占的比重越来越多，占到将近50%。

  目前，我国城市基础设施建设资金渠道多元化格局已经形成，主要包括以下几点：一是财政资金渠道。包括城市维护建设费、公用事业附加费、中央和地方预算内资金、国家批准的政策性收费等中央和地方财政临时性或一次性补助、特殊政策增加的收入和其他收入。二是间接融资渠道。包括国内外各种银行贷款等。三是经营性收入、筹资渠道。包括各种经营性收入等。四是资本市场直接融资渠道。包括股票上市、发行企业债券、以战略性合作方式引入社保基金、产业基金、以债权或股权方式引入保险基金和引进外资机构、项目融资，特别是 BOT、TOT、BT、ABS 等方式。

伴随着 2008~2012 年政府实行投资拉动政策，各地为争取社会资本参与基础设施建设，出现了大规模出售城市公用事业产权的改革风潮。这一过程弱化了市政行业的公益性和服务性，也影响到中央政府和地方政府必须保持相应出资比例的心态，反而使公共财政支出中在对市政公用事业的投入方面出现连年降低的现象。

总之，1992 年后，我国市政公用设施建设投资比重开始稳步上升，至 2004 年，分别达到了占 GDP 比重的 3.48% 和占全社会固定资产投资比重的 6.78%，较 10 年前提高一倍多，但与世界银行建议的发展中国家城市基础设施投资占 GDP 的 3%~5% 和占全社会固定资产的 9%~15% 的数据相比，仍显不够。特别是对于我们这样基础设施底子本来就薄的发展中国家来说，更需加大投资力度。正是在这样的发展背景下，城市地下综合管廊作为地下管线集约化管理的优选方式受到地方政府的重视，开始了探索性建设，建设资金的筹措方式也从单一的政府出资向政府与管线单位共同出资等方式转变。2003 年之后，部分大中城市筹资建设的综合管廊体现了这一趋势的发展轨迹。

3. 部分典型城市地下综合管廊投资、建设的特点分析

（1）深圳市地下综合管廊投资、建设的特点。

深圳市大梅沙—盐田坳综合管廊由政府投资，市工务署负责建设，于 2005 年全线贯通并投入使用。现由盐田区城管局委托市水务集团进行管理，采用的是政府统一管理、各专业公司租用的模式。2008 年 8 月，深圳启动了国内第一个全市层面的综合管廊系统整体规划——《深圳市共同沟系统布局规划》，同时主持编制了《深圳市地下空间设计指引》，并通过修订《深圳市城市规划标准与准则》，明确了地下空间利用的基本原则和各类设施的基本设计要求。深圳还率先组织制定了《深圳市地下综合管廊使用费和维护费暂行办法》，现正在审核期。为推动后续在深圳西部光明新区地下综合管廊的规划建设，新区成立了由管委会领导挂帅，发展和改革、规划、建设、城管及相

关市政管线营运部门共同参与的地下综合管廊建设领导小组，并确定由新区建筑工务和土地开发中心作为建设主体具体负责地下综合管廊的建设工作。

（2）厦门地下综合管廊投资、建设的特点。

厦门市2010年就颁布了《厦门市综合管廊管理办法》，从规划、建设到维护管理进行了制度设计。厦门市综合管廊由市政园林局主管，前期完成的集美新城等综合管廊为政府投资，由厦门市政管廊投资管理有限公司具体实施。对后期集美新城集美大道、翔安南部新城和翔安新机场片区等3个综合管廊项目，厦门市政府将建立起多元化投资体制，采取PPP投融资模式，广泛吸收社会资本参与地下综合管廊建设。同时，通过特许经营、财政补贴、贷款贴息、政府购买服务等机制，科学合理地引入社会资金投资建设地下综合管廊。

（3）天津地下管线投资、建设特点。

天津在1994年就以天津市人民政府基本设施配套办公室为依托，成立城市道路管网配套建设投资有限公司的方式投资、建设城市地下管线。1996年市政府又实行了统一收取大配套费，统筹资金，统一规划，统一组织，并根据全市投融资体制改革的统一部署，将公司性质由国有独资转变为城投集团公司的全资子公司，承担除海河外的市区所有道路管网等基础设施投资、建设任务。天津市将所有的大配套费都交到管网公司，管网公司在对大配套费收费能力周密测算的基础上，通过与多家银行的洽谈，以大配套费收费权做质押，与银行签订贷款协议，实现了扩大融资的目标。地下管网建成后，管网公司便对其投资建设的城市地下管网工程使用权依法进行转让、租赁。

（4）广州大学城地下综合管廊的投资、建设特点。

广州大学城位于广州西南的番禺长洲岛上，建设的综合管廊沿岛屿环形布局，全长18 km。广州大学城综合管廊作为市政基础设施的一部分由政府主导建设，由财政拨款，建成以后作为资产注入广州大学城投资经营管理有限公司（国有公司）。该公司的主要业务是大学城经营性和准经营性市政公用设施、公共服务设施和高校后勤基础设施以及在大学城城市公共资源范围内相关项目的投资、经营管理及资本运营。公司的盈利性主业是大学城供冷供热系统和中水系统经营。在综合管廊经营管理方面，没考虑收取综合管廊入廊费，由于没有相关产权，所以只能收取租金，而租金收取又因缺乏相关的政策，收缴困难。广州大学城投资经营管理有限公司希望收取的年租金约300万元，仅仅与运营维护费用相当，但未能如愿，项目运营一直处于亏损状态。

（5）上海市地下综合管廊的投资、建设特点。

上海的张杨路、安亭新镇、松江新区等几条地下综合管廊均由政府出资建设，采用的是"拼盘"式筹款，即从政府财政拨款、地方政府、各区（或镇）政府土地出让金和住宅建设配套费中划出规定的市政公用基础设施配套费等，建成以后直接委托专业物业公司管理，即政府建政府管。如世博园的管廊已移交市政管理局管理。安亭新镇的管廊也由市政主管部门委托专业公司管理。尽管上海市在建设城市综合管廊方面有很多可圈可点的业绩和经验，但是由于管线单位介入不积极，不仅投资回收无望，就连综合管廊的运营维护费用还要由政府连年补贴。

（6）珠海横琴新区综合管廊的投资、建设特点。

珠海横琴新区综合管廊采用的是BT模式融资建设。珠海横琴新区的BT项目包括新区市政道路及管网工程项目、堤岸和景观工程两部分，是广东省重点工程之一。经横琴新区政府授权，项目由代表横琴新区政府进行投融资的珠海横琴投资有限公司发起，中国中冶基础设施建设公司投资建设，工程总承包方为中冶集团下属某一建设集团公司。珠海中冶基础设施建设投资有限公司负责投资126亿元，其中20亿元用于地下综合管廊建设。为保障横琴新区地下综合管廊项目的顺利进行，横琴新区政府专门成立了项目督办组，以实现在全过程中行使监管，保证项目的顺利融资、建设和移交。目前，项目已建设完工，政府已回购90亿元。

三、我国应用 PPP 模式建设综合管廊的市场潜力

综合管廊在我国处于起步阶段，2016 年的政府工作报告提出在"十三五"规划期间，每年建设 2000 km 的综合管廊，而 2014 年通过的预算法对地方的财政收入支出做出了严格要求。这就迫使地方政府在未来的综合管廊建设中需要大量使用和社会资本合作模式，才能完成中央政府的目标，所以我国在应用 PPP 模式建设综合管廊存在着巨大的市场潜力。

ency
第三章 我国城市地下综合管廊PPP模式应用的现状分析

第一节　我国城市地下综合管廊工程技术现状分析

一、综合管廊的工程技术现状

1. 综合管廊工程设计领域的技术状况

地下综合管廊指的是将两种以上的城市管线集中设置于同一隧道空间中，并设置专门的检修口、吊装口和监测系统，实施统一规划、设计、建设，共同维护、集中管理所形成的一种现代化、集约化的城市基础设施。它具有三大特性。一是综合性强。城市地下综合管廊可以科学合理地开发利用地下空间资源，将市政管线（供水、排水、燃气、供热、强电和弱电等）集中综合布置，形成新的城市地下智能化网络运行管理系统。二是具有成效性。城市地下综合管廊采用钢筋混凝土框架结构，可保证"管廊"使用寿命达100年以上，并按规划要求预留发展空间，做到一次投资，长期使用。三是方便维护。城市地下综合管廊内预留巡查和维护空间，有利于可靠运营。

我国经过几十年国防工程、铁路和公路隧道工程、水工地下工程等的发展，已经完全有能力独立设计与施工包括综合管廊在内的各类地下工程，其技术已趋成熟，国际上普遍采用的明挖法、暗挖法、盖挖法、钻爆法等工程技术，我国也都已掌握。

（1）综合管廊工程规划、工程设计的标准规范。

住房和城乡建设部在综合管廊工程规划、制度设计和标准规范建设方面，早在1998年就颁布了《城市工程管线综合规划规范》（GB50289—98）。2015年5月，住房和城乡建设部下发了关于印发《城市地下综合管廊工程规划编制指引》的通知（建城〔2015〕70号）。2015年6月，住房和城乡建设部、国家质监总局联合发布了《城市综合管廊工程技术规范》。2015年7月，住房和城乡建设部标准定额司制定并发布《城市综合管廊工程投资估算指标》(试行)。至此,在城市综合管廊工程的规划和设计方面构建了基本的标准框架体系。虽然上述体系还不是十分完备,但结合相关电力、通信、燃气、供热、给排水等现行有效的国家、部门或行业的设计规范、标准、规程等,可以满足综合管廊的工程规划和工程设计要求。

(2)综合管廊的类型和工程的基本构成内容。

综合管廊类型:

① 干线综合管廊:干线综合管廊是介于输送原站(如水厂、发电厂、热源站、燃气制造厂等)至支线综合管廊之间的廊道。它不是直接为沿廊道地区服务为目的的管道,因此大多设置于车行道下。目前修建的综合管廊大多属于这种类型。

② 支线综合管廊:支线综合管廊是介于干线综合管廊与直接用户(配给线)间的管道,其中容纳各种管线的支管。大多支线综合管廊具有的特点是:管廊内空间断面较小、特殊设备不多、不能直接供应大用户等。目前,只有少数综合管廊工程把支线管廊包含在内。

③ 缆线管道:缆线管道是将综合管廊内的相关管线引出后直接供应到大用户间的管道。它既可以从干线管廊直接接入,也可以从支线管廊接入,一般采用浅埋法敷设。目前基本不把它纳入到综合管廊系统工程中统一实施。

综合管廊工程的基本构成内容包括:

① 管廊本体:包括管廊的一般地段和特殊地段。

② 一般地段:标准断面地段。

③ 特殊地段:支线段、交叉段、引入口段、引出口段,多舱联络通道。

④ 管廊节点:进、排风口,人员出入口、吊装口。

⑤ 附属设备:排水、通风、照明、消防、监视监控。

⑥ 廊内管线断面布局:综合考虑安全、预留、检修。

⑦廊内管线安装：包括管线选型、安装；管线需要的预埋预留、支撑、悬吊、可装拆的辅助安装部件等。

⑧综合管廊生产运营集约化监管系统：包括各类管线生产监控、廊道环境监控、综合管廊应急反应系统等。

（3）综合管廊工程设计单位的分布。

对于常规的明挖现浇法施工的地下综合管廊，具备承担设计能力的设计单位包括综合甲级设计院，市政类甲级工程设计院，以及石化、铁路、冶金、电力、煤炭、水利、核工业等行业甲级工程设计院。

预制拼装法或盾构法施工的综合管廊，在设计阶段可由有资质的设计院总负责，在特色化的预制拼装设计或盾构设计方面应吸纳专业设计单位参与。

2. 综合管廊工程施工领域的技术状况

（1）明挖现浇法施工综合管廊。

明挖现浇法建造综合管廊是国内建设综合管廊的主要技术选择之一。

现代意义上的城市地下综合管廊工程建设在我国20世纪90年代就开始了，已经建成的上海、广州等地的综合管廊起到了很好的示范作用。从工程角度来看，综合管廊只是一个埋设于地下的带状构筑物，廊道断面的体量远小于地铁，埋深位于浅层地下空间（小于15 m），采用的土方大开挖加混凝土现浇的施工工艺，其技术含量并不高，技术风险基本可控。国内具有施工总承包一级资质的施工单位都可胜任该类工程的施工。

（2）预制拼装法施工综合管廊。

预制装配式城市综合管廊比现有明挖现浇技术有诸多优点，是综合管廊工程施工技术进步的发展方向之一，其技术含量体现在预制和拼装两个方面。目前，我国综合管廊混凝土预制构件生产方式根据构件规格和运输条件，分工厂化作业模式和移动式现场预制模式。在工厂化作业模式中又有台座法生产和流水线制造之别，技术也日臻成熟。由于受制于运输的经济性和安全性，对于向大型化发展的综合管廊预制构件，工厂化制备显得不利，由此诞生了移动式预制生产模式。移动式预制生产模式类似游牧作业，像综合管廊这样的带状工程，可以借用沿施工线路一侧或者周边规划大临或者小临用地，利用安全区域的某狭长地带建立移动式预制生产设施，将预制混凝土构件所需的设备、材料、工装模块等直接运到项目的施工现场附近，就近下料、预制、养护，然后将产成品短距离运输到拼装场地，进而完成拼装作业。当某个区段的廊道施工完毕后，可将移动式装备拆装到下一个场地，如此往复，从而大大节约成本、提高工效。

目前，我国还没有采用预制拼装法施工大型综合管廊的成功案例，但已有部分城市在利用该法进行综合管廊施工试点，也有部分廊段实现了预制拼装。

（3）盾构法施工综合管廊。

盾构法进行隧道施工的基本原理是用一组有形的钢质组件沿隧道设计轴线开挖土体并向前推进。这个钢质组件在初步和最终隧道衬砌建成前，主要起着防护开挖出的土体坍塌、防止地下水或流沙的入侵、保证作业人员和机械设备安全的作用。盾构作业方法是先在隧道某段的一端建造竖井或基坑，以供盾构设备安装就位。盾构从竖井或基坑的墙壁预留孔出发，在地层中沿着设计轴线，向另一竖井或基坑的设计预留洞推进。盾构推进中所受到的地层阻力，由盾构千斤顶反作用于竖井或基坑后壁的力予以克服。盾构是一个既能支撑地层压力，又能在地层中推进的钢筒结构，钢筒直径稍大于隧道衬砌的直径，在钢筒的前面设置各类支撑和开挖土体装置，在钢筒中段周圈内安装顶进所需的千斤顶，钢筒尾部具有一定空间的壳体，在盾尾内可以安置数环拼成的隧道衬砌环。盾构每推进一环距离就在盾尾支护下拼装一环衬砌，并及时向盾尾后面的衬砌环外周的空隙中压注浆体，以防止隧道及地面下沉，隧道在盾构推进的过程中不断形成。

我国盾构技术及装备水平发展很快，目前国内已经拥有 2.44~16.00 m 挖掘直径的不同型号盾构机，可满足圆形、矩形、马蹄形及其他特殊断面形状的隧道掘进需要，在地铁、过江隧道等建设领域发挥了重要作用。

我国采用盾构法建设综合管廊的历史不长，且多为配合性局部工程，如天津市刘庄桥海河改造工程中的地下共同过河隧道，盾构施工总长度226.5 m。南京云锦路电缆隧道莫双线220 kV入地工程中的一部分采用了盾构技术，该工程是江苏省首条盾构法施工的电缆隧道，也是国内首条超高压电缆隧道。盾构隧道全长849 m，埋深5.2~9.8 m，盾构穿越地段主要地层为淤泥质粉质黏土。

二、综合管廊工程技术领域存在的问题及成因分析

1. 综合管廊工程设计方面存在的问题

据调查，在已经建成的综合管廊项目中，大部分综合管廊工程设计都是针对廊体及节点的土建工程和附属设施选型与安装进行的设计（有少数项目包括了给水管道的选型、安装设计），综合管廊内各管线的选型和安装设计则交由各专业管线单位分别进行。这造成了以下三个方面的问题。一是综合管廊工程建设周期大大拉长，综合管廊有效投入运营的时间往往要拖到开工后的四五年，甚至更长。二是由于设计过程难以充分吸纳管线技术部门的意见，使廊道工程设计出现缺陷，最终迫使管线设计和施工委曲求全，因而造成损失。三是不完整设计构成的综合管廊工程估（概）算指标误导决策，并造成综合管廊工程总造价失控。

2. 综合管廊工程施工方面存在的问题

（1）明挖现浇法施工存在的问题。

明挖现浇法施工综合管廊从技术上来说已经相当成熟，实践中也没有出现过大的问题。影响工程质量、进度和造价的主要是廊体工程之外的降水和桩基工程，如已建成的南京江北新城10 km综合管廊，采用的是全程钢板桩支护；珠海横琴新区综合管廊，为解决海滩淤泥地貌的基础问题，分别根据不同地质条件，采用了水泥搅拌桩、预应力高强度混凝土管桩、混凝土灌注桩、旋喷桩、钢板桩等多种支护措施，施工难度和工程的复杂性表现突出。

（2）预制拼装法施工存在的问题。

预制拼装法建设综合管廊目前面临较多问题。从预制工装模块的角度来看，因为预制构件的形状、材料等不同而有很大的差异。在拼装构件的形状方面，当前有底板现浇加预制板片拼装、双侧对称的正反 L 形预制构件拼装、U 形预制结构体加预制顶板拼装、整体预制管涵节段拼装、预应力顶盖节段与预应力底座节段拼装等，在预制管件材料选用方面，除了钢筋混凝土预制构件外，大直径塑钢缠绕管也进入到了综合管廊工程应用中。以上各种预制拼装方法在国内城市地下综合管廊工程应用中应该说都还没有进入到大规模市场化阶段，预制拼装除了技术上诸如综合管廊走向出现垂直变化或水平变化时预制件的结构调整问题、各类管线导入导出时与拼装节段如何结合问题、预制构件如何解决管线安装所需的预埋预留问题、预制构件节段拼装缝防水问题、装成段廊体防漂浮问题等有待完善外，还涉及预制构件二次设计、预制构件模具设计与制作、预制设备研发与应用、预制工法、移动式混凝土预制装置模块化设计与制备、预制件运输与吊装机械整合、拼装设备研发与应用、拼装工法等一系列技术和管理水平的提升。

（3）盾构法施工存在的问题。

盾构法运用于城市地下综合管廊工程最突出的问题就是工程造价偏高，这将非常不利于盾构法在该领域的推广应用。

盾构技术本身还需要与综合管廊的诸多要求相磨合，其中包括：浅埋深状态下（地表标高 −15 m 左右）综合管廊盾构施工的适宜性，廊道盾构施工与综合管廊重要节点（如通风口、投料口、管线引出口等）的关系处理，如何满足综合管廊廊道特殊设计（主要是转弯、起伏、交叉等）时的盾构施工，如何满足廊道内各类管线的架设、悬吊、支撑等技术要求等。

第二节　PPP 模式应用于城市地下综合管廊的现状调查与评价

一、现状调查及 PPP 模式应用状态评价

1. 调查工作策划

（1）调查对象选择

在课题立项前不久，财政部公布了第二批 PPP 示范项目名单，在综合管廊项目中，包括第一批在内的两批共有 13 个城市 14 个项目入选；住房和城乡建设部、财政部也公布了 2015 年度地下综合管廊 10 个试点城市名单。上述综合管廊 PPP 示范项目和综合管廊试点城市并不完全重合，考虑到综合管廊 PPP 示范项目已经经过了 PPP 项目入库评审，前期工作相对扎实，且后续的推动力度也很大，而试点城市中的综合管廊 PPP 项目尚有不少没有通过 PPP 项目入库评审，相对来说可供比对的内容可能不是很充分，因此，研究团队最终确定选择部分入选综合管廊 PPP 示范项目为本次研究的调查对象，选择的项目及其基本情况如表 3.2.1 所示。

表3.2.1　综合管廊PPP模式应用研究调查对象表（示范项目）

序号	项目名称	投资额/亿元
1	石家庄正定新区综合管廊	存量
2	包头市新都市区地下综合管廊	18.10
3	沈阳市地下综合管廊（南运河段）工程	32.78
4	四平市地下综合管廊	10.30
5	长春市皓月大路地下综合管廊	9.60
6	长春市地下综合管廊南部新城乙六路	3.80

续表

序号	项目名称	投资额/亿元
7	吉林市地下综合管廊	150.00
8	哈尔滨市地下综合管廊试点	28.00
9	孝感市临空区地下城市综合管廊	15.00
10	长沙市地下综合管廊	55.95
11	六盘水市综合管廊	29.94
12	白银市综合管廊	20.4

（2）期望通过调查获得的信息。

研究团队对期望通过调查获得的信息进行了梳理，选择了包括项目基本情况、政府管理情况、法律法规执行情况、PPP模式设计和管廊工程规划设计建设运营情况5个方面共约140个细节性问题。

（3）咨询单位选择。

为配合对调查结果的验证，同时也想对研究团队提出的研究意见进行有效实证，研究团队还拟订了一份邀请潜在的、有代表性的综合管廊建设运营社会资本方进行协同咨询的名单（表3.2.2）。

表3.2.2 咨询合作单位一览表

序号	单位名称	基础条件	特色业务	备注
1	上海市政工程设计研究院	甲级设计	市政工程设计	市政工程
2	中冶京诚工程技术有限公司	甲级设计	区域性大型管线工程设计、工程总承包	冶金工业
3	中石油管道局设计院	甲级设计	区域性大型管线工程设计、工程总承包	石化工业
4	邮电部北京设计院	甲级设计	大型通讯线缆工程设计、工程总承包	邮电工程
5	中煤科工集团南京设计院	甲级设计	井巷设计、巷道管线设计与工程总承包	煤炭工业
6	广东省电力设计研究院	甲级设计	高压输电工程设计与工程总承包	电力工程

续表

序号	单位名称	基础条件	特色业务	备注
7	广州宏正工程造价咨询有限公司	咨询甲级	工程造价咨询	工程造价
8	中国建筑第三工程有限公司	特级建筑	大型城市基础工程施工	湖北
9	中铁二局集团有限公司	特级建筑	积极参与市政工程，隧道施工	四川
10	中交隧道工程局有限公司	特级建筑	积极参与市政工程，隧道施工	北京
11	中国二十二冶集团有限公司	特级建筑	积极参与市政工程，隧道、管廊施工	河北
12	中电建筑集团有限公司	特级建筑	积极参与市政工程，隧道、管廊施工	北京
13	中国建筑一局（集团）有限公司	特级建筑	大型城市基础工程施工	北京
14	北京建工集团有限责任公司	壹级市政	有意参与市政工程施工	北京
15	中煤矿山建设集团有限责任公司	特级建筑	积极参与市政工程，井巷、隧道施工	安徽
16	中国二十冶建设有限公司	特级建筑	积极参与市政工程，隧道、管廊施工	天津
17	宏润建设集团股份有限公司	特级市政	大型城市基础工程施工	宁波，上市公司
18	裕腾建设集团有限公司	壹级市政	大型城市基础工程施工	苏州，民营
19	中国水利水电第八工程局有限公司	特级水利水电	积极参与市政工程，城市管网工程施工	湖南
20	中泰国际控股集团有限公司	大型箱涵预制	大型箱涵制作	北京，民营
21	武汉双强管业有限公司	混凝土预制管涵	混凝土预制管涵	武汉，国企
22	施耐德电气（中国）有限公司	控制监视系统	综合管廊监控系统 集成	北京，外企

2. 调查结果

研究团队分别于 2016 年 1 月 24~30 日、3 月 2~10 日和 5 月 25~31 日，分三个批次对哈尔滨、长春、吉林、四平、沈阳、石家庄、孝感、长沙、六盘水、包头、白银等 11 个城市的项目进行了实地调查，其中长春市的两个项目因为政府实施机构调整,研究团队没能获取相关数据。相关数据见表 3.2.3-1、表 3.2.3-2、表 3.2.4、表 3.2.5、图 3.2.1、图 3.2.2。

表3.2.3-1 财政部综合管廊PPP模式示范项目工程情况（实际项目调查表）

序号	项目名称	工程规模	纳入管线种类	干线断面设计	主要设计亮点	投资估算
1	石家庄正定新区综合管廊	45.25 km	热力、电力、燃气、通信、排水（部分）	2仓8 m×（4-5）m，3仓（9-10）m×（4-5）m	建设国内领先的管廊	65亿元
2	包头市新都市区地下综合管廊	全长6.68 km，其中青山路1.8 km，外环路4.88 km	中水、给水、电力、通信、热力	矩形断面7.9 m×5.4 m，8.8 m×5.5 m，5.9 m×5.1 m	热力管道设计结合了当地设计单位的意见	5.27亿元
3	沈阳市地下综合管廊（南运河段）	12.828 km	电力电缆、通信、给水、中水、供热、天然气	圆形断面，1~2仓	盾构法施工、智慧型巡检、急速阻燃技术	31.99895亿元（不含管线入廊资金）
4	四平市地下综合管廊	一期，9条19.97 km；二期，28条42.86 km	给水、220 kV电力、通信、中水、热力、天然气、充电桩管线	矩形断面，电力和综合仓双仓、部分3仓，4.6 m，宽7.6 m	充电桩及其附属设施	一期23亿元，二期54亿元，共77亿元
7	吉林市地下综合管廊	2015—2020年共建140 km干线管廊26条，分布在6个区	污水管暂不纳入；老城区燃气管不纳入；纳入供水、热、电、通信管线	矩形断面，双仓，高4.5 m，宽6.0 m；140 km全为干线		估算投资155亿元
8	哈尔滨市地下综合管廊试点	11条25 km，其中主城区13 km，新城区12 km	纳入雨水、污水、给水、燃气、电力、热力	矩形断面1~2仓	拼装式施工方法	初设29亿元，拦标价27.9亿元
9	孝感市临空区地下城市综合管廊	39 km	强电、弱电、给水布控、中水、压力	一期：矩形2.8×2.8 m/2.4×3 m	采用拼装施工	一期6.78亿元，二期9.5亿元
10	长沙市地下综合管廊	63 km，56亿元	强电、弱电、压力、中水、电力、通信	矩形断面2.3.4仓		
11	六盘水市综合管廊	39.69 km，15条路	供水、电力、通信、燃气、雨污水	矩形断面1-4仓	喀斯特地貌施工，重力流雨污水管道置于土建工作部分，不包括管线采购及安装费用	估算29.94亿元，只含河东区41亿元，河西是道路打包15亿元
12	白银市综合管廊	7条路，共26.25 km	雨水、污水、给水、电力、热力、通信	矩形断面1-3仓		估算22.38亿元，合同价20.4亿元

资料来源：研究团队调查

第三章 我国城市地下综合管廊PPP模式应用的现状分析

表3.2.3-2 财政部综合管廊PPP模式示范项目操作情况

序号	项目名称	强制入廊与计价政策	特许经营	股权结构	加大政府投入 配套补贴政策、动态化补偿机制	SPV情况
1	石家庄正定新区综合管廊	印发了强制入廊政策	包括建设期30年			
2	包头市新都市区地下综合管廊	已出台《包头市地下综合管廊规划管理办法》	建设期1年运营期19年	项目资本金2亿元，政府注入600万元，占股5%，社会资本注资1.14亿元，占股95%	包头市投资0.06亿元，利用国家财政投资补贴3亿元×3年共9亿元，补到本项目1.78亿元	包头城发、中国二冶、中冶建信基金
3	沈阳市地下综合管廊（南运河段）工程	沈阳市正在草拟规定，人廊费运营费暂无数据	建设期3年运营期27年	资本金占总投资30%，其中政府方出资30%，社会资本70%，其他由社会资本融资	沈阳政府出40%，2.5亿元，国家补助60%，3.5亿元	准备进行政府采购
4	四平市地下综合管廊	市级规定已订，人廊费计划收取占到项目总投资的40%	建设期2年运营期28年	政府方出资20%，民间资本融资占总投资80%	利用国家财政投资补贴3亿元×3年共9亿元	准备进行政府采购
7	吉林市地下综合管廊	吉林省有规定，人廊费运营费暂无数据	建设期2年运营期20年	建立市级SPV，按片区成立5个小SPV，政府方出资占4%	利用国家财政投资补贴3亿元×3年共9亿元	大SPV正在组建
8	哈尔滨市地下综合管廊试点	黑龙江省有规定，计划收取管线单位人廊费总计1亿元	建设期2年运营期25年	市建公司代政府以1元金股入股，其余为民间资本。项目公司注册资本金为总投资的30%	完全利用国家财政投资补贴4亿元×3年共12亿元	已经完成社会资本招标，正在合同谈判
9	孝感市临空区地下城市综合管廊	湖北省有规定，营管费暂无数据	建设期3年运营期25年	政府:社会资本=2:8（注册资本金占投资25%）	1亿元已投入临空区	准备进行政府采购
10	长沙市地下综合管廊	长沙市已制订配套政策，测算入廊、运营费可收到总投资的20%	建设期3年运营期25年	政府:社会资本=33.3:66.7（注册资本金占总投资30%）	利用国家财政投资补贴4亿元×3年共12亿元	准备进行政府采购
11	六盘水市综合管廊	市政府正在草拟规定	建设期2年运营期28年	资本金10亿元，其中政府2亿元，社会资本8亿元	利用国家财政投资补贴3亿元×3年共9亿元	设计已招标，中建总公司中标施工总承包
12	白银市综合管廊	甘肃省推出关于加快推进全省城市地下综合管廊建设的实施意见	建设期3年运营期27年	资本金5亿元，政府5000万元，社会资本90%，其中中铁一公司5000万，10%，山东华达4亿元，占股80%	完全利用国家财政投资补贴3亿元×3年共9亿元，省市两级投入3亿元作为拆迁补助资金	白银住投、山东华达、中国一冶

资料来源：研究团队调查

表3.2.4 调研城市综合管廊基本数据（实际项目调查）

项目	投资/亿元	长度/km	单位造价/（亿元/km）
石家庄	65	45.25	1.436
包头	5.27	6.68	0.789
沈阳	31.99	12.8	2.25
四平	23	19.97	1.152
长春	13.4	10	1.34
吉林	155	140	1.107
哈尔滨	27.9	25	1.116
孝感	16.28	30.5	0.534
长沙	56	63	0.889
六盘水	29.94	39	0.767
白银	22.38	26.25	0.853

资料来源：研究团队调研

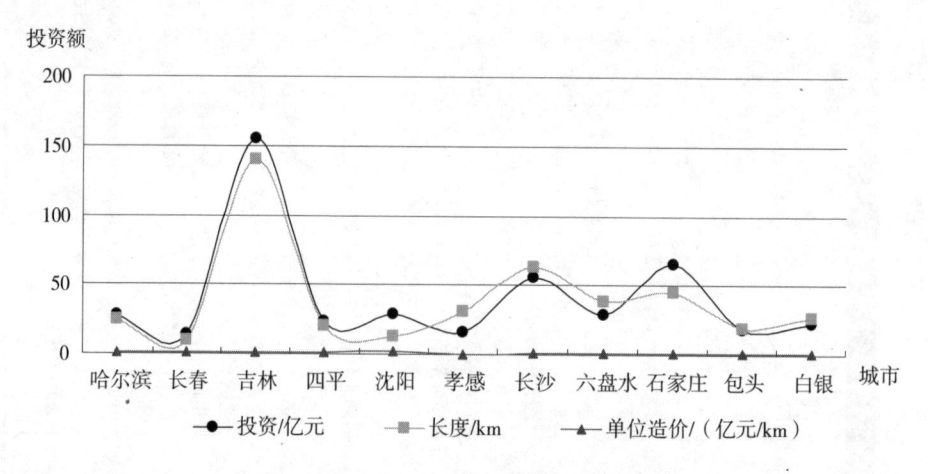

图3.2.1 调研城市地下综合管廊基本投资概况

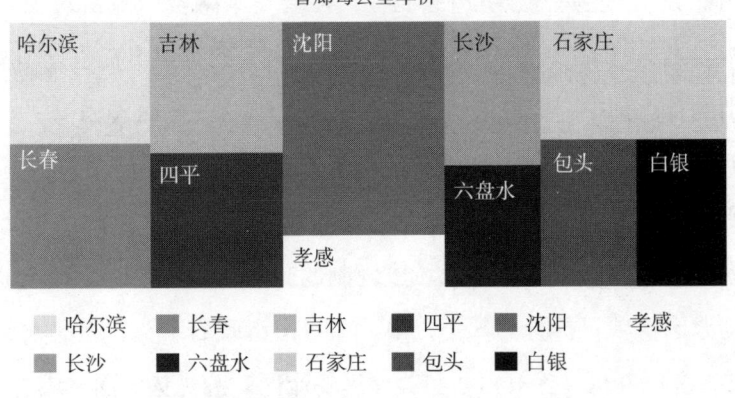

管廊每公里单价

哈尔滨　吉林　沈阳　长沙　石家庄

长春　四平　　　　　六盘水　包头　白银

孝感

■ 哈尔滨　■ 长春　■ 吉林　■ 四平　■ 沈阳　■ 孝感
■ 长沙　　■ 六盘水　■ 石家庄　■ 包头　■ 白银

图3.2.2　政府对社会资本的选择意愿

3. 现状评价

（1）对被调查项目的总体印象。

通过对 10 个综合管廊 PPP 示范项目的调查，研究团队有以下总体印象：

① 试点项目总体推进速度缓慢。

② PPP 项目以 BOT 模式为主。

③ 各项目实施机构均表示入廊费收取困难。

④ 项目的规划、可研单独委托，初步设计、施工图设计和施工分别招标。

⑤ 多采用公开招标方式。

⑥ 多采用施工总承包模式采购社会资本。

⑦ 实施机构倾向于大型央企响应招标，资格条件要求较高。

⑧ 金融机构表现不活跃，社会资本采购前忽略对金融机构的资格预审。

⑨ 项目不包括管线工程，形成的项目合同不能代表项目总造价。

（2）BOT 模式下的细微差别与优劣对比。

在被调查的项目中，几乎全部采用了 PPP 模式下的 BOT 方式吸引社会资本合作建设运营综合管廊。虽然尚没看到哪家综合管廊项目签订了 PPP 项目合同，但从对 PPP 项目实施方案的认可情况来看，都计划成立 SPV，项目资本金占总投资比例一般为20%~30%，社会资本融资一般占总投资比例的70%~80%。在SPV资本金构成中，代政府方出资的企业出资占比10%~30%。比较特别的有，其中一家政府方以"一元金股"的方式加入SPV；一家政府方以地下空间权作价的方式向SPV投放资本金；一家政府方为表示政府诚意和提升话语权，在投入规定的资本金的基础上，还承诺向SPV另外投入资金；还有一家政府方因项目庞大且地域成规制的分散，故从政府方利于筹措资本金的角度考虑将项目拆分为6个，中央项目由市政府牵头，组建大SPV，各子项目在发挥高新区、经开区、科技园区等园区政策优势的同时成立小SPV。

上述运作方式各有特色，尤其是部分有特点的操作方式已在实践中反映出了优劣，分析得出以下意见。

① "一元金股"模式相关优缺点分析。

"一元金股"入股SPV，地方政府作为项目发起人，用项目未来的收益（经营性或准经营性项目）作为抵押，即可在项目初期不用投资即可启动项目，使当地政府在资金缺乏和新预算法的严苛要求下实现增加供给的目的。另外，地方政府利用PPP项目协议赋予的权力，在SPV重大事项决策上具有一票否决权，一定意义上可以保护民众的基本利益，避免了政府方的风险。

但是该模式包含了几项与市场经济主流理念相抵触的问题，与市场经济倡导的按要素分配相应利益的基本原则不符；使SPV蕴藏较大缺陷，可能会导致公司产生AB股现象，为未来公司的运营埋下不和谐的伏笔；由于政府方面在SPV中没有实际股份，又缺乏相应正常的管理费用，因而政府实施方管理乏力，难免出现怠工现象，导致效率低下。

② 以地下空间权作价投入资本金方式的优缺点分析。

采用这种方式目前还只是试探。虽然这样操作可解政府方资本金筹措之急，但因为我国地下空间立法还处于空缺状态，地下空间权属不确定，使得政府方单方面以强制性出让权利（到底是所有权还是使用权尚不明确）的方式作价入股，会受到社会资本严重质疑。由于参与该项目的社会资本方为民营企业，所以政府的这种做法尤其被对方诟病。另外，空间权作价入股，并没有形成实际现金流，相当于融资总额中缺少了这一块，这将会在资金紧张的建设期带来负面影响。

③除了资本金外，再向SPV另外注资方式的优缺点分析。

首先，有这种底气的肯定是已经得到了中央关于综合管廊试点财政补贴的地方政府，显然这样的大气举措对吸引社会资本非常有利。但是毕竟PPP模式的初衷是想更多地获得社会资本的融投资，以减轻政府资金压力，类似该地方政府如此高规格出资除了表明政府在综合管廊建设方面的支持力度外，对其他地方政府的借鉴作用并不大。

④大小SPV模式的优缺点分析。

该方式提出的背景是为了解决政府在综合管廊SPV中的资本金筹措，通过市政府主导的大SPV的强大融资能力，可降低政府融资成本，并能够及时解决小SPV中的融资问题，提高了项目运作效率。同时，可以相应分散政府方对于项目的管理强度，利于政府内部的风险分配。可以做到6个片区的综合管廊工程相对自成体系，由各SPV自担其责，责任明确。由于各小SPV实现目标的时间不同，后来者可以借鉴前行者的经验，降低再次发生错误的风险。

因为这种模式是地方政府的一种融资手段，有一定分解政府风险的效果，同时也破坏了该市地下综合管廊作为一个项目群集中管理的优势格局，不利于项目集约化管理效益的发挥。

（3）入廊费和运营管理费问题。

入廊费和运营管理费是各地综合管廊PPP示范项目面临的共同难题。据了解，各地政府为争取当地综合管廊PPP项目能加入到财政部PPP示范项目库，均与当地相关管线单位进行了充分的沟通，也都得到了管线单位的理解和支持，大多数城市的管线单位均与市政府签订了入廊协议和支付相关费用的承诺。

从政府实施机构提供的各自项目计划收缴的入廊费和运营管理费的额度

来看，上述两项费用之和占项目的总投资的多少，并没有一个确切的比例，收取费用最低的城市，按其项目实际中标价计算，只占3.7%；有两个城市计划收缴的比例也都在5%以下；有三个城市计划收缴比例为20%；最高的想收取到40%，但是政府人员表示这是不可能的。

距第二批示范项目公布到研究团队实地调查期间已有半年，各地的入廊费和运营管理费的具体收缴数额以及收缴办法还没有一家能够最终确定。入廊费和运营管理费收不上来成了被调查的政府实施机构最头痛的问题，这关系到他们到时候怎么向社会资本支付可行性缺口补助，甚至关系到如何继续维系PPP合同关系。

（4）社会资本构成问题。

示范项目的政府实施机构有普遍追求社会资本高大上的倾向，不仅在资格预审时强调资质等级，而且希望大型央企的总公司（而不是具备独立法人的二级公司）参加投标，使本来就畸形的社会资本成员构成更加单一化。这个现象若发展下去，将影响综合管廊PPP项目可持续发展。

很难得的是，在研究团队调查的项目中，有一家民营企业成了综合管廊PPP示范项目的社会资本方，这可能是到目前为止唯一的综合管廊项目民营性质的社会资本。实际表现是，这家社会资本在项目公司资本金筹措过程中比任何一家央企都来得及时和到位，凸显了民营企业的管理效率和资本实力。

表3.2.5　政府对社会资本方选择意愿

项目	央企	地方国企	上市公司	普通民企
择定数量	6	2	3	1

社会资本方选择

二、当前应用PPP模式建设综合管廊存在的问题及生成原因分析

1. 法律法规欠缺对应用PPP模式的影响

从向管线单位收取入廊费和运营管理费的难度来看，仅仅想依靠管线单

位的觉悟实现相关管线入廊是极不可靠。这是被调查的政府实施机构官员普遍担心的问题，不配合缴费实际上就是不愿意入廊，而要真正实现强制入廊必须法制先行。这个问题涉及规划法、地下空间的独立权属、政府定价或政府指导价等价格法的完善。

2.PPP 模式下政府职能及其运作机制方面的问题

（1）政府机构设置和人员配置问题。

在过去和当前一个时期，作为城市地下综合管廊的政府实施机构，在各地出现了多种表现形式。据不完全统计，有住房和城乡建设委（局）及与它相同级别的园林绿化管理局、公用事业局、园区管理委员会、新区土地开发中心等。而在住房和城乡建设委（局）下面授权的实施机构又有：地下综合管廊办公室、管道处、科研处、城市建设管理科、公用工程科等多种不同的职能部门，而且编制不能很快到位甚至没有编制，形成事实上的政府方管理缺人、缺位。

鉴于综合管廊特有的地下空间开发属性、区域规划与管线专业规划的高度结合性、涉及与多个垂直管理行业的配合协调，业务范围已经跨越传统的住建口范畴，因此设置合理且有效的综合管廊实施机构势在必行。

（2）项目前期工作管理方式问题。

经过起步阶段的磨合和相关政府部门连续发文指导，加强规范和约束，综合管廊采用 PPP 模式建设运营的前期工作基本都能在 PPP 咨询机构的辅佐下合法合规地展开。

值得注意的是，结合示范项目推进缓慢的情况来看，PPP 模式下的综合管廊项目进行到政府采购这个环节时还是存在问题的，可能性有三个方面。

① 实施方案建议的采购方式不当。

② 实施方案提出的诸如交易结构、股权结构、特许经营、回报机制、监管考核等设计偏于理想化。

③ 政府实施机构加设了高门槛。

（3）项目建设管理方式选择问题。

采用PPP模式建设综合管廊到目前还只有六盘水项目进入到了施工期。结合相关城市计划开工的综合管廊可知，目前国内综合管廊工程建设管理方式基本为"设计+施工总承包"方式。经分析，这可能缘于政府方对风险的认识误区，即担心将设计交给社会资本可能会导致项目出现不可控制的风险，认为政府方对某项工作的控制力越强所承受的风险就越低，所以才会在完成施工图设计后才将项目主导权交与社会资本。

理论界对于综合管廊项目的建设管理有一个呼吁——实行工程总承包。毕竟工程总承包代表着项目管理水平的提升，有利于实现工期、质量、费用的综合控制目标。

在综合管廊项目实行工程总承包的趋势还没有完全显现前，已有政府实施机构弱化综合管廊PPP项目建设监管的迹象，有一种倾向，就是政府实施机构寄望于SPV组建后，将项目建设管理的一应事务全部交由项目公司全权管理。其中一个典型现象就是把委托监理的职能下放给了项目公司，形成事实上的项目公司既当运动员又当裁判员，这是后期需要严肃对待的问题。

（4）项目运营管理方式选择问题。

PPP综合管廊项目还没有一个建设完成并进入运营期的，所以它的运营管理到底是个什么状况目前还不得知。从各地综合管廊实施方案来看，均把综合管廊的运营维护职能交给了承担施工的社会资本，由于具有综合管廊运营经验的社会资本不多，所以有的还在PPP项目合同中留有社会资本转让运营权条款或主动安排管线权属单位联合社会资本运营管理管廊的条款。

社会资本参与PPP项目，一个重要的特点就是要具备提供在PPP项目特许经营期内的运营维护管理服务，并通过服务绩效回收投资和获得合理回报。当前对这个问题的模糊处理会使在日后长时间特许经营期的运营管理中埋下隐患。

3. PPP 模式下投融资机制革新与政府支持措施落实问题

由于综合管廊 PPP 示范项目总体进展缓慢，使得在投融资机制革新与政府支持措施落实方面的信息严重短缺。

在示范项目调研中有几个现象值得关注。

一是在政府采购期间，配合社会资本投标的金融机构表现不活跃，大多数政府实施机构甚至忽略了对与社会资本合作的金融机构的资格预审，从而给人一种错觉，似乎社会资本不必在政府采购前与相关融资机构建立合作关系，而是中标了以后再说。这种操作方式真让人为社会资本能否及时、足量地融到资金而捏把汗！

二是某项目社会资本为大型央企上市公司，股市成为其 SPV 资本金和项目融资的重要渠道。

三是某项目的社会资本借助其行业内部的一个专项基金，为 SPV 资本金和项目融资提供了一个很好的平台，为实现融资提供了保障。

随着 PPP 各项目采购程序的逐渐完成，政府与社会资本完成签约的越来越多。下一步，寻求融资支持将成为 PPP 工作的重点之一。综合管廊 PPP 项目投资动辄几亿元甚至几十亿元、上百亿元，往往一个大的 PPP 项目需要有几个银行财团联合投资，才有可能完成融资责任和融资过程。PPP 融资不同于以往抵押融资、担保融资，项目融资主要依赖项目自身未来现金流量及形成的资产，而不是依赖项目的投资者或发起人的资信及项目自身以外的资产来安排融资，这一变化应该引起相关方的高度关注。

第四章 国外城市地下综合管廊投资、建设、运营管理的经验借鉴

一、在综合管廊投资、建设方面的经验借鉴

在综合管廊投资、建设方面，法国、英国、德国等欧洲国家，由于其政府财力比较强，城市综合管廊被视为由政府提供的公共产品，其建设费用都由政府承担。日本共同沟建设的突出经验可归纳为两点：一是立法优先，如已建共同沟路段禁止开挖的规定，共同沟的产权问题、地下空间有偿使用问题等都有规定；二是整体规划，将共同沟与地铁、地下综合体等地下工程统一纳入城市地下空间规划，形成共同化、综合化发展的特征，成为日本地下空间利用特征之一，并且不断向地下利用的大深度化发展。日本在共同沟建设中，其建设资金由道路管理者与管线单位共同承担。其中道路如果为国道，则道路管理者为中央政府，共同沟的建设费用由中央政府承担一部分；当道路为地方道路时，地方政府承担部分的共同沟建设费用，同时地方政府可申请中央政府的无息贷款用作共同沟的建设费用。日本在共同沟建设资金承担比例方面没有明确的法律规定，开始时政府方投入比例约40%，管线单位承担60%，随着政府财力提升，在共同沟建设费用承担比例上，政府占比逐渐提高。有消息指出，目前日本政府在共同沟建设投资比例中已经占到近90%。

二、在综合管廊运营管理方面的经验借鉴

在综合管廊运营管理方面，欧洲国家一般以出租综合管廊的形式提供给管线单位，一方面实现投资的部分回收，另一方面借此厘清与管线租用单位在综合管廊后期的维护管理责任。这里需要解释的是，欧洲国家在政府投资建设综合管廊过程中是否同时敷设了管线，研究团队暂时没有得到确切信息，但是从其高度重视规划的角度分析，政府方不应该仅仅提供一个管廊空间而任由管线单位自由支配。所以，他们的综合管廊估计是由政府一次性完成综合管廊廊体及其内设的各类管线的建设。至于其出租价格，并没有统一规定，而是由市议会讨论并表决确定当年的出租价格，可根据实际情况逐年调整变

动。这一分摊方法基本体现了欧洲国家对于公共产品的定价思路，充分发挥民主表决机制来决定公共产品的价格，类似于道路、桥梁等其他公共设施。日本在共同沟后期运营管理中，还是采取道路管理者与各管线单位共同维护管理的模式。共同沟本体的日常维护由道路管理者（或道路管理者与各管线单位组成的联合体）负责，而共同沟内各种管线的维护，则由各管线单位自行负责。其维护管理则由道路管理者与各管线单位共同承担。

三、不同表现形态下的 PPP 模式对我们的启发

从 1992 年英国财政大臣拉蒙特提出私人融资计划（Private Fiancing Initiative，简称 PFI）始，英国便开始了 PPP 时代。20 世纪 90 年代以来，PPP 在越来越多的国家得到运用，澳大利亚、德国、韩国、南非、法国、西班牙等国 PPP 项目的数量不断增加，但迄今为止，英国仍是开展 PPP 项目数量最多的国家。

PPP 按照不同分类标准有很多种类，根据项目回报机制可以分为最主要的两大类型，即政府购买服务类 PPP 模式和使用者付费类特许经营 PPP 模式，且以英国和法国为典型代表。在 PPP 模式的发展过程中，英国习惯将 PPP 与 PFI 模式视为同一个概念，英国人所称的 PPP，就是 PFI，即特指政府购买服务类 PPP。自 20 世纪 80 年代起，英国政府把 80% 以上的基础设施和公共服务项目都私有化了，原来特许经营的项目基本也都私有化了，因此，目前在英国特许经营类的 PPP 项目占比非常少，留下的主要是政府购买服务类项目，也就是无法私有化，全部靠政府买单的项目。它的特点是在基础设施和公共服务项目上需要使用者付费的情况很少见，表现出高度的福利化。而在法国，其基础设施和社会事业投资建设领域私有化程度相对较低，长期以来特许经营制度在法国是建设和管理公共服务和基础设施的最普遍模式。法国几乎所有的公共服务都向特许经营者开放，是使用者付费类特许经营模式应用最成熟的国家之一，在满足提供公共服务的同时还成就了作为 PPP 项目主要社会资本的法国电力公司、威立雅水务集团等大型跨国公司的崛起。

我们应从英法两国不同的 PPP 模式发展路径受到启发。我国现阶段，大量的 PPP 项目是准经营项目，也就是使用者付费不足以覆盖项目成本，需要财政性资金进行补贴。而这一类带有政府补贴的准经营性项目究竟属于哪一类，是目前最模糊的、边界最不清晰的问题。根据区分 PPP 项目类型的标准和尺度可以分为以下几方面：第一，如果是政府付费，那么很显然，就是政府购买服务；第二，如果市场变化的风险由政府来承担，基本上也可以认为是政府购买服务；第三，如果是私人或者最终用户来付费，那就是特许经营；第四，如果市场风险由特许经营者来承担，也就是潜在的社会资本方来承担，也是特许经营。因此，类似城市综合管廊这样的项目，即使使用者支付的费用远远无法覆盖项目建设投资和运营成本，但它的核心仍是让用户来买单。政府补贴，仅仅是为了维持特许经营的投资者一个必要的回报，使其具有财务的可持续性，是辅助性的。它的基本属性应是特许经营。就项目而言，究竟是政府购买服务类 PPP 还是使用者付费类特许经营 PPP，影响着项目从属于什么路径发展的问题。从我国政府部门的职能分工来看，制定特许经营类 PPP 制度体系由国家投资主管部门主导，制定政府采购类 PPP 制度体系由财政主管部门主导。在地方项目操作中也相应有招投标平台和政府采购平台两种运行模式。因此，厘清项目的类型，也就明白了该走哪一条政府部门的管理路径。综合管廊 PPP 项目属于基础设施和公用事业项目，其审批应纳入我国基本建设程序，以体现项目的完整性和不可分割性。但不同类型 PPP 项目的回报机制审查应分属不同部门。特许经营的收费机制由价格部门审查；购买服务的标准和费用，以及特许经营的可行性缺口补贴，由财政部门审查。

四、国外在 PPP 模式应用方面值得借鉴的经验

国外在 PPP 模式应用方面有以下经验值得借鉴。
① 法律是基础。
各个国家的相关立法和规定都会对 PPP 的发展产生深刻影响。一是颁布

新的立法，解除原有法律框架的技术障碍，这是 PPP 项目得以发展的基础。如美国，典型的做法是通过州授权法案，使相关机构能够就建立基础设施公私合作伙伴关系开展交易。二是制定确保政府履行合同的法律规定。三是尽量减少不利于基础设施领域 PPP 发展的法律规定。国际经验显示，不利于基础设施领域 PPP 发展的法律规定有一些共同特点，包括：要求立法机关审批公私部门已达成的合作协议；要求私人部门缴纳过多的保证金或保险；允许与政府未来发起的项目开展竞争；允许或要求随时对收费或投资回报率实施管理；禁止地方政府财务介入；要求私人部门采用政府采购程序等。

② 建立 PPP 项目的工作机构。

欧盟委员会和联合国都认为，全部或部分由政府资助的致力于 PPP 的工作机构有利于 PPP 模式的发展。从经合组织（OECD）各国情况来看，已有包括英国、法国、德国、澳大利亚、加拿大、日本、韩国在内的 17 个国家成立了致力于 PPP 的工作机构。

③ 创新融资机制，吸引私人资本。

发达国家政府积极创新融资机制，运用公共资源吸引长期私人资本投资基础设施。美国联邦法律已经允许私营部门债券为某类地面交通项目融资，允许州和地方政府发行享有联邦税收优惠的市政债为私人建设和运营的项目融资。

④ 采购过程的公开公正。

从各国的经验看，大多数基础设施 PPP 项目，包括现存基础设施和新基础设施建设项目，交易过程由两部分组成。首先，发布资质要求以获得潜在私人部门的响应，然后，政府确定有资格的私人部门进入最终决定的采购过程，对于现存基础设施出价最高者胜出，对于新基础设施建设项目最有价值方案胜出。在某些基础设施 PPP 项目中，为获得更高更好的价值，在私人部门递交项目建议后，政府部门选择与选定的一家私人部门开展单独谈判。一些政府还设立了公共部门比较器的概念，用于确认对于同一项目，私人部门是不是比公共部门的效率更高。

第五章 制约我国PPP模式下建设城市地下综合管廊发展问题的破解思路

第一节　适宜的投融资模式选择及 PPP 操作建议

一、综合管廊资产可经营性分析

1. 综合管廊资产形成过程的分析

通过考察欧洲国家的综合管廊发展史可知，其综合管廊是从城市大型下水道逐步发展而来的，是在伴随人类科技进步和生活水平提高的同时，产生了输送人们生活需要的水、暖、电、燃气等各种管线，并利用原有大型下水道空间敷设这些管线而逐渐形成的。所以，它是先有廊道（下水道），后才有管线综合起来敷设于内。一百多年来，多数欧洲国家从当初简陋的管线共用管道到现在技术先进的综合管廊，都是由政府投资建设的，他们把城市地下综合管廊视作公益性公共设施。而我国的综合管廊发展历程却有着自身的特点。

我们常说城市地下管线是保障城市运行的"生命线"。但是长期以来，我国城市市政管线形成的部门化、条块化管理格局造就了诸多各有来路的市政管线权属单位，这些权属单位各自为政，自成体系，在城市地下的浅表空间地网般地布设了大量的管道和线缆。以中等城市为例，管线总长度平均达到每平方千米内 30 km，各种埋地管线因新设、增容、改建、修缮、拆迁、更换等需要而不断地进行着工程施工，你方唱罢我登场，布设管线的沿途道路成了牺牲品，人们日常的出行方便和安全受到很大影响，甚至人们的生命真的就在管线的重大事故中失去，这些"生命线"成了"夺命线"。

因此，经过反省，我们从消除城市马路"拉链路"，保障交通通畅的需要；城市地下空间开发利用的需要；保证城市地下管线安全运营的需要；城市环境建设的需要；节约宝贵的土地资源的需要等更深更广的层面认识到了城市地下管线集约化布设的必要，于是城市地下综合管廊应运而生。由此可知，我们现在推崇的综合管廊，它的建设立意完全是与其原始的发展过程相反的。我们为了规范地下管线合理敷设，人为地突破市场自由选择的意志，由政府强力主导建设地下综合管廊，然后硬性要求给水、雨水、污水、供热、电力、通信、燃气等各种管线集中放入其中。可见，我们现在建设的综合管廊不是用户需要的市场响应结果，而是政府强加给用户的被需要。

2. 综合管廊经营特性分析

（1）综合管廊公益性资产的本质特征分析。

欧洲国家从被动的下水道共用方式进而发展成目前主动建设地下综合管廊，实行地下管线集约化管理。在这个过程中，其在廊道建设方面一直是政府单方面投入，他们的目的就是为各种管线入廊先备好空间。至于管线单位以占有空间的多寡缴纳租赁费，那也是管线单位必须承担的合理成本，因此，综合管廊本质上就是公益性公共设施。

在我国，由于政府意识到了建设综合管廊的必要性，并且一开始就明白那是为满足更高层次的公共服务需要而建设的公益性设施，所以在21世纪初陆续开始建设的综合管廊都是政府主导并利用政府财政、政府负债、政府企业出资等方式投资建设。所以，城市综合管廊的公益性基础设施这一定性是早就形成共识的，是它的建设初衷和使用性质所决定的。

（2）当前综合管廊资产准经营性的操作难度分析。

完全由政府投资建设城市综合管廊这种方式显然是政府财力难以为继的，为了打破这个僵局，必须寻求投资体制多元化。对于综合管廊这样的项目，根源在于它的公益性（或曰非经营性）致使其没有收费机制，无法产生稳定的现金流入。因此，试图为其寻找或创造长期稳定的正现金流，是政府要考虑的核心问题。一旦获得现金流，投资人就能在资本市场上获得融资，他也就具有了投资综合管廊的条件和实力，政府利用投资人建设运营综合管廊也就有了基础条件。

因此，通过向入廊的管线单位收取入廊费和运营管理费，满足准经营性要素特征，借助PPP模式，吸引社会资本投资建设，便成为当下政府在综合管廊方面重要的改革思路。但是，在这个思路中并没有为管线单位如何受益提供通道，而是搬用了日本和我国台湾地区过去的做法，廊内管线还是管线单位自己敷设，敷设好的管线也还是由管线单位自己运行管理，实际上就是向管线单位摊派综合管廊庞大的工程造价。当然，这样的制度安排，管线单位肯定会有抵触，政府也明白这种经营是很困难的，于是不得不动用行政的力量，向管线权属单位发出强制入廊的呐喊。

但是，到目前为止，综合管廊PPP项目还没有一个能很好地解决入廊费和运营管理费的定价与收取问题。这个现象集中反映了在收费的制度设计上存在缺陷，现在到了必须要有新的思路和方法解决综合管廊现金流问题的时候了。

（3）实现城市地下综合管廊准经营性的方法建议。

经过研究，我们认为对于一个非经营性项目，欲使其创造现金流，路径有三。一是自身创造，即对项目本身进行挖潜，把地方财政每年对非经营性项目的投入费用改造成"合同价款收入"。二是捆绑创造，即无论项目本身能否创造出现金流，都为它捆绑一个能创造现金流的项目，诸如土地、项目无形资产的"捆绑"使用。三是搭售可经营性项目，即把一个非经营性项目的建设或运营与一个经营性项目的建设或运营结合起来"搭售"。

将城市地下综合管廊这一特定项目结合上述路径逐一分析可知：

① 传统概念上的综合管廊——廊道及其附属设施，其使用者除了管线单位别无他人，当管线单位不青睐它时，便再无其他价值可挖掘，唯一可供经营的就是向管线单位出租管廊空间。而如果出租方式选择类似欧洲国家的方式，那么得到的租金可能远远不能满足现金流需要，因此，此路不通。

② 综合管廊能否"捆绑"土地、无形资产或其他资产的经营，创造现金流呢？应该说回答是否定的，因为与综合管廊相关的土地只能理解为廊道空

间，但这个空间是为布设规划入廊的各类管线而精心设计的空间，几无空闲场地可言，不具备提供经营的空间条件。至于可否植入广告收取广告费，那只是说笑而已，谁会大流量地到管廊里面去接受广告信息？所以，此路也不通。

③ 为综合管廊搭售可经营性项目使之具有准经营性这个路径可行吗？研究团队认为可行，理由是综合管廊确实具备搭售可经营性项目的先天条件，具体分析如下。

首先，我们可以通过把具有可经营性的管线工程项目的建设汇入到综合管廊的整体项目中，用经营管线实物资产获得的现金流，使综合管廊体现准经营性特征。实质上出售管线资产的收益就是我们所要实现收取的入廊费，这笔费用是管线单位必须要出的，即使是他们自己修建管线也是少不了要花这笔钱，所以，只要把这笔资产价格算准，管线单位就不会为难政府，入廊费问题也就迎刃而解。

其次，如果采用PPP模式，我们正好还可以把具有可经营性的管线运营服务整合到综合管廊PPP项目中来，通过提供管线运营综合管理服务获得各管线单位回报，产生现金流。这又为综合管廊具备准经营性添加一块砝码，提升了综合管廊对社会资本的吸引力。其实，综合管廊内的管线敷设好之后总得需要有人对管线进行生产运营维护，就每一家管线单位而言，他自行组织运行管理也是需要花费成本的，当综合管廊实行包括管线生产运行管理在内的集约化综合运营管理时，各管线单位实际上就是购买运营服务，那么当各管线单位向综合管廊运营管理服务商交付服务费时也就完成了综合管廊运营管理费的收取，只要该服务费定价与管线单位自行管理的成本相当，则运营管理费的收缴就不会有问题。

通过以上分析，可以看到当对城市地下综合管廊项目进行重新解构和定义时，当把综合管廊的概念从只是廊道及其附属设施给予有效突破并建立起综合管廊是包括廊道及其附属设施和管线工程在内的完整的建设项目时，当综合管廊进入运营阶段并可以实行完整项目的整体运营管理时，城市地下综合管廊项目完全具备准经营性特征，完全适用 PPP 模式投资、建设和运营。

二、适宜的投融资模式建议

1. 准经营性项目常用的投融资模式分析

准经营性项目提供的是准公共产品和服务，具有公益性和社会性。虽然项目具有收费机制和现金流，存在潜在利润，但由于政策和收费价格没有充分到位，项目无法全部收回成本，效益不明显，因此，准经营性项目在市场运行中不可避免地会形成资金缺口，需要通过政府适当贴息或可行性缺口补贴维持。

一般而言，准经营性质的项目投资模式可以采用政府直接投资或政府间接投资模式。

由于准经营性基础设施项目一般不足以吸引以盈利为目的的投资商，由市场调节准经营性基础设施项目的建设运营的提供，难以满足社会的需求，因此，政府直接投资准经营性基础设施项目的建设和运营就显得很有必要，甚至成为一个时期以来准经营性项目的主要投资模式。但在政府管理项目建设运营的情况下，不仅付出的成本会直接冲减政府可用于社会生产的资源总量，占用社会资源，造成效率损失，而且政府管理机构经验的缺乏，效率低下，也会制约其管理水平，影响或降低准经营性基础设施项目的运营效率，所以采用政府间接投资模式成为改善上述弊端的可选路径。

政府间接投资模式，即在政府的监督引导下，吸收私人资本参与准经营性基础设施项目的建设运营。这种模式具有缓解财政负担、转换政府职能、利用先进管理理念和手段、有效提高项目效率及在公私部门发挥各自优势，合理分担风险的基础上，降低工程费用和提高服务水平的等优点。

政府与私人部门合作投资准经营性基础设施项目的常见方式主要有政府资助私人投资、政府授权经营和公私合作建设。

政府资助私人投资更多的表现为政府采用授予与项目关联的土地开发权的方式吸引私人投资者建设运营准经营性项目；政府授权经营代表方式

为 BOT（Build-Operate-Transfer，建设－运营－移交），即政府开放准经营性基础设施项目的建设和运营市场，吸引私人资本参与，由私人资本组织的项目公司负责项目的融资和建设，在政府授予的特许经营期内运营项目并偿还贷款，特许期满后项目公司将工程移交给政府。BOT 包含三种基本形式，即 BOT、BOOT（Build-Own-Operate-Transfer，建设－拥有－运营－移交）、BOO（Build-Own-Operate，建设－拥有－运营）等。公私合作建设是公共部门和私人部门通过合作的方式，共同进行准经营性基础设施项目的建设运营，也即目前的 PFI 和 PPP 方式。

我国城市地下综合管廊项目在本次 PPP 大潮之前，基本都是政府直接投资建设运营模式。2014 年始，多数项目在采用 PPP 模式下的 BOT 模式。

2. PPP 模式的适用性分析

（1）PPP 模式的优劣势。

对 PPP 模式的适用性分析，不仅要考虑模式本身的优势和劣势，还应考虑其他融资模式构成的威胁以及市场中存在的机会。也就是说，要对 PPP 模式在优势、劣势、机会、威胁等四个基本方面的各个影响因素进行罗列和分析。

结合 PPP 模式的应用现状以及学术界对其进行的研究，可以将 PPP 模式应用于准经营性基础设施项目的优势和劣势如表 5.1.1 所示。

表5.1.1　PPP模式应用于准经营性基础设施项目的优势和劣势

项目	因素
优势	1.先进管理经验和专业化人员，全寿命周期统一管理 2.引入私人资金，缓解政府资金压力 3.合理的风险及责任分担，增强项目抗风险能力 4.促进产品升级
劣势	1.制订和签订契约增加了项目准备阶段的工作量 2.可能出现垄断经营 3.为政府寻租等腐败行为提供机会

总之，运用 PPP 模式的优势在于，将准经营性基础设施项目采用 PPP 融

资模式可以满足政府对准公共产品或服务供给的多方面需求，包括提高项目效率，减轻政府财政压力，促进准公共产品供给的升级，增强社会公众的福利等。它的劣势除了增加项目准备阶段的工作量之外，就是可能会产生的垄断经营和政府腐败风险。

（2）PPP 模式与其他模式的比较。

① PPP 模式与政府直接投资的比较。

PPP 模式与政府直接投资模式之间的区别非常显著。政府投资模式是将准经营性基础设施项目的融资、设计、建设、运营等全过程完全由政府部门负责。这就减少了公私双方的谈判和 PPP 合同管理工作。但是政府需要负责在项目建设阶段的投资以及运营阶段的运营管理。这些无疑对政府的财力和管理能力提出了较高的要求。然而政府的财政能力是有限的，需要公平地投入到社会生活的各个领域；而且作为职能部门，项目管理并不是政府擅长的领域。尽管政府直接投资模式可以避免"市场失灵""寻租"等问题，在准经营性基础设施项目领域，该模式对 PPP 这种可以缓解政府资金压力，提高项目管理水平的模式并不足以构成威胁和挑战。

② PPP 模式与 BOT 模式的比较。

传统 BOT 模式下项目的建设和运营完全交给项目公司，只在特许经营期结束后，由项目公司将项目移交给政府继续运营。这种模式下，政府可以从项目中脱离出来，节省出更多的财力物力投入到社会建设的其他方面。然而，政府的参与程度的降低，相应的也会减弱政府对项目公司的约束力，而只能主要靠 BOT 合同对项目公司进行约束。在这种情况下，BOT 特许经营期内，项目公司更容易在该领域内进行垄断经营，从而实现超额利润。而在 PPP 模式下，项目的建设和运营都是由公私双方共同负责的，且政府还可以对整个过程进行监管，实现公私双方的利益平衡。因此，考虑到准经营性基础设施项目的社会公益性，PPP 模式更有利于保证项目最大限度地发挥社会经济效益，实现政府和私人部门的双赢。

（3）PPP模式适用性分析的结论。

综合PPP模式自身的优势和劣势，以及政府直接投资、传统BOT模式等对其构成的对比与竞争，可以看出，PPP模式在提供私人资金、合理分担风险等方面有着强大的优势。相较于其他模式，PPP模式应用于准经营性基础设施项目领域是更为适用和有效的。

3. 综合管廊的投融资模式及融资方式建议

（1）适宜综合管廊建设运营的投融资模式分析。

PPP模式适用性分析给出的结论是PPP模式运用于准经营性基础设施项目更为适用和有效。而城市地下综合管廊项目具有交易成本变动小，成本激励空间较大，项目风险相对可控等特征，适于PPP模式操作。

PPP模式又包括BOT、TOT、TBT等，各模式对应状况如下。

① BOT模式。

PPP模式下的BOT赋予了新的内涵，即在私人资本组成的项目公司中加入了政府股东，在政府相对投入较少的情况下与私人资本共同投资、建设、运营项目。这种模式对于政府方而言建设资金可以大部分由社会资本方解决，且不需政府担保，从而大大减轻政府的财政负担。在BOT模式下，投资者的要求就是政府保证其最低收益率，一旦在特许期内无法达到该标准，政府应给予特别补偿。

据统计，目前PPP落地项目中，BOT模式占总数的72.5%，金额占比77.47%，单个项目平均投资额18.5亿元。大多数城市地下综合管廊应用的是该模式。

② TOT模式。

TOT（Transfer-Operate-Transfer，移交－经营－移交）模式主要是有利于盘活国有资产存量，为其他基础设施建设筹集资金，加快我国基础设施建设步伐。与BOT相比，不需直接由社会资本方建设基础设施，增加引资成功的可能性，只是经营权在经营期内的转让，保证政府对基础设施的控制权，尤其适用于关系到国计民生的基础设施要害部门。

城市地下综合管廊在本轮 PPP 热之前存在部分存量，出于统一管理的考虑，可能需要用 TOT 的方式进行转化，但目前还没有实际案例。

③ TBT 模式。

TBT（Transfer-Build-Transfer，移交 – 建设 – 移交）就是将 TOT 与 BOT 融资方式组合起来，以 BOT 为主的一种融资模式。在 TBT 模式中，TOT 的实施是辅助性的，采用它主要是为了促成 BOT。TBT 的实施过程是：政府通过招标将已经运营一段时间的项目和未来若干年的经营权无偿转让给投资人；投资人负责组建项目公司去建设和经营待建项目；项目建成开始经营后，政府从项目公司获得与项目经营权等值的收益；按照 TOT 和 BOT 协议，投资人相继将项目经营权归还给政府。实质上，TBT 模式是政府将一个已建项目和一个待建项目打包处理，获得一个逐年增加的协议收入（来自待建项目），最终收回已建和待建项目的所有权益。

对于综合管廊项目而言，这类模式更可能出现在原有规划建设的规模较大，目前只完成了一部分，尚有一部分须继续投资建设的综合管廊项目上。目前厦门市综合管廊 PPP 项目应属该类模式。

（2）城市地下综合管廊项目投融资结构分析。

项目融资包括自有资本金的筹集和债务资金募集。前者主要以股本投资为主，后者以债权融资为主。

项目执行主要有三个过程：首先，确定 SPV 项目公司的股权结构；其次，在 SPV 成立后通过相关渠道做债权融资；最后，平衡和调整政府、股权和债权投资者的之间的风险和利益分配。图 5.1.1 为一般 PPP 项目的融资关联关系图。

通常情况下，社会投资者和政府部门通过 PPP 合同确定 SPV 公司的股权结构并按合同约定的股权比例共同注入资本金成立 SPV 公司。SPV 公司的注册资金一般按照项目总投资的 20%~40% 筹措。待资本金和其他相关条件满足债权融资条件后，SPV 公司将通过银行、信托、财务公司等金融机构进行债权融资。

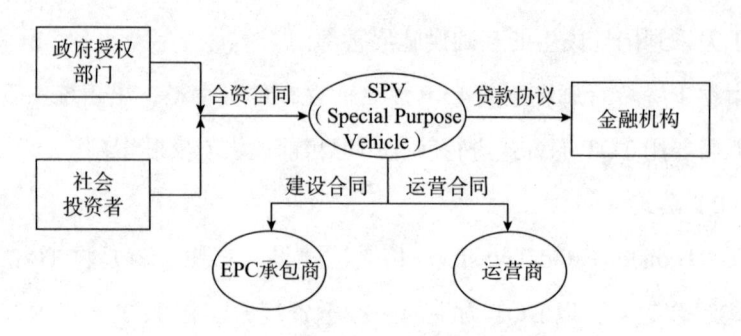

图5.1.1 一般PPP项目的融资关联结构

① 综合管廊项目融资主体分析。

首先应该对城市地下综合管廊项目融资主体进行确认。从图5.1.2可知，与SPV存在各种合同关系的有十几个主体，而最主要的融资主体包括了政府方、社会资本方、金融机构等。

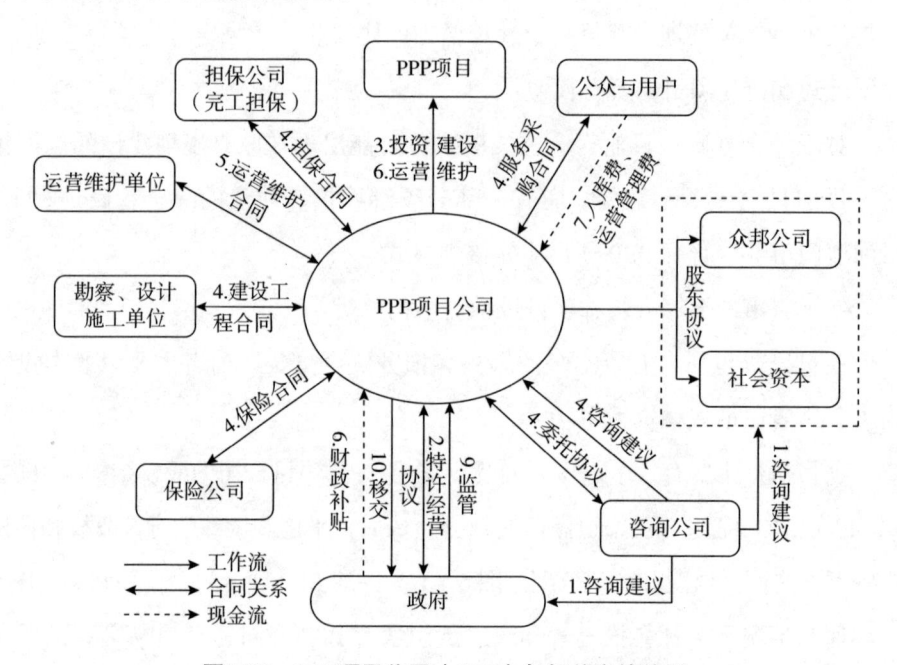

图5.1.2 PPP项目公司（SPV）与相关方的关系

一是政府方。政府方是PPP模式推行的发起方和主导者，也是PPP项目的最终融资主体。首先是政府方认知水平，如果对PPP模式的认知不到位，那么从一开始就会把PPP引入歧途,结果自然不会如意。其次是能力建设,最核心的就是监管和履约能力。

二是社会资本投资方。这里说的投资方不含金融机构。首先要解决的也是认知问题,很多投资人直到目前对PPP仍然没有达到应有的认知水平,更不用提制定清晰的市场战略了。其次要解决的也是能力建设问题,简单来说就是提供项目产出要求的公共服务能力,实际比拼的是综合实力。

三是金融机构。目前很多PPP项目无法落地,问题往往出在"最后一公里"的项目融资上。但很显然,问题的根源并不限于这"最后一公里",因此金融机构在什么阶段以什么方式参与值得探讨。其次,金融机构也存在认知和决策评估制度滞后的问题。另外,根据PPP项目的特点,针对性地加大金融产品的开发也很关键。

② 综合管廊项目常用融资工具分析。

常用融资工具包括PPP产业基金、债券融资、银行融资、资管计划以及其他融资方式。

一是PPP产业基金。

PPP产业基金及类似的城市发展基金、政府引导基金、PPP母子基金等,越来越成为PPP融资的主要力量。

表5.1.2　产业基金简单介绍

项目	分类	投融资模式	特点
PPP产业基金	政府引导基金	1.形式:私募股权基金 2.通过结构化和杠杆效应募集资金 3.特许经营权为抵押 4.届满通过约定回购、份额出让、资本市场变现退出 5.主要分为纯股权、股债联动、纯债权等形式	结构化、杠杆化
	项目融资基金		
	地方发展基金		
	业务获取基金		
	行业产业基金		
	地方产业基金		
	PPP母子基金		
	新项目建设基金		
	债务置换基金		
	债券型(明股实债)基金		
	同股同权型基金		

适用范围：产业基金按照大类分，可分为引导基金（母基金）和项目型基金两大类。引导基金一般要求项目列入省级 PPP 项目库；政府购买服务类的，要求一般性财政预算收入达到一定水平，对社会资本也有条件限制；项目型基金主要是为项目建设服务，根据项目自身情况和增信条件来选择基金合作金融机构。

PPP 产业基金自 2015 年来发展迅猛，进入 2016 年更是加速发展。然而，部分地方政府对产业基金的认识还不是很到位，基金管理公司等金融机构也是经验不足，基金没有发挥应有的作用。更多的产业基金还是以一个项目或几个项目"资金池"的形式存在；另外，一些政府、社会资本甚至金融机构对基金的增信措施、风险控制、退出机制以及期限错配等问题也还没有考虑清楚。

此外，基金的优先级资金成本甚至降到 6% 以下，有些金融机构甚至赔本赚吆喝；而另一方面，基金的差异化、专业性（专注于特定产业）明显不足，同质性严重。

作为 SPV 的融资主要部分——社会资本方应该充分认识到各方对 PPP 产业基金的认识不足，特别是对城市地下综合管廊更加不足，利用好 PPP 产业基金，为 PPP 项目融资做好信用积累及扩增，让 PPP 基金在城市地下综合管廊发挥应有的作用。

二是债券融资。

这里提到的债券主要是证券公司承销的，由证监会（或证券业协会）核准的公司债，以及发改委审批的企业债、项目收益债、专项债等。不包括由银行承销，在银行间债券市场交易的短融、中票和 PPN（非公开定向融资工具）。特别是 2015 年年初以来，债券融资，公司债、企业债和专项债的松绑和扩容，成为政府融资和 PPP 融资的主要工具。由于综合管廊的特殊性，国家支持发企业债、项目收益专项债券。

表5.1.3　债券融资简单介绍

项目	分类		投融资模式	特点
债权融资	发改委系统	项目收益债	政府平台公司发债：对PPP项目投资人本身发行的企业债、公司债	1.发行成本低 2.对发行主体要求高 3.发债规模有限
		专项债		
	证监会系统	公募债		
		私募债	PPP项目公司发行的项目收益债	
	传统企业债	依托企业本身		
	项目收益债	依托项目收益		
	企业专项债			

适用范围：与投资模式相同，发债对PPP项目融资的适用范围有两类，一类是给政府平台公司发债，另一类是给项目公司发行项目收益债或专项债。

对于城市地下综合管廊来说，债券融资是很好的融资工具。但PPP模式下城市地下综合管廊的项目面临几个问题。第一，城市地下综合管廊债是全新的债券，需要时间让公众接受，需要加大力度推广。第二，传统企业债、公司债已经基本饱和，除非有些地方政府整合国资旗下各类国有企业，用新组建的国企集团进行发债。第三，当下资本市场陷入低谷，如将综合管廊债打造成一个符合发债资质的固定收益类业务，必将成为当下证券公司的金手指。这需要专业的综合管廊产业链咨询机构的打造，但目前国内金融机构认为综合管廊缺乏投资价值，而其他机构忙着抢占PPP咨询市场，无暇深入研究综合管廊市场，所以需要研究团队这样专业研究综合管廊并试图打造综合管廊产业链的咨询机构。第四，项目收益债的确不错，但要求项目是有稳定现金流的经营类项目，目前的PPP项目以政府付费和可行性缺口补助类为主，需要发掘综合管廊项目的优质现金流，因此要避免项目收益债有心无力。第五，近期发生多起地方国有发债企业债务违约事件，导致债券市场风声鹤唳。

三是银行融资。

银行是参与PPP模式下城市地下综合管廊项目融资的主力，主要通过表内固定资产贷款和表外发行理财产品募资参与PPP项目融资（表5.1.4）。当然，短融、中票、PPN等直接融资，也是银行的业务范围。

表5.1.4　银行融资简单介绍

项目	分类	投融资模式	特点
银行融资	发行理财产品 表外融资	投资PPP项目股权+债券	优点：法定公募行为，资金成本低、规模大 缺点： 1.风控严格 2.投资期限为中短期 3.表内贷款资金受"三办法一指引"限制 4.业务受地域划分影响 5.通常与其他银行组成银团，增加时间和沟通成本
	固定资产贷款 银团贷款 表内融资	给PPP项目公司授信	

银行理财资金可适用于 PPP 产业基金、资管计划的优先级或中间级，可适用于单一项目股权投资中的优先级，也可适用于项目的债权融资部分；银行贷款资金仅适用于项目投资中的债权融资部分。银行参与 PPP 融资，对于政府财政实力、项目公司股东方实力、项目本身一般都有一定条件要求，尤其债权资金，会要求"第二还款来源"，即抵押或股东方、担保公司担保。

银行参与 PPP 项目的资金成本普遍不高，表内贷款资金通常在基准利率下浮 10% 至上浮 30%（按 5 年期以上利率计算，在 4.5%~6.5%），表外理财资金成本目前通常在 5.5%~7.5%。

对于银行资金来说，无论是表外理财资金，还是表内贷款资金，都是目前 PPP 项目融资的绝对主力。产业基金、资管计划，甚至融资租赁等资金，其背后的资金来源主要还是银行。这一现象与 PPP 项目投资回报率低、风险低，银行资金来源成本低、风险偏好趋谨慎有直接关系。另外，目前银行资金参与 PPP 融资还是以"明股实债"为主，原因是银行没有成为真正股东的动力；客观上，银行承担的不是资金风险而是声誉风险。因此在相当长一段时间，银行（尤其是国有大型银行）以同股同权方式参与 PPP 项目融资，还不具备现实基础，目前还是以"明股实债"的形式居多。

四是资管计划。资管计划通常包括券商资管、基金资管、保险资管、信托计划等（见表 5.1.5）。其实资管计划通常是银行、保险资金参与 PPP 的一种通道，属于被动管理。真正的主动管理类资管计划一般不参与PPP项目，而是参与证券一级半（定向增发）市场或二级市场。这里简要介绍一下保险资管和信托计划。

表5.1.5 资管计划简单介绍

项目	分类	特点	
资管计划	券商资管		
	基金资管		
	保险资管	保险资金通过保险资管计划参与PPP项目	1.前景好 2.要求主体资格高 3.初入市场，正在探索
	信托资管	采用"过桥融资"，产业基金的中间级和劣后级产业PPP项目	1.灵活性好 2.专业性高

资管计划作为参与PPP项目的通道缺乏优势，主要原因是资管通道较多（包括信托计划、私募基金、保险资管、券商资管、公募基金子公司资管，甚至期货资管），通道竞争激烈，资管公司如果没有较强的金融资源、项目资源、主动管理能力和议价能力，如果仅仅只做通道，是没有多少竞争力的。资管类公司游刃于政府、社会资本和金融机构之间，有着比单一金融机构更多的综合性和中立性，是最有可能成为PPP模式下城市地下综合管廊融资的专业融资顾问的生力军；关键是要提升自身的专业性、主动管理能力和议价能力，积累更多的金融资源、项目资源，做到项目建设中最能融资、融资圈中价格最优、价格最优下服务最好、效率最高。

五是其他融资方式。主要包括资产证券化、融资租赁、资本市场直接融资及并购重组、政策性金融工具等。由于资本市场直接融资及并购重组是PPP项目在中后期退出时的一种选择（PPP项目社会资本退出方式主要是政府方回购），故本节内容置于资本退出一节。

③综合管廊项目SPV资本金来源分析。

由于综合管廊项目总投资一般较高，在SPV公司注册阶段可能会遇到资本金筹措困难的问题。目前，针对资本金的筹措主要有四个来源。

一是中央政府补助。根据《财政部关于开展中央财政支持地下综合管廊试点工作的通知》和《关于开展2016年中央财政支持地下综合管廊试点工作的通知》，目前对于地下综合管廊试点城市，中央财政给予专项资金补贴，一定三年。补助数额根据城市规模分档确定：直辖市每年5亿元，省会城市每年4亿元，其他城市每年3亿元。当采用PPP模式达到一定比例的，则将按上述补助基数增加奖励10%。

二是地方政府。除了中央政府的直接补贴外，地方政府为了鼓励社会资本参与到城市综合管廊的建设中，通常采用注资入股但不分红的方式参与到SPV公司的资本金筹措中。

三是社会资本。社会资本的引入，有利于提高PPP项目公司的建设、管理和生产效率。在综合管廊项目中，一般社会资本占SPV项目公司注册资本的50%（相对控股）以上。

四是产业投资基金。由于综合管廊总投资较大，除地方政府直接投入外，各地也在探索产业投资基金＋政府合伙解决股权融资问题，这增加了与社会投资人的股比杠杆，恰好也是综合管廊投资的重要补充。

产业投资基金（或简称产业基金），是指对未上市企业进行股权投资的集合投资制度。基于对所投企业潜在价值的推动，在一定经营期限结束后，通过各种机制在合适的时间退出实现资本增值收益。

在实践中，可由地方政府或其平台公司出资10%~30%做为劣后级有限合伙人承担主要风险，金融机构出资70%~90%作为优先级有限合伙人。该产业投资基金成立后，可以直接在前期对SPV公司进行股权投资。

4. 综合管廊PPP项目的融资策略及建议

（1）综合管廊PPP项目的融资策略。

PPP项目融资目前还处于政府掌握话语权的买方市场，因此PPP融资体现"低价资金为王"的特征。综合分析上述几种融资方式和适用范围不难发现，银行、保险等低价资金是PPP项目融资的主要来源，产业基金、资管计划等要想具备价格优势，其主要资金还得是银行、保险这些资源；产业基金与资管计划的区别可以更形象地看作PPP项目资金的"批发"和"零售"。此外，除政策性金融工具外，债权融资部分最有竞争优势的是银行贷款和发行债券，充分利用好这两类金融工具，有利于成本的降低。

政府视角的思维模式认为，PPP项目融资只要找到社会资本就行了，其他都让社会资本去解决。然而PPP项目的成败，不仅是政府的"一相情愿"，也要社会资本的"你情我愿"，而PPP项目全生命周期融资的可行和落地，对于"融资责任方"的社会资本方来讲，关系到其融资成本和投资回报率，是其能否"嫁给"政府主要考虑的因素。因此，从这个意义上来讲，PPP项目全生命周期融资方案的设计能力和落地能力，是PPP专业咨询机构的抓手，也是其区别于传统工程咨询、财务咨询机构的竞争优势。

（2）综合管廊PPP项目的未来融资方式建议。

目前对PPP模式下综合管廊的要求是创新中长期金融工具品种，放宽中长期融资工具的审批，解决期限错配问题。为此，首先应大力推广保险资金参与PPP模式下综合管廊项目。保险资金具有规模大、期限长、成本低等优势，与PPP天然是一家人。应加快保险资金参与PPP的研究和指引的出台，推动保险资金尽快对接PPP模式下综合管廊项目。其次，放宽可续期债券（永续债）的准入门槛和审核标准。永续债的特点是在债券存续期可计入所有者权益，不计入债务，且在符合条件的前提下，期限可以无限延长，对融资企业降低负债水平、增厚偿债能力有很大帮助。但永续债目前的门槛还相对较高，一般只有评级达到AAA的企业才有可能发行。建议在风险可控的前提下，降低永续债的发债门槛和审核标准，尤其是对优质的PPP模式下综合管廊项目资产，鼓励发行永续债融资。再次，允许风控水平较高的金融机构开展资金池业务，推动理财计划、资管计划滚动续期，以支持其参与中长期PPP模式下综合管廊项目。

三、PPP模式下实施方案优化建议

1. 风险分配框架构建

（1）风险分配基本原则。

PPP项目的风险分配机制以风险最优分配原则为核心，同时遵守风险与收益对等原则、风险可控原则。

① 风险最优分配原则。PPP模式致力于在政府和社会资本间实现最优风险分配而非政府风险转移的最大化，因此并非所有的风险都会被政府转移给社会资本，在风险转移水平由低至高的区间内，存在一个最优风险转移水平，使项目可实现价值最大化。在受制于法律约束和公共利益考虑的前提下，每个可识别风险均应独立分配给能够以最小成本（对政府而言）、最有效管理它的一方承担，即PPP项目的风险最优分配原则。

② 风险与收益对等原则。PPP项目的风险分配主要通过合理约定的方式进行，在风险分配时应遵循风险与收益对等原则。合同条款中应既关注合同主体对于风险管理成本和风险损失的承担，又尊重其获得与风险相匹配的收益水平的权利。如果风险管理成本大于与之对应的收益，风险转移不可能在自愿的情况下发生，只有各参与方从风险分担中均得到好处，风险分配才有意义。

③ 风险可控原则。在PPP项目长达数十年的运行过程中，一些风险可能会出现政府和社会资本都无法预料的变化，导致风险发生概率上升或风险发生时财务损失增加。为保证政府和社会资本合作关系的长期稳定，在项目协议中，应按项目参与方的财务实力、技术能力、管理能力等因素设定风险损失承担上限，不能由某一方单独承担超过其承受能力的风险。否则，社会资本可能无法保证公共产品与服务的提供效率，政府可能拒绝履约，最终影响双方维持合作伙伴关系的积极性。

基于上述原则，为解决风险分配这一贯穿PPP项目生命周期的核心问题，

节约政府和社会资本风险分配方案谈判时间，降低交易成本，实践中经常将风险分配标准化流程引入 PPP 项目的风险分配中。

PPP 项目风险识别、分析与分配的基本路线如图 5.1.3 所示。

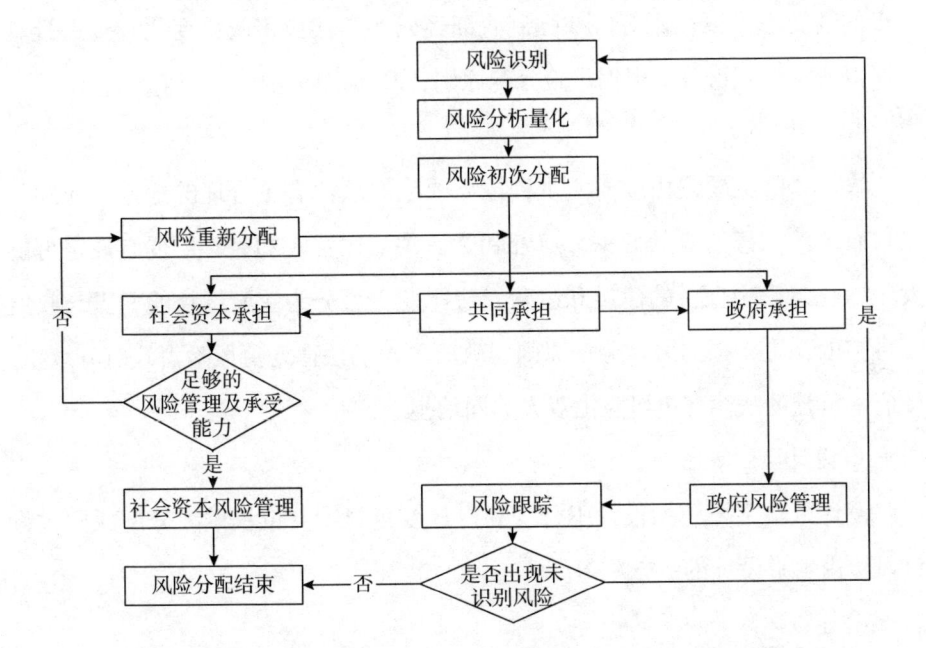

图5.1.3　PPP项目风险识别、风险分析与风险分配的基本路线图

（2）综合管廊 PPP 项目风险的识别、分析与分配。

根据财政部《关于印发政府和社会资本合作模式操作指南（试行）的通知》（财金〔2014〕113 号），原则上，项目设计、建设、财务和运营维护等商业风险由社会资本承担，法律、政策和最低需求等风险由政府承担，不可抗力等风险由政府和社会资本合理共担。

① PPP 项目的共性风险及承担主体。

PPP 项目的共性风险主要是以下几个方面：政策风险、法律风险、设计风险、建设风险、财务风险、最低需求风险、运维风险和不可抗力风险等。

ⓐ 政策风险。

政策风险指由于国家或地方政府根据宏观环境的变化而改变政策对项目产生的直接影响。如由于宏观调控需要，中央或地方政府在特许经营期没有结束的情况下，以征用等方式强制收回经营权，或由于政策变化导致审批难以获得或延误获得等。根据风险分配原则，政策风险主要由政府方承担。

ⓑ 法律风险。

法律风险主要是由政府宏观调控需要或原法律有不合理的地方引起的与项目有关的法律法规的变更，随着PPP有关法律法规的完善，现有规定可能发生变化，影响项目的建设和运营。法律变更可分为政府可控的变更与政府不可控的变更，根据风险分配原则，政府可控的法律变更风险由政府方承担，政府不可控的法律变更风险由双方共同承担。

ⓒ 设计风险。

设计风险主要包括设计不合理和设计变更风险。依据风险分配原则，设计风险由负责设计的一方承担。

ⓓ 建设风险。

项目建设风险包括项目用地获取、施工质量、工地安全、施工成本超支、按时完工、建设质量等风险。根据风险分配原则，建设风险应主要由社会资本承担。项目用地的获取风险由政府方承担。

ⓔ 财务风险。

项目的财务风险主要包括建设资金筹措（即融资）风险。融资风险具体又包括融资失败、成本过高、融资不及时等。根据风险分配原则，融资风险应当由社会资本承担。

ⓕ 最低需求风险。

项目最低需求风险主要为由于市场供需环境发生变化，导致项目使用者付费减少。最低需求风险原则上由政府承担，政府可以通过与社会资本在PPP合同中商定协议价并保障最低需求量的方式承担最低需求风险。协议价和最低需求量根据项目的实际建设内容和市场价格等因素确定。

ⓖ 运维风险。

项目运维风险主要包括运维成本超支、服务质量不合格等风险。根据风险分配原则，运维风险主要由社会资本承担。

ⓗ 不可抗力风险和其他风险。

不可抗力风险通常分为两类：一是因自然因素导致的不可抗力风险，即由于不能合理预见的自然灾害（如地震、洪水、台风等）、病疫等事件导致项目失败或收益大幅度减少的风险；二是因非自然因素导致的不可抗力风险，即由于不能合理预见的战争、暴乱、罢工等事件发生导致项目失败或收益大幅减少的风险。

根据风险分配原则，不可抗力风险由政府方和社会资本合理共担。

其他风险还包括建设过程中发现文物、因第三方侵权（包括但不限于火灾、砍伐、损毁）等风险，也应当由政府和社会资本合理共担。

② 综合管廊PPP项目的特色风险及分配主张。

ⓐ 组织风险。

该风险更重要的是表现为政府方在综合管廊PPP项目上的模式选择、设计组织方式选择、政府采购方式选择、项目建设管理方式选择、项目建设管理组织实施、项目运营管理方式选择等方面的能力。此类风险应设为重大风险并由政府承担。

ⓑ 法律风险。

综合管廊PPP项目最大的法律障碍来自地下空间权属不清晰。目前状态下，任何以地下空间权益作为交易对象的做法都存在风险。社会资本方应予以警惕。

ⓒ 设计风险。

综合管廊工程设计风险来自两个方面，一是在设计责任担当方面，如果政府方一直将设计管理进行到施工图出版，则所有设计范围内的风险全部由政府分担；如果 PPP 项目采用 EPCO 方式发包，则施工图阶段的设计风险由社会资本方承担。二是在设计内容分配方面，如果综合管廊工程按当前做法只进行廊道及其附属设施的设计，则遗留的管线工程从设计、投融资、建设到运营的风险（包括由此对综合管廊运营管理引发的风险）均得由政府方承担；而当综合管廊工程实行一体化全面设计并采用 EPCO 方式发包时，则系统性的综合管廊施工图设计风险全部由社会资本方承担。

ⓓ 最小需求风险。

综合管廊的最小需求即表现为规划入廊的管线能否全部入廊。这个问题首先涉及入廊的性质怎么定义并在此基础上怎么确定入廊费。此项风险完全来自政府方。

ⓔ 项目建设管理风险。

当前在对综合管廊 PPP 项目建设期监管问题上，有人认为这完全是社会资本方的责任，政府实施机构可以通过安全、质量、审计等政府常监督管理设机构对项目的建造实施监管或由参与到 SPV 里的国有企业进行监督就可以了，没必要再弄一套机构进行管理。研究团队认为这是完全错误的认识。综合管廊项目建设期管理涉及项目的设计、施工、采购、竣工试验、竣工后试验等全方位、全过程，不是政府常设监管机构可以管理得了的，更不是从属于 SPV 的国企中的个别管理人员所能胜任的，必须由政府实施机构全面承担 PPP 项目合同中的甲方责任。项目建设管理风险是由政府和社会资本方共同承担的风险。

ⓕ 项目运营管理风险。

综合管廊的运营管理风险主要还是来自运营管理责任范围的划分。在当前综合管廊只是在完成了廊道及其附属设施建设就视同可以进入运营期的情况下，来自政府方不当的运营组织方式的风险是巨大的。首先，运营一个空空荡荡的管廊难以获得运营管理费这一现金流，就将直接影响到社会资本方的经营效益。其次，一旦管线全部入廊后，各自为政的管线单位管理人员与综合管廊运营管理人员在高度混杂的同一管理空间内，将不可避免地发生责任界定不清的问题甚至事故，出险是必然的。该风险显然应由政府方承担。

⑧融资风险。

综合管廊工程一次性投资体量巨大、杠杆融资比例高、建设投资期长、融资成本高、风险分担复杂、资金结构层次多，具有资金可获得性风险、金融机构信用风险、汇率风险、利率风险、通货膨胀风险、流动性风险、金融机构监管风险和再融资风险等。

在设计融资风险分担方案时，须遵循由对融资风险最有控制力的一方承担相应的风险、融资风险收益对等以及承担风险上限等准则。在此建议：由于社会资本对于商业性项目的融资技巧比政府更有经验，也更为熟悉金融市场的运作规律，因此资金可获得性风险一般由社会资本承担；金融机构信用风险按照行业经验应由社会资本承担，但在融资过程中，政府可能牵头寻得金融机构资金支持；汇率风险的发生具有较大的偶然性，一般由社会资本承担，但政府可以补贴、担保等方式予以适当分担；利率风险主要由私营机构来承担，但其承担有一定的限度，超过此限度则由政府以补贴、保证等方式予以分担；通货膨胀风险主要由社会资本承担，但是政府对于通胀风险是有经验、资源和优势去管理与控制的，所以一般由社会资本和政府共同承担；由于金融机构在为项目融资时可要求由政府或融资担保机构提供担保，因此由政府部门和融资担保机构分担部分流动性风险；金融机构监管风险的存在会干预到项目资金的优化使用，对项目收益产生影响，此种风险发生比较偶然，一般由社会资本承担；再融资风险的发生主要是与社会资本对SPV公司的运营管理水平相关，所以再融资风险一般由社会资本承担。

2.项目运作方式建议

（1）项目运作方式比较。

①一元（金）股BOT模式与相关指标的契合程度。

地方政府几乎不用出资，只要作为项目发起人，用项目未来的收益（经营性或准经营性项目）作为抵押，即可在项目初期政府方不用投资即可启动项目。当地政府在资金缺乏和新预算法的严苛要求下实现了增加供给的目的。

地方政府利用 PPP 项目协议赋予的权力，在 SPV 重大事项决策上具有一票否决权，一定意义上会保护民众的基本利益，避免了政府方的风险。

合理的外衣下，该模式包含了几项与市场经济主流理念相抵触的方面。一是与市场经济倡导的按要素分配相应利益的基本原则不符。二是成立的 SPV 中存有较大缺陷，可能会导致公司产生 AB 股现象，为未来公司的运营埋下不和谐的伏笔。三是由于政府方面在 SPV 中不占股份，相应的正常的管理费用没有，政府实施方又需在目前运做模式下为 SPV 公司协调各项手续及业务，可能导致相关工作人员的怠工，从而导致效率低下。

② 大小 SPV+BOT、TOT 模式与相关指标的契合程度。

从质量、费用、工期的角度看，该方式能大大减轻政府方对于项目的管理强度，使得政府腾出手来作好项目的未来规划，为项目的顺利进行做好方向引导，使 SPV 的综合效率提高。通过大 SPV 的强大融资能力，可降低政府融资成本，并能够及时解决小 SPV 中融资问题，提高了项目运作效率。利于政府内部的风险分配：各小 SPV 实现目标的时间不同，后来者可以借鉴前行者的经验，降低再次发生错误的概率。可以做到各个片区的综合管廊工程相对自成体系，由各 SPV 自担其责，责任明确，大 SPV 总体协调，可较好地实现效率的提高。该种模式是地方政府为了促进地方就业提出的模式，此模式不具有可推广性。

③ EPC+BOT 模式与相关指标的契合程度。

从质量、费用、工期的角度看，由于该方式能适应项目推进的进程，SPV 从项目的规划、融资、设计、施工几个阶段进行综合考虑，可实现 SPV 内部经济性和可实现性统一，可保证在基本条件满足项目要求的情况下，以较好的效率向前推进，利于提升 SPV 的综合效率。

通过社会资本的强大融资能力，可带来地方政府短缺的项目资金，提高了项目资金的供给。

SPV是资合类型的公司，具有以下优点：一是筹资能力、资本稳定与规模化生产。二是信息公开、公众监督与暗箱透明化。三是两权分离、治理制衡与持久性经营。

专业的人做专业的事，有利于提高运作效率。项目规划建设是个复杂的系统工程，通过社会资本方总承包管理和政府方委托代管理相结合的模式，将大大提升项目建设期的综合效益，是保证项目在规定造价的基础上，按时保质保量完成的一种较好模式。

促进创新和公平竞争，通过公开招投标产生项目公司的社会资本方和总承包管理单位，体现了公平竞争。

（2）综合管廊PPP模式运作方式建议。

综上所述，各种模式各具特点。作为城市地下综合管廊所具有的公共服务属性，在目前相关法律法规还不十分明确的状态下，不可控因素较多，故此建议如下。

综合管廊项目的PPP模式不推荐使用"一元金股"模式。主要原因是政府方对项目控制程度较弱，容易在项目运营过程中产生管理困难，最后可能导致项目失败。

EPC+BOT模式可以作为推荐模式：一是EPC使综合管廊项目从设计到施工、运营均由社会资本方主导，使该项目具有整体性，充分发挥其系统性作用；二是股权合作使政府方在参与SPV的过程中充分发表自己的意见，充分保障实现公共服务基础设施的公共属性；三是BOT模式在我国应用时间较长，具有较成熟的经验，可以在PPP模式中发挥稳定性的作用；四是SPV现代企业管理制度明确，使其实现筹资能力、资本稳定与规模化生产，实现信息公开、公众监督与暗箱透明化，实现两权分离、治理制衡与持久性经营。

3. 合同体系构建

PPP项目合同体系可以分为两个层次。

第一层次是由政府授权的实施机构与其采购的社会资本之间签订的合同，主要是PPP项目合同（特许经营协议）。通常做法是在选定社会资本之后，实施机构与社会资本草签或签署PPP项目合同。待项目公司成立后，再由实施机构与项目公司正式签署PPP项目合同，或者签署继承PPP项目合同的补充合同。

第二层次是项目公司在项目推进过程中与各有关主体签署的一系列合同。包括项目公司与金融机构签署的融资合同、与施工单位签署的工程承包合同、与材料供应商签署的采购合同、与保险机构签署的保险合同等。

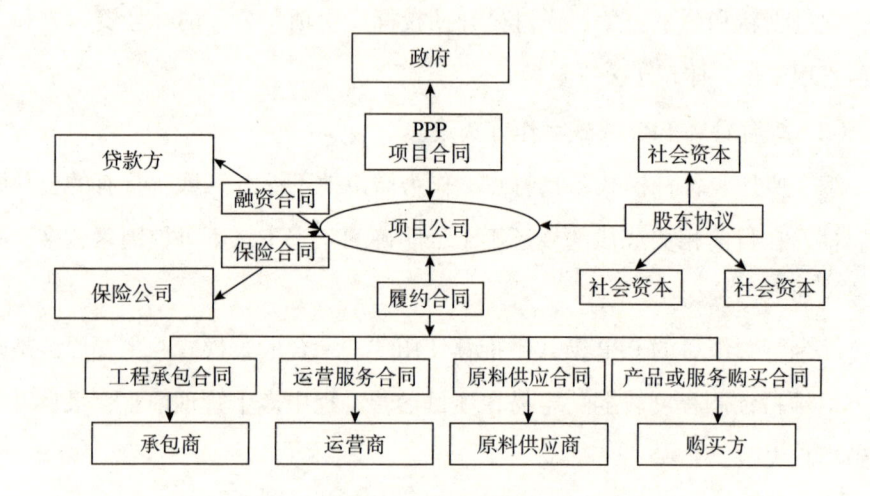

图5.1.4　PPP模式下综合管廊合同体系结构

首先，PPP项目合同是合同体系的核心。PPP项目合同是政府与社会资本依法就PPP项目合作所订立的合同。其目的是在政府与社会资本之间合理分配项目风险，明确双方权利义务，保障双方能够依据合同约定合理主张权利，妥善履行义务，确保项目全生命周期内的顺利实施。

其次，PPP项目合同是其他合同产生的基础。股东合同、融资合同、施工合同等均以PPP项目合同为依据，根据其设定的条件围绕项目展开。因此，PPP项目合同应根据项目运作方式、投融资结构安排以及风险分配基本框架合理设计，并应对股东合同、融资合同、履约合同等合同中的特别事项做出适当安排，如股东合同中社会资本股权转让的限制、履约合同中的建设运营标准、融资合同中的担保限制等。

国家发改委于 2014 年 12 月 2 日发布了《政府和社会资本合作项目通用合同指南》，财政部于 2014 年 12 月 30 日发布了《PPP 项目合同指南（试行）》，两部委对 PPP 项目合同的编制分别提出了指导性意见和示范文本，虽然两个指南内容和侧重不尽相同，但都对 PPP 项目合同的基本结构、必备内容、通用概念作出了一定程度的规范。两个指南的发布对于规范 PPP 项目运作、提高项目质量起到了极大的促进作用。结合两个指南的内容，我们认为 PPP 项目合同除包括一般合同必备的签约主体、违约责任、争议解决等条款外，至少要包括以下内容：项目范围和期限、项目融资、项目用地、项目建设、项目运营维护、项目移交（涉及移交的项目适用）、付费机制、履约担保、保险、政府的介入权等条款。

下面就城市地下综合管廊 PPP 项目所涉及的各个合同进行逐一分析。

（1）股东合同。

股东合同是出资设立 PPP 项目公司的各主体之间，依据《中华人民共和国公司法》及其他有关法律、法规的规定，经友好协商，对设立项目公司所涉及的相关问题达成一致签订的协议。股东协议的主体是出资成立 PPP 项目公司的各利益相关方，在 PPP 模式城市综合管廊项目中指代政府方出资的国有企业与社会资本。

协议的主要内容包括：设立与融资、经营范围、股权转让、股东的权利和业务、股东会组成及其职权范围、股息分配、违约、不可抗力、协议的修改变更和终止。

股东合同包括以下核心内容。

① 设立和融资：明确项目公司性质、经营年限、注册资本和各股东的认股数量、出资形式及所占比例。

② 股息分配：明确利润分配的先后顺序、分配比例和分配条件。

③ 违约：界定导致违约的情形，明确违约责任的界定方法以及违约处理程序。

④ 股权转让：明确允许股权转让的情形以及转让形式、转让比例和转让流程，分别界定股东间股权转让、股东与股东以外的人股权转让的条件与程序，考虑允许转让的特殊情况。

（2）融资合同。

在 PPP 模式下综合管廊项目中，融资合同的主体是金融机构与 PPP 项目公司。

合同的主要内容包括：借款说明、利息和利率、贷款的发放、提款、还款、支付、担保、声明与保证、借款方的权利和义务、贷款方的权利和义务、违约、适用法及其变更、继承与转让、费用与开支及其他。

融资合同包括以下核心内容。

① 借款说明：明确借款额度、借款用途、主要还款来源及借款起止日期。

② 利息和利率：明确计息利率、计息周期与计息方式。

③ 还款：明确还款方式、还款日期。

④ 提款：明确提款条件、首次提款日期及后续提款条件、提款手续，可约定提前提款的条件或情形及具体流程。

⑤ 支付：明确借款具体用途、借款人最后的还款日期与支付途径、预留款的扣留以及其他特殊支付情况的约定。

⑥ 继承与转让：分别约定借款人和还款人是否可以进行权利义务的转让。

⑦ 担保：要求借款人提供还款担保证明文件。

⑧ 违约：明确违约行为的认定、违约责任承担方式、违约行为处理。

（3）入廊协议。

在 PPP 模式城市综合管廊项目中，入廊协议的主体是指管廊的接入用户和 PPP 项目公司，其可表明用户接入管廊的意愿，可用作项目公司收入来源的证明,增加项目公司贷款时的信用,减小贷款难度。同时,协议中将约定用户接入管廊的费用、程序等问题。协议的主要内容包括:合同价格、合同时间、付款条件、合同变更、违约索赔、争议解决。

由于目前管线单位与PPP项目公司的地位对等存在实质性差异,因此,该协议需要在政府方的强力协助下形成。

入廊协议包括以下核心内容。

① 合同价格:明确具体接入管廊费用的计算方式,以及相应计算方式下的总价;约定如果国家颁布入廊收费标准,应根据国家标准做相应调整。

② 合同时间:明确合同的起止日期,应尽可能增长合同时间,可减小融资难度。

③ 合同变更:约定可变更的因素(如合同期、合同价款等)以及相对应的可变更的情形。

④ 违约:明确违约行为的认定、违约责任承担方式、违约行为处理。

(4) 运营合同。

运营合同是PPP项目公司与负责综合管廊建成后的运营维护工作的主体约定项目运营维护中相关问题的合同。在PPP模式城市综合管廊项目中,合同主体是指PPP项目公司和运营主体。合同的主要内容包括:总则、协议的应用、经营权获取、工作交接、设施的运营维护、运营费及款项拨付、运营监管、双方的权利和义务、违约、协议的终止、不可抗力、争议解决及其他。

运营合同包括以下核心内容。

① 经营期:特许经营期长短直接影响可收费时间的长短,影响私营方的收益情况,因此应明确运营特许期的具体起始时间,以及起始点时间的确定方法。并明确可能导致运营期变更的因素,明确其导致变更时的调整方法与补偿机制。

② 经营权范围:明确运营的地域范围、业务范围等。

③ 付费机制:依据项目产出是否可计量、是否有激励机制、项目变更的

灵活性、可融资性以及财政承受能力等因素，确定项目的付费机制。

④ 运营收入：在确定付费机制的基础上，明确入廊费和综合管廊运营管理维护费的收取与调整，以及可调价情况与具体调整方法。

⑤ 协议终止及提前终止：约定协议终止日期，以及终止前的偿债要求和移交要求。对于提前终止，双方应约定可以提出协议终止的事由、触发机制，以及终止程序，并约定终止后的移交。条款主要内容为移交范围、提前移交程序、补偿金、履约担保的处理等。

⑥ 工作交接：若项目建设完成后，引入第三方作为项目的运营方时，需要进行工程的交接，包括设施移交、人员与设备移交、风险转移等，需约定具体移交方式、移交手续。

工作交接的内容包括以下方面：一是综合管廊土建工程通过竣工验收，并达到设计目标；二是综合管廊的照明系统、通风系统、排水系统、消防系统、温控系统、监控系统、报警系统等安装到位，使用功能正常；三是综合管廊形成完备管理体系和管理规章制度，完成管理人员的培训。

⑦ 政府提供的外部条件：明确政府为特许经营权获得者提供的条件，包括但不限于项目运营所需的外部设施、设备和服务；项目生产运营所需特定资源及其来源、数量、质量、提供方式和费用标准等；对项目特定产出物的处置方式及配套条件；道路、供水、供电、排水等其他保障条件。

⑧ 运营服务标准：约定服务内容、生产规模或服务能力、技术标准、服务质量，对运营机构组织模式等其他要求。

⑨ 设施的运营与维护：合同各方应共同确定设备的初始状态，并明确设备可能产生的变化，约定设备运行与维护的工作内容和标准，设置管理制度，组建服务机构与人员配置，同时要注意加强项目的用户管理。

⑩ 违约责任：对违约行为进行情形界定，约定违约责任承担方式以及处理方法，并规定运营方为减小损失扩大应尽的义务。

⑪ 争议解决：约定争议情形的界定与解决方式，明确双方遇到争议时的

处理机制及程序。另外应对争议解决期间的合同履行情况进行约定。

⑫ 不可抗力：约定可以认定为不可抗力的情形、不可抗力事件发生期间双方的权利与义务、不可抗力事件的处理和导致的变更，以及由此产生的相关费用和责任的承担。

（5）委托代理协议。

PPP模式城市综合管廊项目中的委托代理协议是指PPP项目公司委托咨询公司，对项目的部分或者全阶段进行可行性分析、财务分析、实施方案论证等，以保证项目高效正确的推进。合同主体为PPP项目公司和咨询公司。

协议的主要内容包括：委托事项、甲方的义务、乙方的义务、协议期限、代理费及支付、协议的违约和解除、合同争议的解决方式及其他。

委托代理协议的核心内容包括以下几个方面。

① 委托事项：明确委托事情、受托人处理事项的权限以及具体要求。

② 协议期限：明确受托人处理该受托事项的结束时间。

③ 代理费及支付：明确代理费构成及总额，以及甲方向乙方的支付方式、支付时间。

④ 违约责任：明确违约行为的认定、违约责任承担方式、违约行为处理。

⑤ 争议解决：明确争议解决的方式、争议期间的合同履行。

（6）建设工程合同。

当PPP项目公司只负责综合管廊项目的建设工作时，SPV与施工承包商签订建设工程合同，约定项目施工的质量、总费用、建设工期等要求。

具体合同内容可参照2013年建设工程施工合同（示范文本）。

当PPP项目采用EPCO模式时，SPV负责综合管廊项目的设计和建设工作，应与设计施工总承包商签订建设工程合同，约定项目设计施工的质量、总费用、建设工期等要求。

具体合同内容可参照关于印发《建设项目工程总承包合同示范文本（试行）》的通知（建市〔2011〕139号）。

综合管廊项目采用工程总承包尚属开创性工作，其合同管理的工作量巨大，项目公司应极其慎重地审核每一个条款，并接受政府方的监督与管理。

（7）供应合同。

综合管廊的建设包含大量的采购工作，包括土建部分材料的采购以及大型设备的采购。在PPP模式城市综合管廊项目中，合同的主体为PPP项目公司与材料设备供应商。

材料供应合同的主要内容包括：项目概况、产品的包装标准和包装物的供应与回收、产品交货、产品的交（提）货期限、验收、产品的价格和结算、甲方的违约责任、乙方的违约责任、不可抗力、合同纠纷解决方式及其他。

材料供应合同包括以下核心内容。

① 项目概况：明确项目所需产品的名称、数量、价格和质量要求。

② 产品交货：约定交货方式、运输方式、到货地点和接货人、卸货负责单位、交货数量误差的规定与确定方法。

③ 验收：约定验收时间、标准、方法、合格凭证以及验收纠纷处理方式。

④ 产品的价格与结算：约定可调整价格的情形以及调整方式、价款结算的方式等。

⑤ 违约责任：明确违约行为的认定、违约责任承担方式、违约行为处理。

⑥ 争议解决：明确争议解决的方式、争议期间的合同履行。

设备供应合同的主要内容包括：合同标的、合同价格、付款方法和条件、质量标准、包装、运输、装运单证、货物的风险、交（提）货、验收、合同变更、违约索赔、不可抗力、争议解决。

设备供应合同包括以下核心内容。

① 合同标的：明确约定标的物，包括品牌、规格、厂家，以及采购标的物的制造、运输、装卸、安装、调试、试运营、售后保障等相关服务。

② 合同价格：明确采购标的物的单价、数量，约定标的物的单价、数量、

总价、检测费等的计算方法和价格中所包含的内容。

③付款方法和条件：约定付款节点，买方的付款方式与付款比例。

④质量标准：约定采购标的物应达到的质量标准或技术要求。

⑤运输：首先确定运输方式，即运输工具、运输路径等，对于特殊标的物，需约定一天中可行的运输时间。其次考虑运输中货物的安放、装卸、存储方法。再就是明确运输费用的确定方式与承担者，约定运输过程中可能出现的导致货物受损的情形，以及相应的处理方式与后果承担。

⑥货物的风险分别约定交付之前和交付之后的保险费用、保险包含的内容、费用的承担者、风险的承担者。另约定在货物运输过程中，即介于交付之前和交付之后期间的风险的承担者。

⑦验收：约定验货时间、验货标准、验货合格凭证以及验收不通过的情形界定与处理方式，以及相应的费用和责任承担。

⑧合同变更：双方约定允许合同变更的情形，以及变更程序、变更文件和因此产生的责任与费用分担。

⑨违约索赔：约定允许导致违约的情形，以及违约责任的界定方法，违约处理程序。约定可进行索赔的情形，以及所需的索赔依据，并约定各情形下索赔处理内容。

⑩不可抗力：约定可以认定为不可抗力的情形、不可抗力事件发生期间双方的权利与义务、不可抗力事件的处理和导致的变更，以及由此产生的相关费用和责任的承担。

⑪争议解决：约定争议的解决方式以及适用情况，明确双方遇到争议时的处理机制及程序。另外应对争议解决期间的合同履行情况进行约定。

（8）保险合同。

保险合同是投保人承担向保险人交纳保险费的义务，保险人对保险标的可能遭受的危险承担提供保障的合同。PPP模式城市综合管廊项目中，合同主体为PPP项目公司和保险公司，是PPP项目公司转移风险的一种做法，通过与保险合同签订合同，由保险公司承担部分责任。

保险合同的主要内容包括：被保险人名称和地址、保险工程名称、保险工程地点、被保险金额或赔偿限额即每次事故免赔额、保险期限、是否有第三者责任险、工程详情。

保险合同的核心内容为保险范围、属于保险赔偿情况的界定方法，以及相应赔偿金额的确定方法。

（9）担保合同。

担保合同是在为促使债务人履行其债务、保障债权人的债权得以实现而在债权人和债务人之间形成的，当债务人不履行或无法履行债务时，以一定方式保证债权人的债权得以实现的协议。在PPP模式城市综合管廊项目中指，合同主体是PPP项目公司与其寻找的担保人或担保公司，该协议可作为PPP项目公司融资时的增加信用的凭证。

合同的主要内容包括担保人信息、担保范围、担保责任承担方式、担保变更、担保期限。

担保合同的核心内容是担保范围、需承担担保责任的情形以及责任承担方式。

最后，由于是PPP项目是一个长期的项目过程，需要确定一个核心的合作协议，引导PPP项目积极向前。到底是以PPP合同协议作为项目核心协议，还是项目特许经营协议作为项目核心协议，目前仍然有不同的认识。

4. 交易结构设计

（1）投融资结构。

① 资本金。

固定资产投资项目资本金制度既是宏观调控手段，也是风险约束机制，对改善宏观调控、促进结构调整、控制企业投资风险、保障金融机构稳健经营、防范金融风险具有积极作用。

《国务院关于调整和完善固定资产投资项目资本金制度的通知》（国发

〔2015〕51号）要求，各行业固定资产投资项目的最低资本金比例按以下规定执行。城市和交通基础设施项目：城市轨道交通项目由25%调整为20%，港口、沿海及内河航运、机场项目由30%调整为25%，铁路、公路项目由25%调整为20%。房地产开发项目：保障性住房和普通商品住房项目维持20%不变，其他项目由30%调整为25%。产能过剩行业项目：钢铁、电解铝项目维持40%不变，水泥项目维持35%不变，煤炭、电石、铁合金、烧碱、焦炭、黄磷、多晶硅项目维持30%不变。其他工业项目：玉米深加工项目由30%调整为20%，化肥（钾肥除外）项目维持25%不变。电力等其他项目维持20%不变。

城市地下综合管廊、城市停车场项目以及经国务院批准的核电站等重大建设项目，可以在规定最低资本金比例基础上适当降低。按照上述文件精神，综合管廊项目最低资本金可以低于20%。

在满足最低资本金要求的前提下，政府授权出资机构和社会资本共同设立的项目公司作为项目的实施主体。项目公司可以由社会资本（可以是一家企业，也可以是多家企业组成的联合体）出资设立，也可以由政府和社会资本共同出资设立。但政府在项目公司中的持股比例应当低于50%，且不具有实际控制力及管理权。

②融资。

根据相关规定，项目除资本金以外的其余资金由社会资本方通过银行贷款、股东借款、信托等方式筹集。

（2）回报机制。

根据国办发61号文、发改价格2754号文基本确立了我国城市地下综合管廊的有偿使用制度，包括入廊费和日常维护费，但是该部分付费不足以满足社会资本方或项目公司后期建设和运营成本回收以及获得合理回报，因此政府应给予项目公司一定的经济补助，以弥补使用者付费之外的缺口部分。

因此，从付费机制角度，综合管廊 PPP 项目属于"可行性缺口补助"类的 PPP 项目。

① 使用者付费构成。

一是入廊费。根据课题研究建议，综合管廊入廊费的实现方式为：综合管廊一次性建成廊道和管线工程，并让管线单位按直埋方式所形成的价格，在综合管廊工程竣工验收后从政府手中一次性买下综合管廊内本专业管线的所有权。由此可见，入廊费表达了两点概念：第一，各入廊管线单位作为入廊费的缴费主体，通过政府向管廊建设运营单位一次性或分期支付；第二，入廊费的性质是管线单位购置综合管廊内各自专业管线的产权。

二是运营管理费。根据课题研究建议，综合管廊运营管理费的实现方式为：借助 PPP 模式下综合管廊一次性设计、一次性施工、一次性投运的总体部署，将综合管廊的管线和廊道运营管理全部交由社会资本全权负责。通过对综合性安全操作系统的监控和对廊道适宜环境的管理，实现综合管廊各种管线稳定运行的终极目标。运营管理费的构成是由各管线单位从各自现有总的生产管理成本中提出属于综合管廊入廊管线的那一部分成本作为入廊管线的管理支出。由此可见，综合管廊的运营管理费同样具有两个概念：第一，各入廊管线单位按照上述计价原则确定管理费并按合同约定通过政府向管廊建设运营单位分期支付；第二，各管线单位支付的费用是其委托管廊建设运营单位集约化管理的服务费。

② 综合管廊运营管理费价格调整方式。

一是固定调整。在设置综合管廊 PPP 项目回报机制时，在进入运营期后直接植入管廊使用费，按照固定期限调整综合管廊运营管理费收费标准，并且每期的调整幅度均已提前确定。由于该种方式对项目前期的测算精度要求较高，且缺乏灵活性，易造成投资者无法获取合理收益，实际操作中很少采用该种方式。

二是按调价程序调整。按双方签署的《入廊协议》约定的调价程序开展调价工作。

调价工作按照政府定价或指导价调整的法定程序办理相关的申请和审批手续。在综合管廊PPP项目实际操作中，由于政府方对综合管廊运营管理费的收费标准、调整机制方面更具优势，处理更具效率，因此，由此产生的政府定价或指导价的风险可由政府方承担，并根据定价的权限和范围制定综合管廊运营管理费的收费标准及调整政策。

③政府补贴。

根据项目投资进度安排、实际总投资估算及其他相关因素，在满足社会资本方或项目公司建设和运营成本回收以及合理回报条件下，对使用者付费不足以弥补的部分由政府给予相应补贴。

（3）绩效管理机制。

PPP项目绩效管理是PPP项目实施过程中非常重要的一个环节，是否建立完善的、具备可操作性的绩效评价与考核体系也是PPP模式区别于传统BT模式的关键性特征之一。从地下综合管廊PPP项目的实务操作中提炼出以下绩效管理的操作要点：

①绩效考核指标的选取。

绩效考核评价体系中首要的问题是考核指标的选取，政府和中选社会资本或PPP项目公司应当根据项目的特点和实际情况在PPP项目合同中明确约定适当的绩效考核指标。选用的绩效考核指标应当具有客观性即不仅符合项目的实际情况和特点，而且具备可测量和可监控等特性。这也是关系到绩效付费能否有效实施的关键要素。

对于地下综合管廊PPP项目而言，考虑其运行和维护的自身特点，在实践中通常选取的绩效考核可以含该项目各类管线运行指标、管线及设施维护情况、项目设施运行情况、项目安全管理、应急事件处置、项目公司专业人员配备与制度建设、用户满意度和公众满意度等方面，并应在相关方面进行进一步细化，以便真正具备可操作性和客观性。

②绩效考核指标的评价标准。

绩效考核评价体系的另一个关键要素是考核评分标准的设置，考核指标的评分标准是否合理在于该标准是否超出项目公司的能力范围、是否为实施综合管廊项目所必须等。由于绩效考核的评价结果与绩效付费相挂钩，所以这也通常是被PPP项目合作各方重点关注的问题之一。

目前，绩效考核评价标准设定的方法主要包括参照法、历史数据法、计划标准法等。参照法是指以其他同类项目的绩效情况作为评价标准，就综合管廊PPP项目来看，鉴于目前尚无非常成熟的参照项目可供参考，且各地所建的综合管廊在规格、标准上都有所差异，故实践中通常并不选取该种方式。历史数据法是指以项目的历史数据作为将来的绩效评价标准，鉴于综合管廊多为新建项目，缺乏与自身运维相关的历史数据，故实务中也较少选择该种方式。计划标准法是目前国内地下综合管廊PPP项目采用较多的绩效评价标准设定方式，是指以事先制定的计划，预算和预期达到的目标作为评价标准。但这种方式也存在一定的缺点，如评价时主观性较大、人为因素较强等。为增强绩效考核评价体系的客观性与公平性，这里建议综合管廊PPP项目可采用计划标准法与历史数据法相结合的评价机制——在项目初期缺乏历史数据时采取计划标准法，在项目运行一段期限并积累了足够的经验后则可采取历史数据法对绩效评价标准进行相应的调整。

③绩效考核结果应用。

为了对项目公司行成有效约束，综合管廊《PPP项目合同》中通常应当明确约定未达到绩效考核标准的后果，具体包括以下内容。

一是扣减政府付费。《PPP项目合同》中通常会根据设施或服务在整个项目中的重要程度以及未达到绩效标准的情形和影响程度分别设置相应的政府付费扣减比例。此外，实践中还可以设定"递进式"的扣款机制：即对于首次未达到绩效标准的情形，仅进行警告或少量扣款，但如果该情形在某段时期内多次发生，则会逐渐增加对于该情形的扣款比例，以促使项目公司及时采取补救措施。

二是如果长期或者多次无法达到绩效标准，或者未达到绩效标准的情形非常严重，还有可能构成严重违约从而导致合同终止。

三是当项目实际绩效优于约定标准的，应按综合管廊《PPP项目合同》中约定的相应奖励条款执行项目合同约定的奖励措施。

四、综合管廊PPP项目政府支持措施有效落实的方法建议

1. 投融资机制革新建议

项目的融资结构是由项目的资本结构、投资结构、资信结构三者共同构成。项目的资本结构是指项目各种资金的构成及其比例关系；项目的投资结构由投资主体、融资主体、管理主体共同构成；项目的资产收益、合同协议和相关的信用增级措施共同构成项目的资信结构。城市综合管廊项目建设期投入巨大，因此合理运用及创新融资工具确保项目融资的最优结构化安排，是降低项目成本、推进项目按计划实施的关键之一。

我国基本建设传统融资渠道主要有银行贷款，债务融资，开发性金融融资等。但这些现有的渠道由于各自的局限难以得到进一步的拓展，而我国大量的民间资本的引入又缺乏适当的方法和途径，在引入的过程中存在着一定的障碍，因此建议引入新的ABS（资产证券化）融资方式。

资产证券化（ABS），即以项目所属的资产为支撑的证券化融资，它是以项目所拥有的资产为基础，以项目资产可以带来的预期收益为保证，通过在资本市场发行债券来募集资金的一种项目融资方式。这种融资方式的特点在于通过其特有的信用等级提高方式，使原本信用等级较低的项目照样可以进入高档债券市场，利用该市场信用等级高、债券安全性和流动性高、债券利率低的优势，大幅度降低项目融资成本。

资产证券化（ABS）的优点如下：

① ABS解决了分散的民间资本与大型基础设施建设的巨额资金需求之间

的矛盾，在民间资本与基础设施建设之间架起了一座桥梁。由于我国较为看重对基础设施领域的控制权，因此对民间资本的进入有相当多的限制，而利用 ABS 原始权益人能够保持对项目经营权的控制，从而保证了项目建设和经营的安全性。

② ABS 融资方式的运作则相对简单。在它的运作中只涉及原始权益人、特设信托机构、投资者、证券承销商等几个主体，无需政府的许可、授权及担保等环节，是一种主要通过民间的非政府的途径，实现了操作的简易化，最大限度地减少了酬金、差价等中间费用，降低了融资成本。

③ ABS 可实现所有权与运营权的分离。采用 ABS 方式融资，虽然在债券的发行期内项目的资产所有权归特设信托机构所有，但项目的资产运营和决策权依然归原始权益人所有。因此，在运用 ABS 方式融资时，不必担心项目是关系国计民生的重要项目或关系国家军事机密的项目而被外商所控制和利用。

2. 加大政府投入建议

为切实加强综合管廊 PPP 项目组织管理工作，在政府层面要加强领导机构建设，成立领导小组，成员应包括市政府领导、财政、发改等部门负责人，领导小组下设办公室，统筹协调管网规划、建设及管理相关事宜。

政府在综合管廊建设期的参与方式要通过实际注资来体现，建议在目前地下空间权属不明晰的情况下，最好不要用空间权折价的方式入股 SPV，应实实在在地拿出真金白银投入综合管廊建设。

根据综合管廊准公共物品的属性特点，政府必须在资金上给予一定的支持和补贴，具体可以从地下空间资源划拨、投资补助、优惠贷款、贷款贴息、投资入股、放弃分红权、物业开发、运营补贴等的一种或多种组合途径实现政府补贴。

3. 信贷支持

（1）发行地下综合管廊建设专项债券。

在如今政府平台公司发债额度基本饱和的前提下，项目收益债及专项债券是很好的 PPP 融资突破口，尤其是证监会 2015 年 1 月推出《公司债券发行与交易管理办法》，国家发改委 2015 年 3 月 31 日发改办财金〔2015〕755 号文印发《城市地下综合管廊建设专项债券发行指引》、2015 年 7 月 29 日发改办财金〔2015〕2010 号《项目收益债券管理暂行办法》的通知，为公司债、专项企业债、项目收益债的发展拓展了巨大空间。

专项债券有几个优势：一是发债主体可为项目公司，不占用平台公司等传统发债主体额度；二是不受发债指标限制，且发债规模可达项目总投资的 70%~80%（非专项债券发债规模不超过项目总投资的 60%）；三是按照"加快和简化审核类"债券审核程序，提高审核效率；四是多由财政补贴和金融贴息、投贷联动等多方面支持。由于 PPP 项目融资增信主体缺失现象普遍，如以现金流为支撑，仅需对债项进行评级的项目收益债、专项债，可以不占用政府财政信用和社会资本信用（有些需要政府 AA 级以上发债主体提供担保），利于发行。目前，我国首笔地下综合管廊建设专项债券——陕西西咸新区沣西新城综合管沟（一期）项目收益专项债券获得国家发改委的核准批复。该专项债募集规模不超过 5 亿元，发行期限为 10 年，采用固定利率形式。此类融资业务一经推出，必将成为 PPP 项目融资新的蓝海。

（2）设立综合管廊专项基金。

地方政府应研究设立城市综合管廊建设基金，在具体综合管廊 PPP 项目建设中，争取设立 FOF（有限合伙制）基金，以少量的财政资金做引导，吸引民营或投资机构、自然人等出资共同采取基础设施建设，按照投资比例获取收益和承担风险。采取"PPP+基金"的形式操作，吸引社会资本。

五、综合管廊项目公司清算与涉税问题建议

1. 项目公司解散和清算

（1）解散情形。

项目公司有下列情形之一的，可以解散。

① 特许经营期限届满后，项目公司未能就本项目特许经营期限延长或重新授予等事宜重新签订《特许经营协议》或《补充协议》或者公司章程规定的其他解散事由出现时。

② 公司合并或者分立需要解散。

③ 依法被吊销营业执照、责令关闭或者被撤销。

④ 人民法院依法予以解散。

（2）清算组的成立。

公司遇上述"解散情形"而解散的，应当在解散事由出现之日起 15 日内成立清算组，清算组可由当地政府派 1 名代表与项目公司委派的 3 名代表组成。逾期不成立清算组进行清算的，债权人可以申请人民法院指定有关人员组成清算组进行清算。

（3）清算组的职权。

清算组在清算期间行使下列职权。

① 清理公司财产，分别编制资产负债表和财产清单。

② 通知、公告债权人。

③ 处理与清算有关的公司未了结的业务。

④ 清缴所欠税款以及清算过程中产生的税款。

⑤ 清理债权、债务。

⑥ 处理公司清偿债务后的剩余财产。

⑦ 代表公司参与民事诉讼活动。

（4）清算。

清算组应当自成立之日起 10 日内通知债权人，并于 60 日内在报纸上公告。债权人应当自接到通知书之日起 30 日内，未接到通知书的自公告之日起 45 日内，向清算组申报其债权。债权人申报其债权，应当说明债权的有关事项，并提供证明材料。清算组应当对债权进行登记。在申报债权期间，清算组不得对债权人进行清偿。清算组在清理项目公司财产、编制资产负债表和财产清单后,应当制订清算方案,并报项目公司或者人民法院确认。

项目公司财产用于优先支付清算费用后,清算组应按下列顺序清偿债务。

① 职工工资、社会保险费用和法定补偿金。

② 缴纳所欠税款。

③ 清偿公司债务。

清偿债务后的剩余财产,项目公司自行支配。

清算组在清理公司财产、编制资产负债表和财产清单后,发现项目公司财产不足清偿债务的,应当依法向人民法院申请宣告破产。项目公司经人民法院裁定宣告破产后,清算组应当将清算事务移交给人民法院。清算期间,项目公司存续,但不得开展与清算无关的经营活动。项目公司财产在未按公司章程有关规定清偿债务前,不得分配给股东。项目公司清算结束后,清算组应当制作清算报告,报股东或者人民法院确认,并报送公司登记机关,申请注销公司登记,公告公司终止。

清算组成员应当忠于职守,依法履行清算义务。清算组成员不得利用职权收受贿赂或者其他非法收入,不得侵占公司财产。清算组成员因故意或者重大过失给公司或者债权人造成损失的,应当承担赔偿责任。

项目公司被依法宣告破产的,依照有关企业破产的法律实施破产清算。

2. 项目公司涉税问题及处理建议

我国PPP模式尚处于起步阶段,尚未就PPP项目出台正式的税收有关规定,与PPP相关的税收政策规定也散布在各个税种之中,没有形成体系。所以,一方面在PPP项目实操中给咨询机构、项目公司测算及税务处理带来了困难;另一方面由于对PPP税务处理认识有别,容易给征纳双方造成争议。研究团队试从项目公司设立、项目公司建设与运营、项目期满移交三个阶段就PPP项目的税务处理进行研究与探讨,提出解决建议。

(1) 项目公司设立阶段涉税问题。

项目公司设立所应当关注的税务问题主要有两个:一是项目公司设立时缴

纳各种税金；二是项目公司股东未来的投资收益的税收考虑。

在实际操作中，综合管廊项目一般为新设公司，公司的设置形式一般为有限公司，可以由社会资本独资或与政府方合资共同新设项目公司。从项目公司股东的出资方式上来讲，既可以货币出资，也可以是非货币形式的实物或无形资产出资。面对上述不同的情形，项目公司股东可能需要承担的税收种类也有所不同。货币出资只涉及印花税，而用非货币出资可能要涉及印花税、增值税、企业所得税、土地增值税。

对于项目公司股东未来从项目公司取得的投资性收益，根据企业所得税法的规定，私人企业股东从被投资的另一个私人企业获得的股息、红利等权益性收入属于免税收益，这主要是考虑这类股息、红利收益是从被投资的私人企业的税后利润中分配，因此已经缴纳过企业所得税，如果再将其并入股东私人企业的应税收入中征税，就存在同一经济来源所得重复征税问题。

（2）项目公司建设与运营阶段涉税问题。

综合管廊PPP项目建设与运营阶段，主要涉及税费为项目公司的流转税费与企业所得税。

①流转税。

流转税费涉及增值税、城市维护建设税、教育费附加、地方教育费附加。对于项目公司来说，增值税是主要税种，城市维护建设税、教育费附加、地方教育费附加都是以增值税税额为计算征收依据。

第一，增值税

根据《中华人民共和国增值税暂行条例实施细则》（财政部国家税务总局第50号令）、《国家税务总局关于全面推行营业税改增值税试点有关税收征收管理事项的公告》（国家税务总局公告2016年第23号）等税收法规，综合管廊项目公司一般都应为增值税一般纳税人，按增值税税率缴纳增值税。

《营业税改征增值税试点实施办法》第十五条 增值税税率：

（一）纳税人发生应税行为，除本条第（二）项、第（三）项、第（四）

项规定外，税率为6%。

（二）提供交通运输、邮政、基础电信、建筑、不动产租赁服务，销售不动产，转让土地使用权，税率为11%。

（三）提供有形动产租赁服务，税率为17%。

（四）境内单位和个人发生的跨境应税行为，税率为零。具体范围由财政部和国家税务总局另行规定。

第二，城市维护建设税

城市维护建设税实行地区差别比例税率，纳税人所在地在城市市区的，税率为7%；在县城、建制镇的，税率为5%；不在城市、县城、建制镇的，税率为1%。

第三，教育费附加

教育费附加自1994年至今，以实际交纳的增值税税额的3%缴纳。

第四，地方教育费附加

根据《财政部关于同意地方教育附加政策有关问题的通知》（财综[2010]98号），各地统一征收地方教育费附加，以实际交纳的增值税税额的2%缴纳。

② 企业所得税。

企业所得税税率为25%，截至目前，对于综合管廊项目还没有所得税税收专门优惠政策，目前只能执行此税率。

（3）项目期满移交阶段涉税问题。

由于PPP不同的运作模式，项目资产的归属不够明晰，相关税收细则缺乏，造成项目期满资产移交时税务处理复杂，实践中征纳双方争议可能会也较多出现。

综合管廊项目通常采用BOT的方式建设运营，在特许经营期间、特许经营期满资产所有权都应归属政府，项目期满移交只是资产管理权移交。

根据《企业会计准则解释第2号》规定如下。

① 建造期间，项目公司对于所提供的建造服务应当按照《企业会计准则第15号——建造合同》确认相关的收入和费用。基础设施建成后，项目公司

应当按照《企业会计准则第14号——收入》确认与后续经营服务相关的收入。

建造合同收入应当按照收取或应收对价的公允价值计量，并分别以下情况在确认收入的同时，确认金融资产或无形资产。

② 项目公司未提供实际建造服务，将基础设施建造发包给其他方的，不应确认建造服务收入，应当按照建造过程中支付的工程价款等考虑合同规定，分别确认为金融资产或无形资产。

③ BOT业务所建造基础设施不应作为项目公司的固定资产。

在实际操作中项目公司投资形成的资产不计入固定资产，直接计入无形资产，在特许经营期间进行摊销。特许经营期满后无形资产账面金额为零。

PPP合作期满涉及的另一个问题是，尽管采取期末无偿移交项目资产的方式，且假定所有资产在特许经营期内摊销完毕，即账面资产价值为零，但由于税法与会计法之间的差异，税法强调资产的公允价值，以公允价值作为计税基础，在资产账面价值为零而公允价值不为零的情形下，如何进行税务处理，将是实际操作中待解的一个问题。

六、健全退出机制的建议

目前在PPP项目退出机制设计上存在两大突出问题，一是过分忽视对社会资本方的利益安排或关注，简单地将股权变更转换为单方事先同意条款，使政府方无疑具有了公权力性质的单方审批权，有碍公平交易。二是在股权变更限制措施上存在不足，加上PPP合同体系之间的传导性和交叉性，尤其是融资合同的股权变更限制等内容，使得社会资本方很难以正常方式退出，常伴随着其他违约或风险负担方式，推高争议解决成本。

对于PPP项目，提早收回投资开拓新项目、降低表内负债、获得溢价等，都是导致社会资本退出（或曰二级市场交易冲动）的因素。目前全国PPP项目实施金额已经超过1.4万亿元，根据PPP项目的落地进度，预计第一个PPP项目二级市场的交易高峰会在3~4年后到来。高峰期潜在的交易标的将超过3000亿元，PPP项目资本退出市场存在一定的空间。建议从以下两个渠道着手规制PPP项目资本退出或培育PPP项目二级市场。第一，探索SPV资产证券化的途径，使项目公司的资产转化为可转让债权，从而实现基金等各方的资金退出或进行二级市场交易。第二，探索允许SPV在一定时间后或者达到一定绩效之后股份可以上市交易，从而实现投资资金的退出或进行二级市场交易。

第二节 法律法规建设

一、综合管廊与地下空间权立法的对接问题与建议

利用地下空间建设综合管廊首先涉及的问题就是地下相关的权利。

地下空间有广义和狭义两种概念。广义的地下空间是相对于以空气为介质的地面以上空间而言，指岩土和地下水为介质的地面以下空间。狭义的地下空间，是指在地面以下的岩层或土层中天然形成或经过人工开发形成的，可用于满足人类社会生产、生活需求的空间。广义地下空间更多是从潜在资源角度定义的，狭义地下空间更多的是从可供人类利用的实际空间角度定义的。

城市地下空间的利用可追溯至1863年英国伦敦建成的世界上第一条地铁。1983年，联合国把"地下空间"确定为重要的自然资源。自此，开发利用城市地下空间已成为世界性的发展趋势。

我国城市地下空间的开发起步较晚，随着经济的腾飞，自20世纪末我国地下空间的建设进入了快速发展阶段。目前，北京一跃成为世界上地下空间开发规模最大的城市之一，北京地铁运营总里程超过660 km；北京中关村广场地下购物中心，建筑面积约20万平方米，车位超过1800个，是目前全国最大的地下购物中心。而分散于城市直埋地下的各种管线也是地下空间利用

的一种原始的、初级的形式，随着城市地下空间开发层次的深化和对城市地下空间合理规划的需要，集中放置并管理各种地下管线的城市地下综合管廊应运而生。

鉴于当前及今后一个阶段城市地下综合管廊的建设运营很大一部分都将可能采用PPP模式，而要利用PPP模式建设运营城市地下综合管廊工程，就需要让该工程具备准经营性，由此派生出产权、产权获得、产权转让等相关问题。

1. 地下空间权属不确定对综合管廊建设的影响

城市地下综合管廊具有有效利用地下空间、利于多种管线集约化管理、从长效机制看节省投资、改善城市面貌、保障城市安全的综合效益，所以政府正在大力提倡。但是结合国内已经建成和正在建设的城市地下综合管廊工程来看，大家都面临着一个很艰难的问题，那就是相关管线能否实现强制入廊。

这是个根本性问题。试想，国家花了巨额投资建起了可以容纳相关管线的地下空间设施，而管线权属单位或管理部门基于行业或自身利益考虑不愿意或没能力入廊，使廊道空置或长期低负荷运行（只放进去了少许几类管线）。这势必造成固定资产闲置，那将是多大的浪费啊！

之所以冠之以"强制"，显然是因为在目前状况下，相对于各管线单位无偿占有地下空间及低成本自行敷设的传统方式而言，让他们一次性投入过高的入廊费还要分摊运营管理费，着实是他们不情愿的。因此，辅之以强硬手段不乏是一种选择。

但是，强制除了手段之外还必须有依据。其中地下空间权属不定成了手段强硬不起来的主因之一。表现在两个方面，一是由于政府方地下空间确权程序缺失，使得政府方在行使综合管廊空间出租或转让等交易时的主体地位不清晰，管线单位不买账。二是既然地下空间只要打着提供公共服务的招牌就可以轻易获得，那么管线单位当然要选择更便宜的直埋方式，何必高价进入你的廊道。由此，只要管线单位站在自己的立场上考虑，不配合政府的全局化部署，综合管廊就很难发挥作用，同时想利用PPP模式来建设运营综合管廊的意图也将成为泡影。

2.国内外相关地下空间权立法现状

(1)我国相关地下空间权立法现状。

我国城市地下空间权的立法主要有中央立法和地方立法两大类。

①中央立法。

目前,我国已出台的涉及地下空间权的相关法律法规主要有《中华人民共和国宪法》、1993年颁布实施的《中华人民共和国城市房地产管理法》、1996年颁布实施的《中华人民共和国人民防空法》、2001年建设部修改并颁布实施的《城市地下空间开发利用管理规定》及2007年颁布实施的《中华人民共和国物权法》。

其中也就是《物权法》的相关章节对地下空间权属问题有所表述,对应《物权法》第二篇第五章中的国家所有权可知,从第四十六条到第五十七条规定了矿藏、水流、海域、城市的土地、森林、山岭、草原、荒地、滩涂等,自然资源、野生动植物资源、无线电频谱资源、法律规定属于国家所有的文物、国防资产、铁路、公路、电力设施、电信设施和油气管道等基础设施属于国家所有。但是,其中没有就城市地下空间权属给出严格定义。再对应《物权法》第三编的用益物权来看,包括了土地承包经营权、建设用地使用权、宅基地使用权、地役权、自然资源使用权。其中,第十二章建设用地使用权的相关法条提到了地下空间权利问题,第135条规定:"建设用地使用权人依法对国家所有的土地享有占有、使用和收益的权利,有权利用该土地建造建筑物、构筑物及其附属设施。"第136条规定:"建设用地使用权可以在土地的地表、地上或者地下分别设立。"问题是针对建设用地(地下部分)使用权怎么"设立"并没有条款跟进,这使得地方政府主管部门获得该使用权的合法性受到质疑。

②地方立法。

近年来,国内一些经济发达的城市逐渐意识到地下空间利用的重要性。

在立法上有了明显的突破。如浙江省政府 2002 年颁布的《浙江省土地登记办法》、上海市政府 2006 年颁布《上海市城市地下空间建设用地审批和房地产登记试行规定》、深圳市政府 2008 年 9 月公布实施的《深圳市地下空间开发利用暂行办法》等，深圳、杭州等地方还通过招拍挂方式出让地下空间开发的使用权。

（2）地下空间利用权在国外的立法状况。

① 美国。

美国是最先关注空间权立法的国家。作为习惯法国家，在 19 世纪 50 年代最先用判例形式确立了空间权制度。在 20 世纪初，将土地上下空间进行分割并确定范围进而出租、出售来获取经济利益已屡见不鲜。1927 年伊利诺斯州制定了《关于铁道上空空间让与与租赁的法律》，这是美国关于空间权的第一部成文法。到 1970 年，美国有关部门倡议各州使用"空间法"这一名称来称呼各自的空间权法律制度。最为典型的是《俄克拉何马州空间法》，该法被认为是对此前空间权法律问题基本立场的总结。该法集有关空间权领域的研究成果，详细规定了空间权的各项制度。以后建立起来的美国现代空间权法律制度，深受《俄克拉何马州空间法》的影响。

② 德国。

德国有关空间权问题的最早立法见于 1896 年《德国民法典》第 1012 条，该条规定，"土地得以此种方式（地上权方式）设定其他权利，使因设定权利而享有利益的人，享有在土地的地下设立"，并且承认了地下空间可以与地表、地上空间分开单独设立。

③ 日本。

1966 年，日本修改了《民法典》，在其中增加了有关空间权的规定。该法第 207 条规定："土地所有权在法令限制内达至该土地上下。"关于土地上下的范围，以前的无限制说认为是上至天心，下至地核。随着日本大深度地下利用问题的产生，有人提倡以支配可能性为界限，认为土地所有权仅限于支配可能的范围。2000年,日本政府颁布了《大深度地下公共使用特别措施法》,该法的核心内容就是将城市地表50 m以下的地下空间无偿作为国家和城市发展的公共事业使用空间,通过对因公共利益事业而为大深度地下使用的要件、程序制定特别措施,来促进大深度地下空间的正确合理利用。

至于地下空间开发物的权属确认,在日本的不动产登记法中,地上权是明确的可登记事项,地下区分地上权也可以获得登记。而大深度地下使用权的公示方法没有采取不动产登记簿登记的方式,而是采取公开大深度地下使用认可相关登记簿的方式。地下空间合理利用与否通过使用认可程序来确认。

3.过渡性强制入廊的实现方式建议

(1)确立国家地下空间权益主体地位。

目前,关于地下空间开发的主要问题有:法律没有明确规定国有土地的地下空间所有权主体;法律对已转让土地使用权的土地地下空间的权属界定不清;指导城市地下空间利用的法规体系尚未建立。

关于城市地下空间所有权,由于我国实行社会主义公有制,《中华人民共和国宪法》第10条明确规定了土地的国家所有制和集体所有制,《中华人民共和国物权法》也在第四十七条规定:"城市的土地,属于国家所有。法律规定属于国家所有的农村和城市郊区的土地,属于国家所有。"但是我国《中华人民共和国物权法》没有像其他国家那样对该土地的所有权是否包括土地的上下及该土地上下的范围做出规定,这使得地下空间属于国家所有从概念到实质都缺乏充分的依据。因此,需要对《中华人民共和国物权法》相关章节进行修订,明确地下空间所有权归国家所有,保证公共利益及国家利益不受侵害。

因此,作为阶段性应对地下空间高强度开发的需要,建议先行整合现有的法律、法规,修订原有的相关专门法律,在时机成熟时,以"建设用地地下使用权"为核心,将其与空间役权、空间相邻权等规定予以集中,作为"权利束"在《中华人民共和国物权法》中独立成章加以规定,使其作为城市地下空间权的基本规则,在此基础上另行制定《中华人民共和国城市地下空间权法》，形成以城市区域地上或地下设置工作物的可转让或可继承的权利。

（2）实行地下空间权有偿出让。

目前，对地下空间权属的登记、使用、租赁、出售等相关实施性规范和政策，国家和各地方有关部门还在研究论证中。其实，国务院办公厅早在2008年1月下发的《国务院关于促进节约集约用地的通知》中就明确提出了"鼓励开发利用地上地下空间"，要求"国土资源部要会同有关部门，依照《中华人民共和国物权法》的有关规定，抓紧研究制定土地空间权利设定和登记的具体办法"。

当地下空间形成独立而有体系的权属、交易等法律关系后，就可以像上地在使用时利用招拍挂那样使所有权人获益。

对于城市地下综合管廊而言，其实转让地下空间使用权使所有权人获益只是在推动管线强制入廊方面的一个策略，其真正意图是要改变过去和现在一直沿用的地下空间"无偿划拨"造成管线单位长期以来的低成本挖沟埋管的惰性思维，借出让地下空间提高其埋管成本推动管线单位积极配合管线入廊。

二、综合管廊工程规划与规划法对接问题的探讨与建议

1. 综合管廊工程规划的法源基础和法律地位

2015年5月，国家住房和城乡建设部印发了《城市地下综合管廊工程规划编制指引》。印发《城市地下综合管廊工程规划编制指引》的目的，在于依靠法律的权威，运用法律的手段，保证科学、合理地制定城市地下综合管廊工程规划，以期统筹城市地下管线在利用综合管廊工程方面的建设和发展，实现城市"生命线"工程发展目标，建设具有中国特色的社会主义现代化城市，推动我国城市在保障公共供给方面全面、协调、可持续发展。

城市地下综合管廊工程是一项复杂的系统工程，规划所涉及的领域众多，成分复杂，上下游关系相互交织，因此必须充分考虑统筹建设和发展。通过在各类地下管线控制性详细规划基础上整合、制订综合管廊工程规划，强化规划的科学性、强制性，发挥其调控、引导、综合、协调职能，保证城市地下综合管廊工程科学发展和协调运转。

《中华人民共和国城乡规划法》是城乡各行业、产业、专项规划制定、实施、修改以及监督检查、追究法律责任的专门法，《规划法》第十七条规定：城市总体规划、镇总体规划的内容应当包括城市城镇的发展布局、功能分区、用地布局、综合交通体系、禁止和限制适宜建设的地域范围、各类专项规划等。城市地下综合管廊工程规划即为专项规划之一，适用《规划法》调整范畴。

作为城乡规划的一个组成部分，城市地下综合管廊工程规划具有特定的法律地位。《规划法》第九条："任何单位和个人都应当遵守依法批准并公布的城乡规划，服从规划管理。"这就从法律上明确了城市地下综合管廊工程规划是政府引导和调控城市地下管线建设和发展的一项重要公共政策，是具有法定地位的发展蓝图。

2. 在执行综合管廊工程规划方面存在的问题

（1）规划滞后。

目前各地城市地下综合管廊工程规划的编制和审批滞后问题相当严重，即使在已经列为综合管廊试点的城市，除了长沙、包头、孝感等个别城市稍早出台了综合管廊工程规划外，其他大多数城市不能在可行性研究设计之前形成专项规划，使得规划对设计的指引失效或者力度弱化。当然，毕竟综合管廊工程也是在最近两年才突出强调要加快建设的公共基础设施，前期的工作准备和技术、管理要素储备可能并不充分，短时间内完全满足程序要求确实困难，但是不论怎么说规划先行既是科学发展的必然需要，也是带有强制性约束力的法定程序。如果作为试点城市都不能做好表率，那么对后续跟进的地方政府会带来不好的示范效果。

（2）规划的应用效果不佳。

即便是在编制了综合管廊工程规划的城市，也鲜见在综合管廊工程可行性研究报告中对相关主要规划意见的阐述、分析和响应说明。这从另一个角度反映了综合管廊工程规划要么编制深度没有达到要求，不能满足设计需要，要么设计方无视规划的法律效用，自行其是。无论是什么原因导致规划不被重视，都说明综合管廊工程规划作为具有相对强制性的行政法规没有起到应有的作用。

3. 改进城市地下综合管廊工程规划工作的几点建议

（1）政府重视，加强对规划工作的领导。

在城市综合管廊工程领域，由于提出需要编制工程规划的时间不长，且中央政府推动建设的力度又异常强大，客观上造成了"萝卜快了不洗泥"的短暂混乱现象，随着全社会对城乡发展规划认识程度的不断深入，相信地方政府不仅能在政策响应上跟上步伐，而且一定会履行好法定程序，把步子迈得扎扎实实，在抓紧落实各类单一地下管线控制性详细规划的基础上，统合、协调编制出地下管线综合规划和综合管廊工程规划，依法、有效地推进综合管廊工程建设。

（2）就综合管廊工程规划编制指引中几个问题的商榷意见。

① 工程规划不能与工程设计混淆。

参照《规划法》中第二层次的控制性详细规划编制内容可知，其内容主要包括适建和不适建或者有条件允许建设的项目类型、红线距离、设计指导原则、规划项目的控制点坐标和标高、相应的土地使用与建筑管理规定等，且规划意见具有强制性。而《城市地下综合管廊工程规划编制指引》第16条关于管廊断面选型、第23条关于投资估算等这些内容严格来说应属于设计内容，把它们作为规划内容来要求一则是工程规划做不到这个深度，二则可能会限制可行性研究的设计思路。因此，这样的条款对规划和设计这两个阶段的工作都会产生负面影响。

② 综合管廊工程规划编制依据不清晰。

正在拟订的《城市地下管线管理条例》第10条规定：城市人民政府城乡

规划主管部门应当根据城市总体规划，组织编制城市地下管线综合规划。《城市地下综合管廊工程规划编制指引》第3条要求：管廊工程规划应根据城市总体规划、地下管线综合规划、控制性详细规划编制。其中，上述两个文件均提到地下管线综合规划，而且《城市地下综合管廊工程规划编制指引》还把地下管线综合规划作为综合管廊工程规划的编制依据，这里面的相互关系就产生了问题。从规划编制的逻辑关系推论，控制性详细规划是规划与设计、规划与实施之间衔接的一个重要环节，而修建性详细规划则是以控制性详细规划为依据，将城市建设的各项物质要素在当前拟建设开发地区进行的空间部署。对于地下管线中各类单一管线的控制性详细规划应该是由权属部门编制，并与城市总体规划相呼应。而地下管线综合规划则应该在更高一级机构主持下、在各单一管线控制性详细规划的基础上完成的准备建设的地下管线统合与协调的结果。其中综合管廊只是地下管线敷设的一种特殊方式，是地下管线综合规划中的一个组成部分，二者应该是同一层级的，其规划的制定也是在对各单一管线控制性详细规划基础上完成的统合、协调结果，地下管线综合规划与综合管廊工程规划两者不应互为因果，都属于修建性详细规划，是地下管线不同敷设方式的两条技术路线，不同的是一个是各走各的直埋通道，一个是汇集在一起走共同通道。

③ 综合管廊工程规划编制指引中欠缺的内容。

作为修建性详细规划，综合管廊工程规划编制内容中恰恰把纳入管廊诸多管线相关控制性规划指标忽略了，包括：进入管廊的给水、供热、燃气、电力、电信等的来源及引入廊道的坐标点；引出管廊的雨水、污水等的去向及引出廊道坐标点；各种管线输送介质的公共服务半径、服务容量；从干、支线廊道分流的各种管线的引出口坐标点等。根据《规划法》第21条的规定：修建性详细规划应当符合控制性详细规划。应该说在各单一管线控制性详细规划中相关管线介质来源和服务容量等均已确定，需要在综合管廊工程规划编制过程中进行调整的主要是与综合管廊区段发生关联的引入、引出坐标点、供应负荷、产品质量等相关指标,而正是这些指标才是综合管廊工程规划所要体现的目标价值。

三、综合管廊入廊费、运维费计价及与价格法的对接和建议

1. 综合管廊入廊费收缴方法和计价研究及建议

(1)管线入廊费的价格形成机制分析。

与纯公益项目不同,PPP 项目中的社会资本是为了盈利而来。因此,项目的基本条件在于要形成稳定的现金流,保障项目的运转和企业的收益。城市地下综合管廊的准经营性主要体现在综合管廊投入运营后可以从入廊管线单位收取入廊费和运营维护费,从而产生现金流。投资于综合管廊的社会资本所能获得收回投资和合理回报的途径也就是在这个现金流的基础上再加上政府支付的可行性缺口补助。因此,一旦现金流出现问题,政府的可行性缺口补助不足以向项目公司支付预设的费用,则 PPP 项目的运营就将难以为继,严重到一定程度时项目公司就会瓦解。

我国目前还没有形成完全的市场化价格机制,公共产品和服务的价格不能完全由市场决定。对于提供公共服务的 PPP 项目而言,如果要实现经营性收费,相关价格必须与 PPP 项目成本挂钩。这样的话,使用者的付费压力肯定会增大,从而会增加市民支出,因此目前大部分城市没有实行这样的机制。城市公共服务 PPP 项目价格机制在设计上应遵循的一条主要原则,就是要在保证公共利益的同时保证 PPP 项目公司有合理的收益和适当的风险,城市综合管廊也不例外。

① 入廊费概念起源及当前被广泛采用的计价方式。

就城市地下管线总体规模而言,综合管廊只是在具备条件的区域建设才能显示其特有的作用,规模一般只占城市区域地下管线总量的 5% 左右。因此,综合管廊出现以来,各国政府在建设综合管廊的投资决策方面主要是采用了两种方式,一是作为新型城市管理的象征,完全由政府主导、政府投入,如英国、德国；二是基于综合管廊本身就是管线敷设的一种方式，所以一开始就通过政策（甚至通过特别法规）确定了其建设费用由政府和管线单位分担的机制，如日本和我国的台湾地区。

日本在综合管廊建设投资中，40%由道路建设部门负担（即政府），其余60%由各管线单位按比例承担。我国台湾地区综合管廊的建设资金由政府和管线单位按照1/3∶2/3的比例共同分摊。此外，管线单位还需独立负担自身管线的布设成本。

由于一个阶段以来，在综合管廊投资建设领域没有引入第三方，综合管廊的建设资金来源只有两种，"政府全权出资"和"政府和管线单位联合出资"，而后者由于在综合管廊建设所涉及的政府和管线单位两个主体之间始终存在着博弈，政府希望管线单位更多地承担费用的企图一步步受到挑战。台湾地区在2004年通过修订"规费法"，开征"道路使用费"，即管线单位即使以传统方式直埋在道路下方的管线也必须付费，这才使综合管沟收费变得不再困难。日本的最新消息指出，目前在共同沟建设资金筹措比例上，管线单位承担的份额正在一步步缩小，有些地区已低至10%，形成政府负担大份额的格局。

虽然有了一个费用分摊的比例，但在管线入廊费如何具体计价这个问题上，还是莫衷一是，相关国家也都做了很多尝试，如直埋成本法、占用空间比例法等。目前，我国更倾向于采用直埋法计算各管线敷设成本，并将其作为入廊费谈判的参考值。

②综合管廊入廊费的实际收取情况及成因分析。

从国内已建的综合管廊来看，由于前期政府在基础设施和公共服务领域的投融资渠道相对单一，政府在费用分摊中承担了大部分责任，部分项目的建设和运营投入几乎全部由政府承担，如早期的上海张杨路综合管廊、上海安亭综合管廊、广州大学城综合管廊等，均由政府通过各种渠道筹措建设资金并花费了很多周折才建设完成，而各管线单位根本没有形成建设综合管廊的理念，基本没有参与到综合管廊的投资建设中，只是单纯以使用者的身份介入且与政府形成对立关系，这个现象与日本和我国台湾地区管线单位参与综合管廊投资建设的状况形成强烈对比。

（2）PPP模式下入廊费收缴方法研究及建议。

引入PPP模式建设综合管廊以来，全国准备就绪及已经开工的项目已达30多个，但据调查，在管线单位入廊费的问题上尚无一得到有效落实。

上述现象令人忧虑，已有人发出感叹："地下管廊，看不清钱途。"尤其在国家大力度倡导PPP模式建设综合管廊的大背景下，为什么入廊费问题仍然迟迟拿不出一个好的办法呢？我们有以下分析。

首先，PPP模式建设综合管廊与原有的政府主导型建设综合管廊有着本质上的区别，主要表现在：后者即使需要政府以外的资本投入也只是加上一个管线单位，政府与管线单位二者息息相关、惺惺相惜，同时还存在着广泛的利益博弈，因此入廊价格怎么计算、费用何时能收缴上来等问题可能会一直扯皮下去，短时间内难以得到解决，甚至最终政府让步。而前者完全不允许出现这种状况。就城市地下综合管廊而言，PPP模式的根本变革在于引入了一个与综合管廊相关利益根本不相干的第三方，即社会资本，这个角色加入的前提就是PPP项目实施方案中得到政府审查认可的特许经营权的获取和在回收投资的基础上获得合理回报，而这正是PPP模式下社会资本的根本主张，容不得政府方有任何的含糊和懈怠，否则政府与社会资本的合作将成为一句空话。那么多综合管廊PPP项目无法落地，根本原因之一就在于回收投资及合理回报的制度设计与现实状况令社会资本存疑。

其次，虽然我们说对入廊费的计算方法已经有了基本共识，那就是采用直埋法计算各管线敷设成本并将其作为入廊费谈判的基础，但是不要忽略一个客观事实，那就是我们所说的综合管廊只是一个容纳管线的空间，管线单位按照直埋成本支付的入廊费其实就是交了一个买路钱，真正的管线工程施工还须管线单位再投入一次。也就是说，当管线单位响应政府号召，安排管线入廊的话,相当于要花费自行直埋的两倍费用,显然这是让好人吃亏的做法,因此管线单位排斥入廊是注定的。这也是台湾地区当初综合管沟不受管线单位欢迎的主要原因之一。

最后,鉴于上述问题的存在,我们不得不提出了强制入廊的口号。但是,强制的手段极其乏力,一是地下空间权属不明晰,无法通过利用地下空间收费的方式改变一直沿用的地下空间"无偿划拨"造成管线单位长期以来的低成本挖沟埋管的惰性思维,无法借助出让空间提高其埋管成本推动管线单位配合管线入廊。二是规划的强制力度不够,管线单位可以绕道敷设而不被处罚,助长了行业霸气。三是在诸多地方性综合管廊管理办法中提出的"对于应当纳入综合管廊的地下管线在综合管廊外进行建设施工的,城乡规划、建设、市政公用等主管部门不予颁发相关许可证",这样的举措显然缺乏严肃性,用断后路的办法制约非法行为,显得苍白无力。

(3) PPP 模式下综合管廊入廊费的计价研究与建议。

目前关于综合管廊入廊费计价机理尚没形成,国家希望通过 PPP 项目试点,让地方政府先行探索,继而总结提炼,出台统一办法。而眼下地方政府因协调难度太大,又急切盼望中央给政策。这种两头互相指望的情形使各地在入廊费这个问题上处于非常尴尬的境地。

必须正视的是,管线单位大多属于自然垄断性行业,具有较强的博弈能力或议价能力,政府如要实施综合管廊入廊收费必定会导致管线单位的激烈博弈。事实上,出得起钱的部门总是有更多的决定权。通信管道已成为通信部门的盈利工具,电力管道是电力部门的盈利工具,没有谁把它当作一个公共资源来看待。因此,这里又引申出一个政府管理从经营性向服务性转变的话题。从更高的层面上看,没有满足公共服务的意识,地下管线问题永远难以理顺。

不管怎么说,现阶段入廊费的收取一定不能脱离客观实际,价格的计算也要有充分依据。因而,我们总结了几方面建议。

① 在综合管廊的设计、建造过程中，应一次性建成廊道和管线工程。并让管线单位按直埋方式所形成的价格，在综合管廊工程竣工验收后从政府手中一次性买下综合管廊内本专业管线的所有权（当然，要保留给项目公司特许经营期内的使用权）。这样，管线单位既不存在缴纳买路钱问题，免去了不该花的费用，也不必再在廊道工程以外自行安排管线工程的施工，省去了很多事务性工作，还避免了拖延综合管廊实际投入运营时间的现象发生。

伴随这一建议的另一个特殊意义在于，综合管廊廊道与管线工程同时设计、同时施工，还可以为社会资本提供一个清晰的项目边界，从而无论是在PPP项目财务测算还是约束政府和社会资本双方的权利义务方面都会形成一个强有力的抓手。

其实，国内在共用管沟采用联建或统建方式上早有试点，代表性实例就是通信线缆管沟。北京市从2002年始，就在北京市通信管理局统一管辖下，一直按照"统筹规划、联合建设、产权分设、集中维护"的原则，推行多家电信企业联合建设信息管道的模式，收到了很好的成效。而此前（2000年），由上海市推行的让专业管道公司统一建设和经营信息管道模式更有特点，上海成立了上海信息管线公司，并由其专门负责上海市新增信息管道的建设与经营，有效实现了信息管线的分离，确保了信息管道网络的开放性和独立性。

我们现在一说到建设综合管廊就认为只是建设廊道和附属设施，这个概念的形成可能是受日本和台湾地区做法的影响。但是，我们现在是利用PPP模式建设综合管廊，参与进来的投资方与日本和我国台湾地区综合管廊只是政府和管线单位博弈的状况完全不可同日而语，我们需要与时俱进！

② 通过一定的程序选择第三方咨询机构对纳入综合管廊的各类管线进行直埋设计与施工条件下的预算编制，然后以这个具有相对资信力的单位出具的第三方数据作为入廊费的核心构成。为简便易行和横向对比，建议该预算建立在统一的技术要求的基础上，即各专业管线的相关定额和各类管线直埋法施工必须落实的技术措施、土方挖掘、回填、外运的技术要求、道路挖掘、

修复的技术要求等,均采用行业、部门、省级地方当前使用的标准体系。

③ 在按管线直埋方式计算入廊费时,还必须考虑综合管廊外溢效益对管线单位构成的成本节约,其中包括各类管线现行管理状态下的管线介质漏损导致的经济损失、各类管线现行管理状态下的事故率及其直接损失、各类管线现行管理状态下发生事故的影响程度和索赔额度、各类管线现行管理状态下的大修周期及其费用支出。但是由于我国普遍缺乏以上事件的记载和费用损失的统计,难以准确提供数据,故建议根据当前业界共识,这部分费用可按各管线直埋成本的20%附加。

④ 当地下空间形成独立而有体系的权属、交易等法律关系后,一定要加上一笔直埋管线所需要的地下空间转让费。届时,管线单位入廊的态度会随之发生变化,政府可以更多地收缴入廊费,这将更有利于综合管廊的建设。

(4) PPP模式下综合管廊入廊费的收缴方式建议。

对于普通的PPP项目而言,政府向社会资本授予了特许经营权后,项目的经营性收入应该由项目公司直接向使用者收取。在这一点上,大多数综合管廊PPP项目在实施方案中也是这样设计的。但是我们必须认识到,综合管廊在庞大的城市地下管线系统内只占有很小的一个份额,而且对于各类采用管线输送产品的供应商来说,综合管廊实际上起到一个承上启下的过渡性作用。从发挥管廊对纳入的管线进行集约化管理的角度看,它只是通过引入口从管线单位(供应者)接入相关输送的介质,再通过引出口向管线单位自建的分支管线(使用者)输出其所属介质,因此,管线单位既是综合管廊系统运营商的供应者也是使用者,考虑到未来综合管廊PPP项目运营商(项目公司)仅仅是一个企业法人,尽管与各管线单位从企业性质来看地位对等,但是由于各管线单位背景不同、管理方式不同,尤其是长期垄断经营形成的霸道作风难以在短期内改变,因此,让项目公司直接向他们收取入廊费,而且是数量很大的费用,实在是强人所难。故,建议入廊费的收取还须借助地方政府的权威,由政府授权的地下综合管廊实施机构负责收取,然后再通过付费机制向项目公司支付。

2. 综合管廊运营维护费收缴方法和计价研究及建议

（1）综合管廊运营维护费收缴方法研究与建议。

在现有综合管廊运营维护费收缴方面，国内相关地方政府和综合管廊运营商都做了很多探索，如管廊运维费空间占用比例法、直埋成本法比例法等，但是至今尚没有形成一个好的办法，各地已经建成的综合管廊运营投入不足成了老大难问题，甚至影响到持续发展。

空间比例法是将纳入管廊的管线在管廊中所占的空间比例计算出来，公共空间也按管线的空间比例分摊，两者相加，即为管线在成本分摊中所占的比例。空间比例法似乎解决了公平的问题，但推行实施的难度非常大。直埋成本法即按照各管线直埋成本的比例进行费用分摊，该法虽然公平性存在争议，但推行的难度有所降低。

其实，问题的症结就是因为政府单方面主导导致的，在这种机制下，管线单位没有压力，更没有动力。由于一方面让他们缴纳管廊运维费，另一方面还得叫他们自己运行管理廊内的管线，抵触情绪当然很大。另外，还有计费标准谁多谁少、谁可以享受豁免、谁可以得到补助等微观层面的问题更是不一而足，扯皮到最后还是政府买单。

综合管廊运营维护费是综合管廊 PPP 项目的第二现金流来源，虽然相对于综合管廊基本建设费用来说，运维费所占的比例并不大，但是这笔资金是提供综合管廊正常运营的一个基本保证，综合管廊 PPP 项目运营管理费的收缴决不能沿袭过去的套路，必须实实在在地有效落地。为此提出几点建议。

首先要对 PPP 模式下综合管廊的运营管理方式进行变革。在政府主导建设运营综合管廊时期，我们更多地把对综合管廊的管理仅仅理解为对廊道环境的管理，关注的对象主要是廊道及其附属设施的消防、通风、温控、供电、照明、排水、标识、监控系统、安全防范系统、通信系统、预警与报警系统等。针对上述管理的内容和方式，坊间俗称这是综合管廊的物业管理。而综合管廊内重要的管线运行管理则由各管线权属单位自行安排。

我们认为,过去的管理方式既难以发挥综合管廊集约化管理的优势,又在各参与管理的单位之间形成众多的模糊边界,好的方面得不到体现,出了问题抓不住责任单位,同时也给综合管廊运营管理费的计价和收取提供了很多扯皮的口实,造成运维费难收的现实困境。

为此,建议借助 PPP 模式下综合管廊一次性设计、一次性施工、一次性投运的总体部署,将综合管廊的管线和廊道管理全部交由社会资本全权负责。通过对综合性安全操作系统的监控和对廊道适宜环境的整备等基本条件的保证,实现综合管廊各种管线稳定运行这个运营管理的终极目标。

(2)综合管廊运营维护费计价研究及建议。

当社会资本全权负责综合管廊的管线和廊道运营管理时,综合管廊项目公司就可以名正言顺地以运营管理费的名义向各管线单位收取费用。

至于这笔费用的构成,建议通过对综合管廊总体运营管理成本的分析,在保证运维费足以支持项目公司履行正常管理职责的前提下,直接从各管线单位现有总的生产管理成本中划分出属于综合管廊入廊管线的那一部分成本作为入廊管线的管理支出。具体费用计算,可以根据近三年生产成本的历史数据,先按成本最高的管线单位制定出一个比较值,然后为平衡各单位利益,再经过管线实际运营时间(如热力管道)、管线政策性亏损运营状态(如给水管道)等多方面考虑,对部分管线单位实行适度扣减。据测算,目前各管线单位生产成本高企,采用切换成本构成入廊管线运维费的方式是管线单位可以接受的,而且按年度收缴的总费用也是完全可以支撑 PPP 项目社会资本对综合管廊运营管理正常开支的。

这种做法还有一个好处是,当综合管廊纳入的管线越多、廊道长度越长时,则政府可以收取的运营管理费就会越多,从而可以实现政府在尽可能少地支付可行性缺口补助的情况下建设更多的综合管廊,推动综合管廊建设事业的发展。

（3）PPP模式下综合管廊运营管理费的收缴方式建议。

至于综合管廊运维费由谁来收缴的问题，建议参考综合管廊入廊费收缴建议，即，借助地方政府的权威，由政府授权的地下综合管廊实施机构负责向各管线单位按年度收取运营管理费，然后再通过付费机制向项目公司支付。

3. 综合管廊收费价格与价格法对接问题的探讨和建议

城市地下综合管廊投融资制度改革所牵扯出的入廊费和运营管理费收缴问题必然会对已经形成的城市供水、供电、燃气、供热等政府公用事业价格体系产生冲击，要掌握好恰当的分寸必须依据相关法律。

国家发展改革委、住房和城乡建设部在《关于城市地下综合管廊实行有偿使用制度的指导意见》（发改价格〔2015〕2754号）中开宗明义，提出"主要由市场形成价格的机制，建立健全城市地下综合管廊有偿使用制度"。

按照《价格法》第三条的规定，在主要由市场形成价格的机制下，我国的三种价格形式基本格局是：大多数商品和服务价格实行市场调节价，极少数商品和服务价格实行政府指导价、政府定价。这一基本格局是实行宏观调控下主要由市场形成价格机制的必然结果，也是这一价格机制正常运行的必要条件。保持这一基本格局，才能保证市场调节价格的主体地位，充分发挥市场配置资源的作用。

我们在对PPP模式下综合管廊管线单位需要缴纳的入廊费和运营管理费的定价讨论中，始终坚持实事求是的科学态度，坚持尊重市场和市场定价机理的理念，符合中央在建立城市地下综合管廊有偿使用制度方面的政策要求。

但是，城市地下综合管廊毕竟属于城市公用事业的组成部分，其中包含的各类管线将直接向广大市民提供水、电、气、热等服务，与市民生活息息相关。因此，类似这样的公共产品和服务的价格不能完全由市场决定。

实际情况是，在我国现行的公用事业价格体系中，伴随着我国社会主义市场经济改革的深入，不少属于公用事业提供的商品也都实行了市场定价，除了供水行业完全利用使用者付费弥补运营成本稍有困难，仍由政府定价并实行补贴外，其他商品价格基本都已经市场化，突出的代表莫过于电力和通信行业。近年来，燃气和供热也都在朝着这个方向大步迈进。这种现象带来市场活跃的同时，也弱化了供电、通信、供气、供热等事业的公益性服务特征，增加了市民负担。因此，政府的适度干预是必要的。

根据《价格法》第18条，政府对以下五类商品或服务在必要时可以实行政府指导价或者政府定价，即与国民经济发展和人民生活关系重大的极少数商品价格；资源稀缺的少数商品价格；自然垄断经营的商品价格；重要的公用事业价格；重要的公益性服务价格。

政府作为定价主体应当在法律规定的范围内制定政府指导价、政府定价。对商品和服务价格实行政府指导价、政府定价，就是由政府作为定价主体制定价格，是政府对价格活动进行直接管理的一项重要内容。

在综合管廊入廊费和运营管理费如何计价方面，虽然我们坚定地站在依靠市场机制形成价格的立场上，提出了入廊费和运营管理费的定价思路，但是其中仍有若干需要考虑政策因素而调节的内容，因此，上述两类费用的最终定价还是需要政府高度参与，并且建议以政府指导价的形式发布并执行。

至于在综合管廊运营期间由于市场形势发生变化而需要对运营管理费价格进行调整的安排，我们主张发挥咨询公司的作用，在进行PPP项目实施方案编制时，科学筹划调价机制，遵循相关政策意见，依法履行成本监审、成本调查、专家论证、信息公开等程序，保证调价工作程序规范、公开、透明，自觉接受社会监督。

四、综合管廊PPP项目合同管理及与相关法规对接问题的研究和建议

1. PPP项目合同体系及关联的法律法规

PPP项目合同是指政府方（政府或政府授权机构）与社会资本方（社会资本或项目公司）依法就PPP项目合作所订立的合同。以综合管廊PPP项目实操为例，当社会资本通过政府采购程序确立后，原则上，先由政府实施机构与社会资本（或社会资本联合体牵头单位）草签 PPP 项目合作协议，当中选的社会资本在规定的时间内成立了项目公司后，再由政府实施机构与项目公司在承继草签的协议基础上正式签订 PPP 项目合同。在 PPP 项目中，除项目合同外，项目公司的股东之间，项目公司与项目的融资方、承包商、专业运营商、原料供应商、产品或服务购买方、保险公司等其他参与方之间，还会围绕 PPP 项目合作订立一系列合同来确立和调整彼此之间的权利义务关系，共同构成 PPP 项目的合同体系。PPP 项目合同是整个合同体系的基础和核心，政府方与社会资本方的权利义务关系以及 PPP 项目的交易结构、风险分配机制等均通过 PPP 项目合同确定，并以此作为各方主张权利、履行义务的依据和项目全生命周期顺利实施的保障。

PPP 在行为性质上属于政府向社会资本采购公共服务的民事法律行为，构成民事主体之间的民事法律关系。同时，政府作为公共事务的管理者，在履行 PPP 项目的规划、管理、监督等行政职能时，与社会资本之间又构成行政法律关系。因此，我国 PPP 项目合同主要是依据现行的民商法、行政法、经济法和社会法确立和调整相关法律关系，关联的法律法规包括《民法通则》《合同法》《预算法》《政府采购法》《公司法》《担保法》《保险法》《行政许可法》《行政处罚法》《行政复议法》《民事诉讼法》《仲裁法》《行政诉讼法》《会计法》《招标投标法》《土地管理法》《建筑法》《环境保护法》等，同时还涉及《公务员法》《刑法》《刑事诉讼法》等。

2. 综合管廊 PPP 项目合同与《合同法》对接问题的研究与建议

（1）综合管廊 PPP 项目合同需要遵循的主要原则。

PPP 模式的合作，是政府与社会资本之间的一种长期合约关系，运用 PPP 模式需在项目合同中遵循以下原则。

① 风险最优分配原则。

PPP 模式致力于在政府和社会资本之间实现最优的风险分配，在受制于法律约束和社会公共利益的前提下，将风险分配给对政府而言能够以最小成本、最有效管理它的一方承担，并给予风险承担方选择如何处理和最小化该类风险的权利。

②项目产出导向原则。

PPP项目的目的是实现在项目建设完成后，项目资产需要达到一定标准或要求的各项物理、技术、经济指标和各项服务的交付范围及绩效水平。

③合同主体的地位平等原则。

在PPP项目下，合同各方应是平等主体，以市场机制为基础建立互惠合作关系，通过合同条款约定并保障各方的权利义务。

④切实履约原则。

PPP模式的项目目标的实现，建立在各利益相关方对PPP相关协议的切实履行的基础上，包括实际履行、全面履行和善意履行。

⑤公开透明原则。

针对项目采购、建设和运营的关键环节，明确政府的监管职责，发挥专业机构作用，提高信息公开程度，确保项目在阳光下运行。

⑥合理回报原则。

鼓励社会资本在确保公共利益的前提下，降低项目运营成本，提高资源配置效率，获取合理的投资回报。

⑦强调质量和效率原则。

政府通过引入社会资本和市场机制，促进重点领域和公共服务领域的有效供给和服务质量，提高公共资源的配置和运行效率。

⑧合法合规合约原则。

PPP项目合同及项目经营等文件和程序，要与相关的法律法规和政策、技术规范和标准相匹配，确保合规合法、内容全面、结构合理并具有可操作性。

⑨强调国际经验与国内实践相结合原则。

在PPP项目中，要广泛借鉴国外先进经验，及时总结国内综合管廊试点项目的经验，促进综合管廊项目健康、有效发展，促进社会公共服务有效提升。

⑩ 鼓励创新原则。

PPP 并不是一个具体、确定的投融资模式，要把握 PPP 项目的实质内容，积极探索、务实创新，适应当前深化投融资体制改革的现实需要。

（2）综合管廊 PPP 项目合同风险的关注要点。

PPP 项目的主要风险有政治风险、法律风险、市场风险、不可抗力风险、金融和社会管理风险等，这些类型的风险足以带来一系列的 PPP 合同问题。一个项目的失败往往不是单一风险作用的结果。从微观分析，PPP 项目的风险，贯穿于 PPP 项目从设计、融资、建造、运营至移交的全生命周期，广泛存在于项目识别、项目准备、项目采购、项目执行、项目移交的完整周期和过程之中。基于对综合管廊 PPP 项目风险的深入分析，PPP 合同管理需要特别注意以下 6 方面的问题。

① 主体稳定性问题。

综合管廊 PPP 项目的合作主体是政府与社会资本，由于项目周期与监管问题、市场风险与不可抗力因素等可能导致履约主体的能力变更或者主体退出，势必影响 PPP 合同的稳定性和执行力。因此，在 PPP 合同内容与合同管理方面，必须对主体稳定性及相关问题做出明确约定。

② 政府债务问题。

综合管廊 PPP 项目包含政府对社会资本的长期付费承诺和因分担项目风险而产生的显性或隐性担保责任，尽管政府财政预算机制与政府资产负债管控措施日渐展开并成型，但并未有效建立，且存在政治风险无法避免的情况，PPP 项目仍然可能突破财政承受能力而导致政府债务风险。故应在 PPP 合同中对实际履约能力提出明确的可执行的操作模式。

③ 项目选择问题。

综合管廊 PPP 项目通常都是由政府发起，对于 PPP 融资功能的依赖容易导致对项目前景做出过于乐观的估测。因此，当社会资本不能对项目进行严谨分析时，可能导致项目选择的错误。此外，在当前中央政府大力度推行建设城市地下综合管廊的大背景下，部分地方综合管廊 PPP 项目在规划和筛选方面有可能会受到某些政治利益考虑的影响而走偏。

④ 有效竞争问题。

一个阶段以来，一直把城市地下综合管廊作为城市基础设施，在项目领域形成市政行业的高度垄断，导致 PPP 项目的竞争活力受制于对社会资本准入条件的设置。但由于综合管廊项目的专业多样性、工程复杂性等特点，不同社会资本可以提供的价值、承担的风险和要求的回报会存在很大差异。因此，政府应设法通过合理的采购程序，鼓励有效竞争，遴选出最具实力的社会资本方。

⑤ 履约管理问题。

当签署 PPP 项目合同后，政府和社会资本即进入项目履约阶段。一方面，由于履约阶段缺少竞争压力，政府在缺少相称资源和技能的情况下很难对社会资本的履约能力和履约情况进行有效监管；另一方面，由于缺乏有效的争议解决机制，在政府履约情况不佳时，社会资本也难以采取实际有效措施保护自身权益。

⑥ 定纷止争机制问题。

PPP 模式不仅是一种项目融资方式，而且是一种提高政府对整个社会资源管理效率的方式，具有投资额巨大、投资周期长、价格受监管、投资回报期长等特点。其合同内容的可执行性、项目实施的可控性、财物核算与纠纷解决机制非常重要，这些问题通过设置适当条款可决定项目运作的价值和成败。

（3）对综合管廊 PPP 项目合同中核心条款的把握。

《合同法》中规定了 8 项基本要素，即：当事人的名称或者姓名和住所，标的，数量，质量，价款或者报酬，履行期限及地点和方式，违约责任，解决争议的方法。财政部颁布的《PPP 项目合同指南（试行）》提出了 20 项核心条款，包括引言、定义和解释，项目的范围和期限，前提条件，项目的融资，项目用地，项目的建设，项目的运营，项目的维护，股权变更限制，付费机制，履约担保，政府承诺，保险，守法义务及法律变更，不可抗力，政府方的监督和介入，违约、提前终止及终止后处理机制，项目的移交，适用法律及争议解决，合同附件等。

针对城市地下综合管廊 PPP 项目，我们在对合同基本要素和核心条款深入分析的基础上，建议对以下几点予以特别关注。

① 对当事人的认识。

首先，合同当事人必须具有合格主体资格。PPP 中的政府方一般由三方组成，即授权机构、实施机构和出资代表。需要注意的是代表政府签订 PPP 项目合同的只能是具有相应行政权力的政府或其授权的实施机构，本级人民政府下属的政府融资平台公司及其控股的其他国有企业（上市公司除外）不得作为社会资本方参与本级政府辖区内的 PPP 项目，更不能代表政府与社会资本签约。上述问题曾在某综合管廊试点项目上发生过，政府实施机构企图利用代政府出资的城投公司与社会资本签订合同。这种不合格主体签订的合同是无效合同。其次，合同如果是企业的法定代表人或其他合同当事人授权的经办人或代理人代为签订的，还应注意审查合同签订人是否取得委托人的委托证明，并根据授权范围以委托人的名义签订。

② 标的。

综合管廊作为有价值和使用价值并且法律允许流通的有形物，符合合同法规定的合同当事人双方权利和义务所共同指向的对象的要求。在综合管廊 PPP 项目合同中，要明确约定在项目合作期限内政府与项目公司的合作范围和主要合作内容，要根据项目运作方式和具体情况，清晰地界定综合管廊项目可能包括的设计、融资、建设、运营、维护等合同边界。

③ 数量，质量，价款或报酬，履行期限、地点和方式。

合同的这四项交易性条款非常重要，尤其是对综合管廊这种涉及工程建设的项目，情形更为复杂，除了要符合经济性，保证实现政府和企业目的外，还要注意内容是否有违法及风险所在。

④ 违约责任。

违约责任，是指合同当事人因违反合同约定的义务而应承担的法律后果。违约责任制度在合同法中居于十分重要的地位。英美法系国家的合同法站在"保护"的角度，将这种制度称为"违约救济"。我国现行《合同法》规定的违约责任实行的是无过错责任的归责原则，也就是说只要存在违约事实就应承担违约责任。《合同法》第 113 条规定了合理预见规则；《合同法》第 119 条还规定了防止损失扩大规则。这些规定都有利于限制违约风险的无限扩大。

⑤ 解决争议的方法。

《合同法》规定，当事人可以通过和解、调解解决合同争议，以及根据仲裁协议或条款向仲裁机构申请仲裁。没有订立仲裁协议或者仲裁协议无效的，可以向人民法院起诉。合同双方应根据法律规定选择既有利于解决争议又能保护自身利益的争议解决方法，并应特别注意诉讼的时效及中止和中断的规定。

第三节 综合管廊 PPP 项目管理对应的政府职能转变及管理机制创新

一、综合管廊 PPP 项目政府管理的基本特点

1. PPP 项目中的主体定义

依据财政部《关于推广运用政府和社会资本合作模式有关问题的通知》（财金〔2014〕76 号），中国将 PPP 定义为政府部门和社会资本在基础设施及公共服务领域建立的一种长期合作关系。根据这一定义，我们注意到：第一，PPP 中的公共部门明确为政府部门，并未包含其他非政府公共部门（如社会团体、行业协会、民办非企业单位等），所以财政部关于 PPP 定义中公共部门的范围相对特定。第二，PPP 定义中私人资本范围放大为社会资本，私人

资本不再以所有制性质来定义，泛指以营利为目的建立了现代企业制度的境内外企业法人（见财政部《关于印发政府和社会资本合作模式操作指南（试行）的通知》（财金〔2014〕113号）。第三，社会资本的范围中排除了本级政府所属的融资平台公司及其他控股国有企业，借以避免在PPP项目中政府与本级政府控制的企业发生说不清的关联关系。通过这一分析，显然，在PPP项目中，其主体就是政府和社会资本，而且该社会资本形态广泛。

另外，在财政部2015年1月下发的《关于规范政府和社会资本合作合同管理工作的通知》中，强调了要切实遵循PPP合同管理的核心原则，即在PPP模式下的平等合作关系，明确政府与社会资本是基于PPP项目合同的平等法律主体，双方法律地位平等、权利义务对等，应在充分协商、互利互惠的基础上订立合同，并依法平等地主张合同权利、履行合同义务。

对PPP项目的行为性质深入研究，发现其主体又有不同的表现。在PPP项目合同执行过程中的主体行为属于政府向社会资本采购公共服务的民事法律行为，构成民事主体之间的民事法律关系。但是同时，政府作为公共事务的管理者，在履行PPP项目的规划、管理、监督等职能时，还要代表公共利益，保证政府方合理的监督权和介入权，依法严格履行行政管理职能。因此，政府行政行为与社会资本行为之间又构成行政法律关系。

通过上述分析可知，在PPP项目中，政府是合同的一方，政府是与社会资本具有平等法律地位的民事法律关系一方。同时，政府又具有行政法律关系中优于社会资本的地位。

2. PPP项目管理中的政府职能与管理责任

PPP项目是政府想做而财政资金又不足以支撑的基础设施及公共服务项目，因此，政府必须先要为吸引社会资本提供适宜的合作项目，继而，政府要将公共项目决策者与投资者身份转变为与社会资本合作的参与者和监督者身份，根据合作双方需要展开的各项工作，逐一廓清职能，明确责任。财金〔2014〕113号《政府和社会资本合作模式操作指南（试行）》给出了PPP项目操作流程（图 5.3.1）。

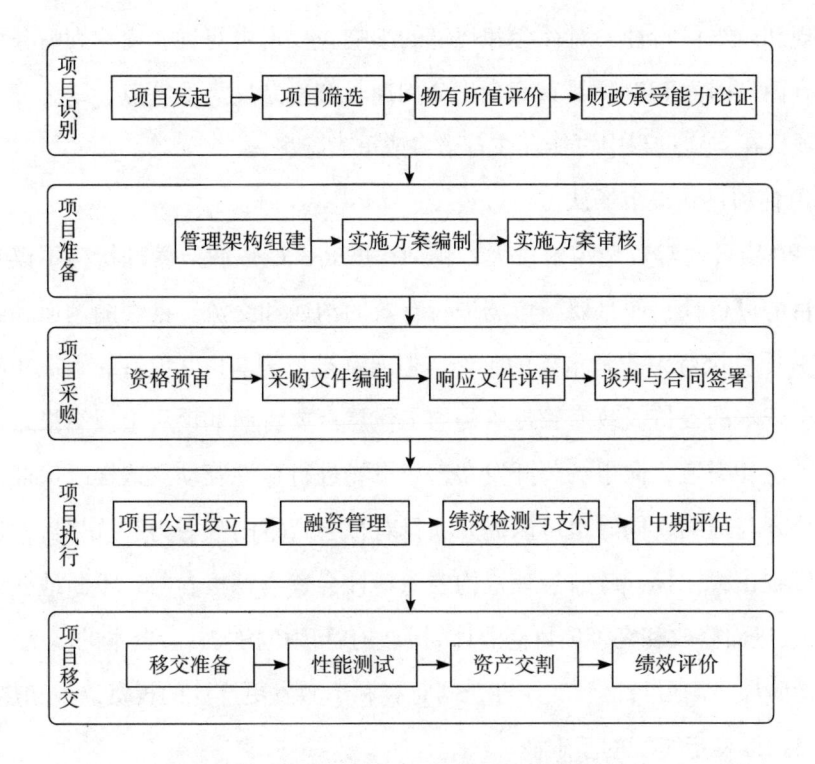

图5.3.1　政府和社会资本合作项目操作流程

据此工作流程，在对 PPP 项目的管理方面，政府的任务主要集中在以下 8 个方面。

① 开发项目储备池。

首先，政府应根据地方经济发展状况、社会发展需求、自然资源禀赋等规划发起一系列需要开发的项目，形成项目池并就是否采用 PPP 模式进行下一步论证和选择。政府管理机构应有效地将 PPP 项目开发与政府顶层设计紧密地联系起来，使 PPP 项目能够符合地方战略发展意图或满足地方社会经济发展的迫切需求。

② 保障项目可行性。

第二项重要任务是进行全面充分的项目 PPP 可行性研究。PPP 项目的可行性研究将决定着项目能否成功实施。可行性论证应该包括的关键内容有法律法规和政策可行性、对社会和环境的影响、技术可行性、商业和财务可行性等方面。因为 PPP 项目具有全生命周期长和复杂度高等特点，缺乏充分论证的项目在实施过程中可能存在着诸多或重大隐患。

③ 使项目获得市场认可。

PPP 项目通常资金需求量大，复杂程度高，所以政府管理机构不仅要保证项目的可行性，而且要与市场进行有效的沟通和交流。良性的沟通和交流是 PPP 项目执行中非常重要的工作，但通常被忽视。PPP 项目的落地实施需要社会资本的支持。政府管理机构的工作焦点要将前期项目论证结果通过合适的方法和渠道，向市场公开发布，与市场进行良性互动。这样既保证了项目的公开与透明，同时也可以提升项目对社会资本的吸引力。从项目的识别与开发到正式招标，政府管理机构要邀请社会资本积极参与，不断地获得市场反馈，进而修改和完善项目商业计划。政府管理机构与社会资本的高度沟通，可以检验项目的可行性和实用性，同时有利于激发更广泛的投资兴趣和热情，为项目招标奠定坚实的基础。

④ 保障项目落地实施。

在完成上述基础工作后，政府管理机构的工作重点将转移到项目招标、合同谈判和最终协议的签署上来。为了保障项目落地实施，政府管理机构既要对整个招投标流程进行合理设计和执行，又要与潜在的社会资本进行充分的信息沟通与交流，确保对方理解项目招标说明书和项目合同草案的相关条款设定，在保证有效投标比例的基础上，为项目融资营造有利的竞争氛围。另外，PPP 项目合同是一种全新的合同形式，进行机智的合同谈判也是政府管理机构的一个重大任务，并且考验政府管理能力。

⑤ 执行并管理项目合同。

在项目进入实施阶段后，政府管理机构的主要工作任务转向对项目合同的执行和监督管理，以保障项目最终输出满足公共服务需求，满足政府顶层设计意图。项目的合同管理分为两部分内容，即项目的施工建设阶段和项目运营服务阶段。在这两个阶段的合同管理过程中，PPP项目工作中心需要确保合同执行过程不出现大的偏差，在必要的情况下，果断采取适宜的措施予以纠正。

⑥ 管控项目风险。

项目风险的管控是PPP项目政府管理机构重中之重的任务。在项目开发和论证阶段，政府管理机构就要将项目实施和后期运营过程中潜在风险予以识别，并进行科学的分析和论证，制定相应的风险管控措施或设计风险管理体系，以保障项目的顺利实施。除此之外，能否制定出合理的风险分配机制是项目对社会资本是否具有一定的吸引力，或能否获得较多社会资本青睐的先决条件。风险在政府公共部门和社会资本之间的合理分配将影响市场对风险的评估定价，直接影响着项目的财务可行性和融资成本。

⑦ 解决项目全生命周期的争议与纠纷。

PPP项目全生命周期是一个漫长的时间周期，在这个过程中出现争议与分歧在所难免。政府管理机构要将各种争议或分歧可能导致的危害尽可能地降到可容忍和允许接受的范围内，以保证项目健康发展。争议解决机制要根据项目不同时段的特征在PPP项目合同上有针对性地协商订立，以便双方遵照执行。

⑧ 实施合理有效的监管考核。

PPP项目采购的是特许经营或公共服务，而非传统意义上的基础设施资产。项目最终所移交的资产质量和状态有效地保证公共服务质量和水准才是PPP项目的目标所在。为了保障项目最终质量、水准和运营效果，政府管理机构必须在项目整个周期中实施有效的监管与考核。在项目开发前期，政府管理机构必须对最终输出的服务质量和水准做出详尽的表述和清晰的定义，以保障监管和考核有据可依；在建设施工期间，监管重点要放在对项目进度和质量的监督与认证上；在项目转入运营阶段，政府管理机构要对社会资本所提供的运营服务质量、水准和价格变化等进行持续监督和考核。政府管理机构可通过设置有效的绩效考核指标体系（KPI）来保障和制约项目输入和输出环节满足合同要求。这个环节的工作才是 PPP 项目的意义所在，直接关系到 PPP 项目的成败。监管不到位可能给政府和地区带来重大社会和经济影响。

3. 综合管廊 PPP 项目的特点和关键管理事项

综合管廊 PPP 项目除了具有一般 PPP 项目的共性特征之外，同时也极具个性，并且这些个性化的问题凸显在政府管理过程中所应特别设置管理方式的必要性。综合管廊 PPP 项目的个性化特点表现在以下几方面。

① 综合管廊项目涉及的部门、行业、企业众多，包括给水、排水、燃气、热力、电力、通信、工业等多种行业管理部门及其施工运营企业，以及发改、工信、国土、规划、财政、审计、城市交通、园林、水务、公安、消防、人防、安全监管、质量监督、环保、文物等多个政府职能部门，因此，协调难度大，组织协调的机构规格要高。

② 综合管廊项目的准经营性建立在入廊费和运营管理费收缴的基础上。由此，派生出地下空间权属、综合管廊工程规划、落实管线入廊、入廊费和运营管理费计价和收缴等诸多具有代表综合管廊的特征性问题。

③ 一个时期以来，在设计方面一直将包括廊体结构、附属工程、管线设计、廊道与管线监控设计在内的完整的综合管廊工程设计切割为廊道和管线两大块，形成事实上无法为综合管廊 PPP 项目社会资本提供一个发挥项目产出效益的工程成果的局面。因此，改革综合管廊工程设计组织方式应该是政府管理机构面临的新问题。

④ 传统的"设计＋施工总承包"的项目建设管理方式不利于综合管廊的项目建设，PPP 模式下采用 EPC 建设管理方式是政府提高类似综合管廊项目建设管理效益的最佳选择，所以面对全新的项目建设管理方式，政府方应该怎么适应及如何发挥作用也是需要考虑的问题。

⑤ 当采用 PPP 模式时，综合管廊的运营管理应当摒弃过去将综合管廊运营管理片面理解为廊道物业管理的概念，让社会资本独立承担包括廊道环境和管线运行在内的全面的运营管理，从而与 PPP 模式的精神达到真正的契合。

这样，政府方在综合管廊运营期间的管理对象、管理方式均将发生新的变化，也必将会对政府方的管理提出新的要求。

二、对综合管廊 PPP 项目政府管理机构的组成建议

1. 政府管理机构层级构成分析与建议

通常情况下，PPP 中的政府方一般由三类机构组成，即授权机构、实施机构和出资代表。

授权机构就是政府或政府的主管部门，表现出的是完全的行政管理色彩，行使政府权力。

实施机构是政府的职能部门，应该说在 PPP 项目合同签署前，更多地是在授权范围内履行其政府职能和义务。而当与社会资本签订 PPP 项目合同后，它更恰当的表现形式应该是与社会资本平等的民事法律关系角色。

而对于政府的出资代表——同级政府管辖下的国有企业，则应该把它定性为是政府表达与社会资本合作诚意和共担风险的体现，同时通过它发挥在与社会资本共同构建的 SPV 中传递政府意志、干预 SPV 管理的作用。

但是，城市地下综合管廊不像其他传统的市政公用设施那样已经有了清晰的管理格局和管理制度。表现在中央政府层面上，综合管廊工程关系到地下空间建设管理、城市地下管线综合管理以及涉及工程管线的安全管理，但至今没有一个统合的部门能很好地协调与管理以上问题。而且，住房和城乡建设部还公开明确了要对综合管廊工程实施规划、建设、运行多阶段综合管理的方针。因此，无论从哪个角度来看，对综合管廊的管理都有必要上升到更高的层级，以便统筹协调及科学决策。因此，在对综合管廊的管理上，建议在国家层面上建立一个全盘负责国家管线工程的管理机构。

2. 各级管理机构的构建建议

（1）国家级管线管理机构设立的必要性及构建设想。

国外在对管线工程管理方面均给予了特别关注。美国在地下管道管理组织机构方面，主要设有美国交通部下属的"管道安全办公室"、安全部下设的交通安全署及联邦能源监管委员会等，分别对天然气和危化品管道输送、各类市政管道及州际能源输送等项目实施管理。日本在中央建设省下设了16个共同管道科，在综合管廊始建时，负责相关政策和具体方案的制定；在综合管廊建设过程中，负责投资、建设的监控；综合管廊建成后，负责工程验收和营运监督等。

我国尚没有国家级管线管理机构。我国在市政管线建设方面历来条块分割清晰，同时各种管线分属管理也相对责任明确，已形成一定的工作机制和利益格局。但是这种各自为政的局面，尤其是个别做大做强企业的相对垄断性对建设类似综合管廊这样的需要进行大型社会化组织的项目则极不适应。这种格局会使项目在规划、报建、设计、施工、验收、技改、运营、大修等各个阶段出现不同程度的矛盾，而城市地下综合管廊从规划建设到运营、维护更是一个长期的过程，原则上不适宜采用临时性领导机构的形式来组织管理。参照国外地下空间建设管理经验，国家应设立专门的地下管线管理机构，行使政府授权，承担相应的职责。

建立城市地下管线综合管理体制机制对于推进政府管理创新，提高地下管线管理工作的整体效率具有积极意义，是解决当前存在的地下综合管廊多头管理问题的合理选择。专门的地下管线管理机构构建路径建议有二：一是在现有国务院部门设置之外另行组建机构，跨越原政府内部的条块隔膜，将相关职能部门整合为一个机构进行高度集中管理，这种模式能够集各类权力于一身，可极大地提升管制效果和执行力；二是立足现有部委权力分配，在不改变既有部委职权格局的前提下，整合、加入一部分相关资源，成立专门机构，实行统一管理。考虑到第一种路径涉及面太广、动静太大，难以在短期内实现。而后一种路径则恪守了目前的权力配置，既能快速完成权力边界调整，又有提升机构层级之效，因此是可行的选择。

具体的就是建议在住房和城乡建设部下组建地下空间建设管理司，将包括地下综合管廊在内的城市地下空间建设项目实行归口管理，履行地下空间工程建设项目的规划、确权、登记、交易、信息化等管理责任。对城市地下管线而言，合理界定城市地下管线各行政管理部门的职能，健全部门间的协调配合机制，处理地下管线综合管理与专业分工配合的关系是当务之急。

（2）综合管廊 PPP 项目政府授权机构构建建议。

根据《关于推广运用政府和社会资本合作模式有关问题的通知》（财金〔2014〕76 号），PPP 项目的政府授权机构为政府和相关行业主管部门。而从对城市综合管廊 PPP 项目的实际运作来看，各地在项目准备阶段关于综合管廊由政府的哪个部门主管表现各异，出现的部门有住建委（局）、园林绿化管理局、公用事业局、园区管理委员会、开发区开发建设指挥部、新区土地开发中心等。这一现象不仅难以反映行业管理特色，而且因综合管廊的综合性派生出来的诸多业务领域的管理能力普遍缺乏，使政府的整体工作显得被动。因此，就城市综合管廊主管机构的确认和对其机构建制的重构需要提上议程。

为便于垂直领导和沟通，建议城市综合管廊（包括更广范围的城市地下管线工程）由地方住建口政府部门统一归口管理，同时将机构能力整合与中央主管部门对接，实现在一个机构下就可以统筹解决综合管廊业务的各项管理问题。

（3）综合管廊 PPP 项目政府实施机构构建建议。

什么样的机构可以被授权为 PPP 项目的政府实施机构目前存在政策上的模糊。

按照财政部《政府和社会资本合作模式操作指南》第 10 条的规定，只有政府、政府指定的有关职能部门和事业单位可以作为项目实施机构。但发改委在《关于开展政府和社会资本合作的指导意见》中，则认为相应的行业管理部门、事业单位、行业运营公司或其他相关机构可作为政府授权的项目实施机构。目前，关于 PPP 项目实施机构法律效力最高的、由国家发展和改革委员会、财政部、住房和城乡建设部、交通运输部、水利部、中国人民银行六部委联合发布的《基础设施和公用事业特许经营管理办法》第十四条规定："县级以上人民政府应当授权有关部门或单位作为实施机构负责特许经营项目有关实施工作，并明确具体授权范围。"按照通常理解，此处的"单位"不仅包含事业单位，而且包括国有企业等其他相关单位。

因此，由于理解不同，或占据的利益角度不同，在实施综合管廊PPP项目时，各地在政府授权的实施机构方面，上述各种形式的机构都有出现，尤其是地方国有企业、政府平台公司和国有控股企业，在不能以社会资本的身份参与本级政府辖区内的综合管廊PPP项目时，并不愿意放弃这个机会，都在寻求不同的途径试图参与进来以获得利益。因此，以项目实施机构的身份介入成了上述企业参与综合管廊PPP项目的途径之一。对此，研究团队认为PPP模式是政府与社会资本的合作，政府是PPP项目合同主体之一，且具双重身份，项目实施机构是具体PPP项目中的政府方，政府方在作为项目合作者的同时，还是国家公共行政权力的象征和实际行为体，而国有企业、政府平台公司属于企业法人，不属于政府职能部门或事业单位，并且不能代表行政机关行使行政许可权（如授予PPP项目特许经营权），所以是不能成为PPP模式中项目实施机构的。退一步说，即使他们得到了政府授权，由于本身的人员结构和固化的企业运作体制的局限，也是无法准确履行政府职能的，个别地方政府授权国有企业或政府平台公司为实施机构，那是因为自身力量太薄弱，不得不借助国有企业或政府平台公司的人力或其他资源优势以实现本部门目标。在这一点上，综合管廊项目似乎显得更为突出。

除此以外，即使政府授权部门是住建口，被授权的实施机构也有与综合管廊业务不完全对口的职能部门出现，如科研处、财务处等。

鉴于此，研究团队建议地方政府要针对城市综合管廊的项目特点，恰当地选择实施机构，若在当地住建口政府机构编制中有类似管线管理机构的，宜指定这类机构为实施机构；没有管线管理部门编制的，可以选择城市建设管理科、公用工程科等职能相近的机构为综合管廊PPP项目实施机构。同时，要考虑到综合管廊 PPP 项目管理是一项长期性的工作，所以一定要在人员编制上配备齐全。

（4）代表政府出资的国有企业。

在综合管廊 PPP 项目上，实行"零"出资的政府还是极少的，基本上都会安排一家国有企业代表政府出资，共同组建 SPV，或参股 SPV。

代表政府出资的国有企业在 PPP 项目中究竟扮演什么样的角色目前还没有一个清晰的定位。该企业除了代表政府向综合管廊 SPV 按政府资本金的股权比例出资外，还可以依照《中华人民共和国公司法》的规定行使股东的知情权、决策权和监督权。除此以外，从与建设项目高度关联的工程内容来看，该企业原则上不参与综合管廊主体工程的融资、建设和运维，但可以承担部分属于政府方须在项目前期完成的工作，如征地、拆迁、补偿及安置，旧有管线迁改，水、电、气、暖、道路和通信等配套设施施工及办理相关的审批手续等事务性工作。不过当前有一个现象值得关注，就是有的政府实施机构在 SPV 组建后，认为出资企业是政府指定的，且该企业曾与政府机构有着高度的关联性（如当地城投公司，其实有的就是"一套人马，两块牌子"），它又在项目公司董事会、经理层占有一席之地，于是实施机构便试图将 PPP 项目的政府管理职能转移给该出资机构并由他们代为行使，政府实施机构官员认为，出资企业是国有企业，作为项目公司股东，有议事权和表决权，可以通过他们表达政府意志，另外就是把他们利用起来，可以节约部分政府管理经费，并且他们更懂工程，有利于管好项目。

研究团队认为，对综合管廊 PPP 项目中代政府出资的企业，还是应该把它定性为向社会资本表达政府合作诚意和体现共担风险原则的一个象征性符号，不能让其代行政府监管职责，否则不仅不能很好地行使政府监管责任，甚至会被社会资本方中的不良成分同化，干出吃里扒外的事，损害政府形象，伤害公共利益。至于该企业到底能在 PPP 项目中做些什么事，那就要根据项目特点，在股东协议中予以明示。

三、综合管廊 PPP 项目呼唤政府管理创新

1. 综合管廊工程设计管理工作的创新要求与实施建议

（1）综合管廊工程设计管理工作的创新要求。

严格意义上说，实现一个项目完整的工程设计是最自然不过的事，但是就城市地下综合管廊工程而言，受长期的市政工程概念和日本、台湾地区现行关于综合管廊建设管理方式的影响，我们一直都是把综合管廊工程中的廊道及其附属设施与廊内管线工程严格地划分为两块来分别组织实施，形成事实上的同一个项目不完整设计的格局。这个现象在过去的投资管理方式下，综合管廊只涉及政府和管线单位两个权益方时，固然有其存在的合理性，充其量损害了设计的完美性。但是当引入社会资本采用 PPP 模式建设时，问题就暴露出来了。最重要的就是，当政府只把廊道工程的融资、建设和运营剥离出来并交由社会资本实施时，那这个项目建成后，其运营效益通过什么来实现？难道综合管廊廊道建成了、验收通过了、灯亮了、通风机可以运转了、报警器也可以响了等，就能说综合管廊开始发挥效益了？社会资本就可以得到回报了？是的，我们现在在综合管廊工程设计的组织管理方面仍然是这个套路，但是社会资本方不傻，提出了一个基本的、似乎也是可笑的问题，即他们投入运营（或是可得到回报）的时间怎么确定？因为他们知道，仅仅把廊道建起来根本无法实现综合管廊的效益。而且，他们甚至不知道廊内的管线什么时候能够安装上去。事实上，无论是 PPP 项目实施方案还是政府单方面工作计划，都没有管线工程与廊道工程的配套建设计划。为了实现社会资本及时实现投资回报，政府方竟然承诺，廊道工程验收通过即可认定社会资本方进入运营期！这是多么荒唐的承诺，难道在建成的廊道因空置而造成固定资产沉淀的情况下，我们还要为无谓的廊道运营埋单吗？

所以，将综合管廊工程所有工程内容一次性设计，并在此基础上将综合管廊工程一次性建成同时投入运营，才是综合管廊可以应用 PPP 模式的基本

要求。

（2）综合管廊工程设计管理工作的创新实施建议。

首先，国家层面上要为完整的、系统化的综合管廊工程设计制定相关规范，如《城市地下综合管廊可行性研究报告编制内容和深度的规定》《城市地下综合管廊工程初步设计编制内容与深度要求》等，对设计提出统一要求。

其次，要对设计院进行重新甄别，在综合管廊PPP项目政府采购环节，调整不当的设计入围门槛，让有能力的设计院有竞争舞台，为其提供竞争机会，也为培育有全面设计能力的设计院创造适宜的土壤。

最后，国家层面管理机构要为综合管廊一体化设计创造和谐的、相互配合的合作环境。毕竟目前国内能够独家提供全面的综合管廊设计单位还很少，市场对综合管廊设计需求又是十分旺盛，所以必然有主设计院需要进行部分专业设计分包，而被分包的专业又多是垄断性很强的管线行业，完全依靠市场调配这些设计资源还是有困难的。因此，来自国家层面的协调不可或缺。

2. 关于入廊费和运营管理费有效落地的工作机制建议

研究团队对入廊费和运营管理费已分别提出了计价和收缴办法建议。

为有效落实入廊费和运营管理费的计费和收缴，政府应建立以下工作机制：

① 与管线单位订立管线入廊协议。

当政府议定将应用PPP模式投资、建设、运营综合管廊时，政府实施机构就要准备组织规划入廊的管线主管单位举行单边或多边协调会。会前，实施机构要通过本级机构向上级人民政府请示，并争取上级政府的支持，提高协商效率。协商结果以签订的入廊协议为表示。

② 委托造价咨询机构编制入廊费和运营管理费计费报告。

原则上应在委托综合管廊PPP项目实施咨询的同时，委托第三方造价咨询机构编制入廊费和运营管理费计费报告，该报告编制依据遵照本书第五章第二节第三段提出的相关办法。报告提交时间要与PPP项目咨询进度关联，以不耽误物有所值评价和财政承受能力论证工作为好。

③入廊费和运营管理费价格谈判并形成价目表。

政府实施机构获取造价机构呈报的入廊费和运营管理费计费报告后，即组织入廊管线单位、物价部门、价格听证机构等进行入廊费和运营管理费价格谈判，形成基本定价后，由实施机构向当地物价部门呈报价格谈判情况，物价部门根据谈判结果并结合当地公共服务价格水平，发布综合管廊入廊费和运营管理费政府指导价并公布价目表。

④入廊费和运营管理费收缴办法。

综合管廊入廊费原则上应在项目建成后的当年一次性从管线单位收缴到位（当管线单位筹资有困难时，也可以设定一个3~5年的时段，并按期缴纳），各管线单位运营管理费按PPP项目实施方案，一般采取在特许经营期逐年缴纳。原则上，各管线单位是投资、建设、运营综合管廊PPP项目SPV的资产购买者和运营服务委托方，他们的各项费用应直接与SPV交易，但由于各管线单位一般居于强势地位，让综合管廊PPP项目SPV直接向他们收取入廊费和运营管理费，实际上是很困难的。所以，对综合管廊入廊费和运营管理费的收缴必须结合国情，借助地方政府的权力，由政府授权的地下综合管廊实施机构负责收取，然后再通过PPP项目付费机制向项目公司支付。

⑤运营管理费价格调整办法。

综合管廊运营期运营管理费价格调整的安排依据PPP项目合同约定执行，调价工作由政府实施机构组织，入廊管线单位、物价部门、审计部门参加，形成的新的运营管理费价格必须履行听证程序，并由地方物价部门发布。

3. 构建政府方项目造价管理机制的建议

（1）目前综合管廊PPP项目造价管理状态。

在目前实施的综合管廊PPP项目中，关于项目的造价控制不尽如人意表现为如下：

①以综合管廊工程可行性研究报告投资估算价进行造价管理。

大多数地方的综合管廊PPP项目都是以可行性研究报告给出的投资估算

总价作为报批和汇报的价格数据，由于该数据经反复使用后便形成了一个心理定式，乃至政府各相关机构均给予了默认。于是，当设计还来不及深入就试图进行综合管廊 PPP 项目社会资本采购时，政府实施机构便只好以该投资估算为底价，然后下浮一个百分比进行招标。而在 PPP 项目合同上对于造价控制的办法则是，将中标价定性为暂定价，工程造价实行第三方审计，以审计确定的价款作为结算依据，以实现造价控制。

这种情况下的造价控制存在两大核心问题。一是可行性估算价一般都虚高近 30%，在没有得到初步设计支撑的情况下，下浮幅度的可控性很差，也就是说合同中的暂定价本身就不科学，要不太高，让社会资本方无功得利，要不不够，政府方还得追加。二是政府管理部门过于依赖通过审计实施造价控制。在工程方面有经验的人都知道，在费用控制上采用末端控制手法是最乏力的，尤其是在工程建设领域还没有达到正本清源的廉洁状态下，施工方会尽一切可能把提交的工程预算与合同暂定价撑平，根本无法实现政府方期望达到的控制效果。

② 以综合管廊工程施工图预算价进行造价管理。

采取这种方式实行项目造价管理的初衷是好的，政府方以为通过把项目设计细化到施工图，甚至认为利用工程量清单报价法组织招标，总能够得到好的投资控制效果吧。其实不然，无数的工程实例表明，工程量清单报价法在两种情况下有其有利的一面，即设计精细，无大的错漏碰缺；业主管理精细，对任何的变更和签证都能把握到位。而这两点恰恰在政府主导的公用工程建设方面均显得薄弱。因此，施工方可以通过多种手法迫使业主认可变更和签证，大大提高合同价款以外的追加费用，出现所谓预算超概算的概率会大大增加。

（2）适宜的综合管廊 PPP 项目造价管理方式。

采用 EPC，即工程总承包的建设管理方式是实现综合管廊 PPP 项目工程造价有效控制的最佳方式。

传统的施工总承包方式承包人无法参与到设计中去，因此一旦发生设计变更和现场签证就需要对工程价款进行调整，无法实现固定工程价款，最终往往变成预算加签证的合同价款形式。

而采用签订 EPC 合同方式时，则可把建设项目的设计、采购、施工、调试等工作全部委托给工程总承包商来实施，由工程总承包人统一策划、统一组织、统一指挥、统一协调和全过程控制，只要不涉及突破设定范围的业主变更，风险均由工程总承包人承担，从而使业主风险（包括工程总价）在合同签订之初就可以得到很好地固定。作为一个有能力的总承包商，在遵循初步设计原则的基础上，通过发挥设计才能，精打细算、精益求精，并在采购、施工、调试各环节的有机协作下，不仅可以实现合理收益，而且还可为政府提供一座优质的综合管廊工程。

（3）为实现综合管廊 EPC 方式造价管理而需要做的工作。

① 提高认识，创建新型管理方式下的良好氛围。

采用 EPC 方式建设综合管廊 PPP 项目对于政府方来说也是一个新鲜事物，其方式的正式定义即为 EPCO。因此实施机构的上级政府要旗帜鲜明地给予认可和支持。现在基层政府工作人员对项目造价控制有一种灰色心理。他们担心的是，如果一个项目的总造价已经在某些领导心中有了印象，而后在签订的合同上出现了较大的变化，这是否会遭到领导的追究？另外，工作做了不少，费用也可能省下了不少，结果还要接受上级审计，何必多此一事？上述现象说明在政府内部缺乏激励机制。因此，在大力倡导 EPC 模式的同时，政府机构还要构建一种健康的机关氛围，鼓励大家创新，奖励工作出色的干部。

② 抓好拟采用 EPC 方式的设计单位政府采购工作。

这项工作是在可行性研究报告完成并决定采用对综合管廊 PPP 项目实施 EPCO 建设管理方式之后展开，主要内容是针对由谁来承担综合管廊工程初步设计而进行的政府采购。为操办好这个环节的工作，政府实施机构应学习、掌握工程总承包的相关理论与市场信息，组织对相关设计院进行考查，遴选了解综合管廊设计市场的招标代理机构，通过公开招标（或邀请招标）选择有实力的综合管廊工程初步设计承担单位，目的是完成一部能够指导EPCO方式采购社会资本的综合管廊初步设计。

③抓好PPP项目EPCO方式下的社会资本政府采购工作。

在造价控制方面，这个环节的主要工作就是在招标代理机构的协助下，依据初步设计的总概算，确定综合管廊PPP项目招标的标底价，并通过与中标的社会资本方的合同谈判，最终确定综合管廊PPP项目固定的合同总价。

④综合管廊PPP项目建设期的造价控制。

由于EPCO合同实行的是总价包死，因此政府方在项目建设期的费用控制方面相对简单，主要控制内容包括：对不可预见费项下发生的不可预见工程进行工程量核定和价格核定；对发生超过合同约定额度的业主变更进行工程量确认和价格核定。

4. 构建综合管廊项目EPCO方式政府管理机制的建议

（1）EPCO方式建设运营管理的特点。

EPCO是工程总承包加运营的英文首个字母的缩写。其中EPC（Engineering-Procurement-Construction）工程项目管理模式代表了现代工程项目管理的主流，是建设项目管理模式和设计的完美结合，也是成功运用这种模式达到缩短工期、降低投资目的的典范。项目运营又是工程建设后的必然过程，PPP项目将其与建设管理模式高度结合，开创了新的管理方式，拓宽了管理视野。

工程总承包是项目业主为实现项目目标而采取的一种承发包方式。总包商依据市场的需求进行资源的优化组合，围绕某一项目通过对设计、采购、施工等各阶段工作的深度融合和资源的高效配置，达到提高工程建设水平，并使各方获得效益，实现市场多赢格局。

但是，无论管理模式多么先进，都离不开合同双方的相互配合和相互制约，建设单位应当加强工程总承包项目的全过程管理。对综合管廊PPP项目，政府方必须对项目公司实施建设期监管，政府实施机构应结合项目特点，组织相应管理机构，履行政府监管职责。

过去一个阶段，综合管廊PPP项目大多采用"设计+施工"的平行发包方式。这既不利于取得最佳项目建设管理效益，又使政府方监管工作负荷繁重。而采用EPCO方式建设运营综合管廊PPP项目时，政府管理机构就会比采用"设计+施工总承包"方式建设管理时要省心得多，因为EPCO模式即发端于减轻业主管理负荷并通过提高对总承包人的要求来实现合同目的的考虑。总的来说，EPCO项目的承包人都是有经验和有能力的高水平总承包商，而将项目的全部工作内容交给他来完成，业主的管理负担显然会大为减轻。

但是，PPP模式下综合管廊项目采用EPCO方式建设运营管理与普通的工业建设项目EPC建设管理方式相比，还是有不同之处，由于在PPP项目中加入了一个特许经营期运营管理的内容，使得社会资本方在项目建设期，通过他们对建造与运营投入关系的权衡，有可能在施工图设计阶段加入必要的更改，将后期运营的投入前置到建设期完成，从而发生项目造价构成关系的变化。

（2）政府实施机构EPCO方式下建设期管理的主要内容。

对于EPC项目，政府实施机构在建设期管理过程中应重点注意以下几个方面。

① 建立对项目公司的监督考核机制，对达不到合同要求的要实行必要的处罚。

② 依据审批的综合管廊工程初步设计原则，对项目公司提交的各批次施工图进行审查。建立设计文件管理制度，明确须提交、须审议、须批准的设计文件名称与类别。

③ 召开项目开工会议，审议项目公司提交的工程建设总体项目计划；审查各项开工准备工作；批准开工报告。

④ 监督项目公司在建设期必要的安全、文明生产和环境保护方面的投入，杜绝安全事故；创建文明工地。

⑤突出对工程质量的管理，监督施工分包程序是否合规；抽查工程原材料检验程序执行情况；抽检关键部位施工质量；参加重点分部工程质量验收；行驶质量否决权。

⑥突出对各类管线及大宗材料采购的管理，审查项目公司采购计划；监督项目公司采购程序执行情况；必要时参与项目公司对主要货物的出厂检验。

⑦突出对工程进度的管理，及时解决影响工期的、属于甲方责任范围内的外部协调问题；督促项目公司按进度计划完成阶段性工作。

⑧突出对项目公司融资的管理，对项目公司的融资方案设计、机构接洽、合同签订和融资交割进行过程监管，防止企业债务向政府转移；当项目公司未按照项目合同约定完成融资时，政府实施机构可提取履约保函直至终止项目合同；当项目出现重大经营或财务风险时，政府实施机构可配合债权人依据其与项目公司签订的合同直接介入。

⑨审查项目公司提交的竣工试验和竣工后试验方案，加强项目竣工后试验的组织协调工作，组织入廊管线单位向项目公司提供竣工后试验所必须的相关合格介质，提供试验管线介质的输出路径，协助配合试验过程的管理和应急事件的处理，共同完成项目竣工后试验。

⑩组织综合管廊EPC工程验收和工程质量认证。对于政府实施机构而言，虽然在综合管廊EPC方式下的建设管理工作量相对减轻了不少，但毕竟管理内容涉及广泛，专业门类也十分庞杂，政府实施机构有限的人力物力还是难以承载的，因此，特别建议：在综合管廊PPP项目建设期，由政府实施机构委托有资质的工程管理机构代行业主管理之责，把项目管好、建好。

项目代建制是指项目法人通过招标择优选择工程项目管理公司进行项目管理。委托代建制能够实现政府投资职能、投资管理职能、项目管理职能的分离。其项目管理主要是借助代建单位（项目管理公司）完成，政府实施机构代表政府与代建单位签订合同，代建单位（项目管理公司）组织项目管理工作。其优点是能够建立起权责明确、制约有效、科学规范和专业化管理、社会化运作的管理体制及运行机制。

5. 构建综合管廊新型运维管理方式的建议

（1）综合管廊PPP模式下新型运维管理方式的建议。

在政府主导建设运营综合管廊时期，我们一直把对综合管廊的管理理解为对廊道环境的管理，关注的对象主要是廊道及其附属设施的消防、通风、温控、供电、照明、排水、标识、监控系统、安全防范系统、通信系统、预警与报警系统等，而对综合管廊内重要的管线运行管理则由各管线权属单位自行安排。这样的组织安排，使得在地下廊道有限空间内集聚了多家独立管辖的管理人员，各参与管理的单位之间还存在很多的模糊边界，因此难以发挥综合管廊集约化管理的效果。同时，这种分而治之的运营管理方式，也给综合管廊运营管理费的计价和收取提供了很多扯皮的口实，造成运维费难收的现实困境。

为此，建议借助PPP模式下综合管廊一次性设计、一次性施工、一次性投运的总体部署，将综合管廊的管线和廊道管理全部交由社会资本全权负责。由社会资本的运营管理机构通过对综合管廊综合性安全操作系统的监控和对廊道适宜环境的管理，实行综合管廊系统化管理，实现综合管廊各种管线稳定运行这个运营管理的终极目标。

（2）政府实施机构在综合管廊运营期的主要管理内容。

综合管廊建成并投入运营后，政府实施机构仍然要保持对项目公司的持续监管，同时也要履行自身的合同职责，重点注意以下几点。

① 要在项目竣工之前，组织各入廊管线权属单位分别与项目公司签订管线生产运行管理合作协议。通过这个协议明确所属管理权限，划定责任范围，界定风险管理边界，明确各项操作运行指标，确定上下游管理流程和审批程序等，为综合管廊项目公司运营管理机构独立行使管理职责开辟外部环境。

② 按PPP项目合同中对政府方的约定，及时向入廊管线单位收缴入廊费和

运营管理费,并按合同约定向项目公司转付上述费用及支付政府可行性缺口补助。

③ 根据财政部最新要求,配合当地财政部门对综合管廊 PPP 项目进行财政管理。按照财政部门预算编制要求,编报 PPP 项目收支预算:管理 PPP 项目的权益转让收入、股息收入、超额收益收入、社会资本违约赔偿、奖补资金等收入;管理政府承担的股权投资支出,可行性缺口补助支出;责成项目公司按时报送上一年度经第三方审计的项目运营成本详细资料,通过 PPP 综合信息平台对外公开项目成本信息,接受社会监督。

④ 在 PPP 项目全生命周期内,按照事先约定的产出评价标准,对项目产出、实际效果、成本收益、可持续性等方面进行绩效评价,评价工作可委托第三方专业机构提出意见,实施机构做出结论。项目实际绩效优于约定标准的,应执行项目合同约定的奖励条款,未达到约定标准的,要执行项目合同约定的惩处条款或救济措施。评价工作可委托第三方专业机构提出意见,实施机构做出结论。

6. 综合管廊特许经营期满后的移交工作建议

主要有以下职责和工作内容。

① 组织移交委员会,完成下列移交前的工作。

(a)项目设施移交的详尽程序,包括移交形式、补偿方式、移交内容和移交标准等;(b)最终恢复性大修计划;(c)商定移交项目设施清单(包括备品备件的详细清单);(d)就移交向第三方进行公告的方式;(e)委托具有相关资质的资产评估机构,按照项目合同约定的评估方式,对移交资产进行资产评估;(f)移交仪式的准备;(g)向项目公司收纳移交保函。

② 办理移交,完成以下移交内容。

(a)项目所有建筑物、构筑物和设施。(b)与项目相关的管线、设备、装置、零部件、备品备件以及其他资产。(c)运营和维护项目所要求的所有知识产权(包括以任何许可方式获得的)。(d)已经收取但尚未服务到期的剩余期限对应的运行管理费。(e)所有尚未到期、按其性质可以转让的保证、保险和其他的合同利益。(f)土地使用权及与项目用地有关的其他权利。(g)运营手册、运营记录报表、移交说明、设计图纸和文件等文件资料。

③移交验收。

移交验收的标准为：项目设施完好并处于良好的运行状态。

未能达到验收标准（含异议情形下，经第三方机构认定仍未能达到验收标准）的，应责成项目公司自行修正；项目公司不能自行修正的，政府方可从移交维护保函中支取费用用以补偿修正，保证金不足以支付恢复性大修费用的，应向项目公司追偿。

④缺陷责任期管理。

跟踪综合管廊移交后接手单位的运营管理状态，凡移交缺陷责任期内属于项目公司责任范围内的任何缺陷或损坏（正常磨损除外）。应提取移交维护保函中相应金额以补偿此项费用，保证金不足支付的，应向项目公司追偿。

⑤移交批准。

综合管廊项目无偿移交，且移交缺陷责任期到期后，应邀请项目公司共同办理移交批准手续，完成全面移交程序。

第四节 综合管廊 PPP 模式下采购社会资本的深度解析与建议

一、采购社会资本的方法论证与推荐意见

PPP 项目新模式的推广，对我国政府采购的法定采购方式提出了挑战，在探索通往物有所值制度目标的道路上，有哪些政府采购方式可以为我所用，是我们急需解决的问题。在这一点上，因为城市地下综合管廊 PPP 项目所具有的特殊性，尤其显出探索的必要。

1. PPP 项目政府采购方式梳理

涉及 PPP 项目政府采购的法律法规如表 5.4.1 所示。

表5.4.1　PPP项目政府采购的法律法规汇总表

发布机构	文件号	文件名称	实施时间
人大常委会	主席令第21号	《中华人民共和国招标投标法》简称《招标投标法》	2000.01.01
人大常委会	主席令第68号	《中华人民共和国政府采购法》简称：《政府采购法》	2003.01.01
国务院	国务院令第613号	《中华人民共和国招标投标法实施条例》	2012.02.01
国务院	国务院令第658号	《中华人民共和国政府采购法实施条例》	2015.03.01
发改委	发改投资〔2014〕2724号	《关于开展政府和社会资本合作的指导意见》	2014.12.02
财政部	财金〔2014〕113号	《政府和社会资本合作模式操作指南（试行）》	2014.11.29
财政部	财库〔2014〕215号	《政府和社会资本合作项目政府采购管理办法》	2014.12.31
财政部	财政部令第18号	《政府采购货物和服务招标投标管理办法》	2014.09.11
财政部	财政部令第74号	《政府采购非招标采购方式管理办法》	2014.02.01
财政部	财库〔2014〕214号	《政府采购竞争性磋商采购方式管理暂行办法》	2014.12.31

其中，直接指导 PPP 项目采购的《政府和社会资本合作项目政府采购管理办法》规定了包括公开招标、邀请招标、竞争性谈判、竞争性磋商和单一来源采购 5 种方式；规定了包括资格预审、采购文件的准备和发布、提交采购响应文件、采购评审、采购结果确认谈判、签署确认谈判备忘录、成交结果及拟定的项目合同文本公示、项目合同审核、签署项目合同、项目合同的公告和备案等若干基本环节的原则流程。然而，对于采购方式的适用条件和具体采购流程，《政府和社会资本合作项目政府采购管理办法》并未给出进一步的细则规定。因此，在实务操作中，现有规定并不能满足 PPP 项目采购的规范化需要。为此，需要对相关法规进行梳理并找出合适的路径。

（1）政府采购所推崇的可选方式。

发改委《关于开展政府和社会资本合作的指导意见》明确要求 PPP 项目要"按照《招标投标法》《政府采购法》等法律法规，通过公开招标、邀请招标、竞争性谈判等多种方式，公平择优选择具有相应管理经验、专业能力、融资实力以及信用状况良好的社会资本作为合作伙伴"。财政部《政府和社会资本合作模式操作指南（试行）》第 11 条规定："项目采购应根据《中华人民共和国政府采购法》及相关规章制度执行，采购方式包括公开招标、竞争性谈判、邀请招标、竞争性磋商和单一来源采购。项目实施机构应根据项目采购需求特点，依法选择适当采购方式。"上述两部委文件对 PPP 项目的政府采购原则上确定了法定方式，这既促进了我国政府采购制度与国际规则对接，符合世界贸易组织《政府采购协定》对政府采购的定义，也比较好地适应了国内项目采购中公开竞争、选择性竞争和有限竞争的客观需求，并可充分实现物有所值的价值目标，使项目采购更具可操作性，对地方政府和社会资本参与 PPP 项目有积极的指导意义。

经归纳，PPP 项目 5 种采购方式的适用条件如表 5.4.2 所示。

表5.4.2　PPP项目的五种采购方式适用条件

采购方式	适用条件
公开招标	公开招标主要适用于核心边界条件和技术经济参数明确、完整、符合国家法律法规和政府采购政策，且采购中不做更改的项目
邀请招标	1.具有特殊性，只能从有限范围的供应商处采购的 2.采用公开招标方式的费用占政府采购项目总价值的比例过大的
竞争性谈判	1.招标后没有供应商投标、没有合格供应商或者重新招标未能成立的 2.技术复杂或者性质特殊，不能确定详细规格或者具体要求的 3.采用招标所需时间不能满足客户紧急需要的 4.不能事先计算出价格总额的

采购方式	适用条件
竞争性磋商	1.政府购买服务项目
	2.技术复杂或者性质特殊，不能确定详细规格或者具体要求的
	3.因艺术品采购、专利、专有技术或者服务的时间、数量事先不能确定等原因不能事先计算出价格总额的
	4.市场竞争不充分的科研项目，以及需要扶持的科技成果转化项目
	5.按照《招标投标法》及实施条例必须进行招标的工程建设项目以外的工程建设项目
单一来源	1.只能从唯一供应商处采购的
	2.发生了不可预见的紧急情况下不能从其他供应商处采购的
	3.必须保证原有采购项目一致性或者服务配套的要求，需要继续从原供应商处添购，且添购资金总额不超过原合同采购金额10%的

PPP 项目各种采购方式的采购流程如下。

① 公开招标及邀请招标方式采购 PPP 项目的流程如图 5.4.1 所示。

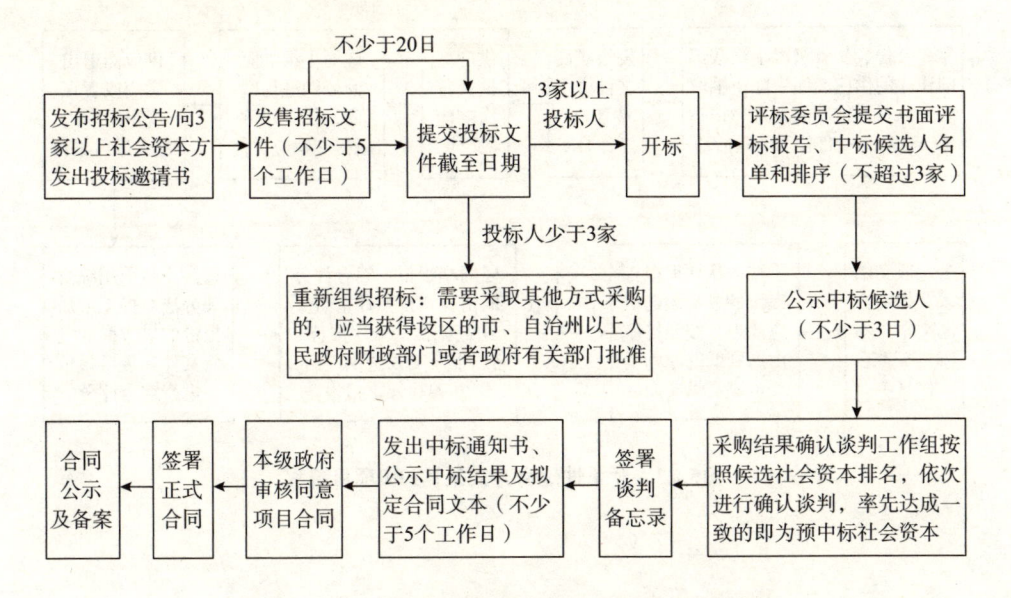

图5.4.1　公开招标及邀请招标方式采购PPP项目流程

② 竞争性谈判方式采购 PPP 项目的流程如图 5.4.2 所示。

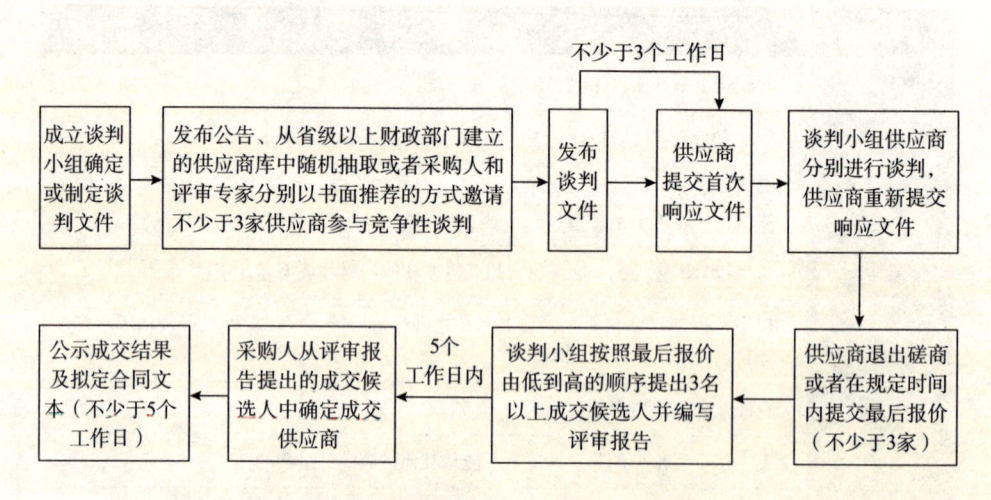

图5.4.2　竞争性谈判方式采购PPP项目流程

③ 竞争性磋商方式采购 PPP 项目的流程如图 5.4.3 所示。

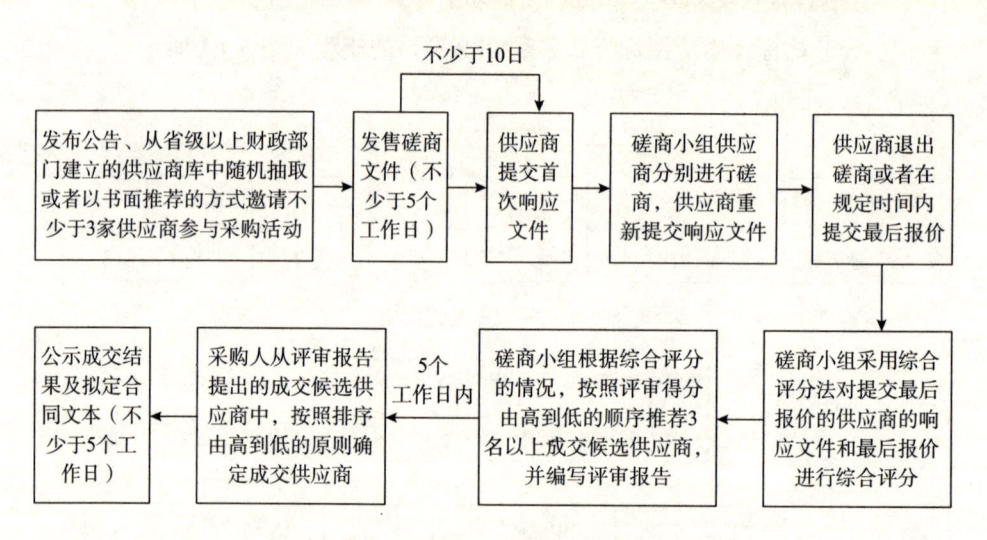

图5.4.3　竞争性磋商方式采购PPP项目流程

④ 单一来源采购方式采购 PPP 项目的流程如图 5.4.4 所示。

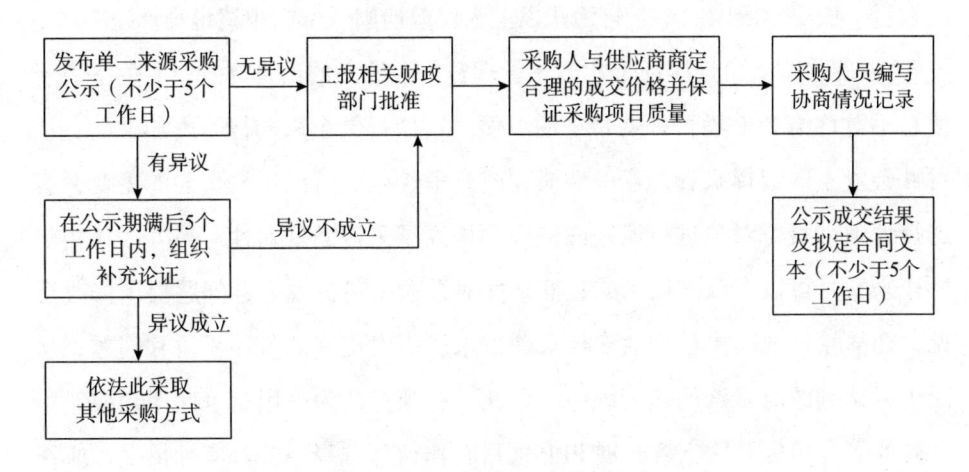

图5.4.4　单一来源采购方式采购PPP项目流程

通过系统性分析，我们认为 PPP 项目合作伙伴的选择相对来说不宜盲目套用《招标投标法》，而是应更倾向于采用《政府采购法》。这是因为：一是这种采购活动是政府为了提供公共服务而进行的，标的物是一种特许经营权，是一种政府服务，不是仅仅针对项目中的工程建设设计、施工、监理等某一个环节。二是从资金性质来看，在 PPP 项目的使用者付费、使用者付费加一定政府补贴和政府付费三种类型中，后两者都使用了财政性资金，属严格意义上的政府采购，而使用者付费其实就是特许经营。它是政府经营权的一种转让，是政府远期收益让渡，故用户付费模式也属于广义政府购买服务。因此，在 PPP 项目实操中更应该深入领会、吃透《政府采购法》的相关立法意志。

公开招标已作为政府采购的首要采购方式立于法条之上。需要注意的是，公开招标和邀请招标同属于公开度最大的采购范畴，但是两者在具体招投标实施过程中投入的人力、财力和时间还是有很大差别的，后者由于参与者显著减少，可大大降低采购成本，所以当条件允许时应合理利用邀请招标方式。

若想采用招标以外的方式采购，按《政府采购非招标采购方式管理办法》，采购人（PPP 项目的实施机构）应当在采购活动开始前，报经主管预算单位同意后，依法向设区的市、自治州以上人民政府财政部门申请批准。

《政府采购竞争性磋商采购方式管理暂行办法》的出台有效地避免了由于信息不对称给 PPP 项目采购带来的不便，这使得整个采购行为更加灵活。从对社会资本的选择来看，竞争性谈判或竞争性磋商可以根据采购的需要，有选择地邀请目标对象进行谈判或磋商，提高了采购的针对性。另外，从实际操作来看，可以在双方谈判或磋商期间对采购文件的实质性问题提出修改意见，能够较好地解决采购效率与采购需求所引发出来的各种矛盾和问题，从而可以达到政府采购的和谐统一。据此，有观点认为采用竞争性谈判或竞争性磋商等非招标采购方式开展 PPP 项目合作伙伴选择更符合实际情况，应作为主要的政府采购方式。

（2）关于资格预审。

根据《政府和社会资本合作项目政府采购管理办法》第 5 条，PPP 项目采购应当实行资格预审。项目实施机构应当根据项目需要准备资格预审文件，发布资格预审公告，邀请社会资本和与其合作的金融机构参与资格预审，验证项目能否获得社会资本响应和实现充分竞争。

PPP 项目资格预审流程如图 5.4.5 所示。

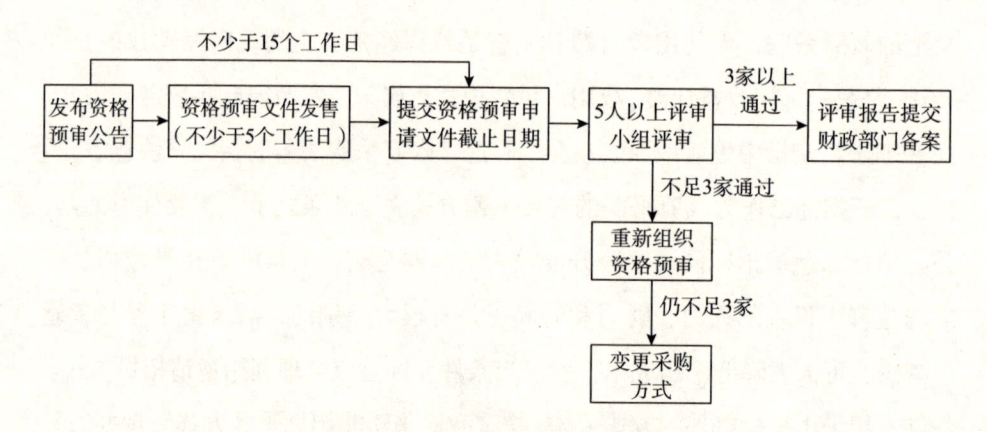

图5.4.5　PPP项目资格预审流程

就一般的政府采购项目而言，资格预审并非是采购必经的前置程序，而对PPP项目，则无论采取何种采购方式，均应进行资格预审。对于这样的制度安排可以理解为：由于PPP项目作为一种新型的政府采购需求和要建立政府与社会资本间的长期合作关系，所以政府希望通过前置的资格预审程序，实现项目实施机构与参与PPP项目的社会资本更为密切的前期沟通并对其进行严格的筛选与把控，以保障项目安全。

（3）关于PPP项目采购方式的成本效应。

任何一道法定程序的实施都是需要付出代价的，采购也不例外。

PPP项目采购成本来自两个方面，一是在选择合作伙伴阶段不同采购方式所发生的成本。二是在PPP项目合作伙伴确定之后，项目实体工程是否必须再行通过招标方式选定项目的施工单位、材料设备供应商等项目参建单位，即可能出现的二次招标成本问题。

《招标投标法实施条例》第九条第三款规定，已通过招标方式选定的特许经营项目投资人依法能够自行建设、生产或者提供，可以不招标。经对该款深入解读可做以下三种理解：一是如果PPP项目的合作伙伴是通过招标方式选择确定的，且该合作伙伴具备相关法定资质，能够自行建设、生产或者提供，则可不进行招标，其SPV内部专业机构可直接与项目公司签订相关合同。二是如果PPP项目的合作伙伴是通过招标方式选择确定的，但该合作伙伴不完全具备相关法定资质，不能够完全自行建设、生产和提供，则对不具备资质要求的部分业务（包括设计、采购、施工、运营等）应由项目公司组织招标。三是如果PPP项目的合作伙伴是通过非招标方式确定的，且它不完全具备法定资质，无法完全自行建设、生产和提供时，则必须对不具备资质要求的部分业务（包括设计、采购、施工、运营等）组织二次招标。对于上述第二和第三两种情形，虽然都出现了二次招标，但我们认为其招标主体和费用承担人是不一样的，前者应界定为项目公司的内部业务，应由项目公司独立操办分包招标事宜且费用自担。而后者，本来中选的合作方就不是充分竞争的产物，因此在二次招标过程中，政府方被要求必须高度介入且可能反复介入（可能会出现设计、采购、施工、运营等不同标的的多次分包招标）。由于目前市场上还没有出现第三种情况，可借鉴的实际操作经验不多，所以政府方是以自己名义还是委托合作方来进行二次招标尚不明确，但是可以确认其二次招标的费用应该由政府方承担（谁主张谁付费原则）。由此，构成PPP项目采购的政府成本就会有两种可能，即一是以招标方式确定合作方时的一次性采购费用；二是以非招标方式确定合作方时发生的采购费用和合作方二次招标发生的费用之和。

就不同采购方式可能发生的费用而言，公开招标是程序最复杂、花费也最多的一种方式（社会成本最大）；竞争性磋商是花费较少的采购方式，但可能会出现二次招标并再次发生费用，所以综合成本也许更大。据此，我们认为采用适当减少投标人数量的邀请招标方式或许是比较经济的采购方式。

（4）关于PPP项目采购方式的时间效应。

实施PPP项目采购需要考虑时间效益。就PPP项目采购的时间效应而言，完成项目的资格预审最低时间限制为15个工作日。这是所有不同的采购方式都需要付出的时间代价。而在实施采购的过程中，以公开招标、邀请招标方式采购PPP项目的环节最为复杂，且在多个环节存在最低时间限制，最低时限总长约为30个工作日。采购PPP项目的环节最为简单的是单一来源方式，但可能是费时最长的采购方式。采购PPP项目各环节上的最低时限最少的是竞争性谈判方式，其总时限约为8个工作日。

时间效率问题往往出现在地方政府急于办理PPP项目的投资、开发和建设的申请、申报之时。费时的采购方式可能会使地方政府贻误政策时机，所以如果时间确属紧张，政府实施机构应未雨绸缪，提前安排好适宜的政府采购方式，以争取在最短的时间内选定合作方。

2. 综合管廊的技术因素对采购方式选择的影响

城市地下综合管廊在我国的实践时间不长，PPP模式引入的时间更为短暂，其技术的发展层次及对技术的驾驭能力等都会给政府采购环节的安排带来一定程度的影响，以下是两个主要表现形态。

（1）综合管廊工程设计覆盖面的影响。

完整的城市地下综合管廊工程设计应该包括廊体结构、附属工程、管线设计与选型、管线安装与调试等。由于原来管线敷设都是由相应专业管线机构单独承担，在管线工程的设计、施工、采购等环节，所形成的技术标准、工程经验、资质条件等都呈现出高度的行业化和部门化特色，使得我们现在还没有一家机构能够完全承担廊道多种管线在内的全面的工程设计。当前的实际情况是，综合管廊工程设计单位大多承担的是廊体结构、附属工程和部分管线（主要是给排水）的设计，而将行业特征显著的电力、通信、燃气等管线设计与选型、管线安装与调试留给了管线权属单位。这种不完整的设计将直接影响政府采购，表现出的负面形态有：一是由于不能提交完整的综合管廊工程初步设计，所以想以EPCO方式发包就会因不具备条件而无法实现；二是以工程范围不完整的施工图设计为依据而实施的采购，无论采用何种方式都难以实现工程总价包死；三是遗留的管线工程的后续采购在程序和有效衔接方面都将会给项目的正常推进带来不利影响。

（2）综合管廊工程对施工技术的要求。

综合管廊工程施工技术主要是针对廊体工程的建筑施工而言。根据综合管廊廊道的结构设计和为避免地面开挖，管廊工程的施工方法主要有：土方大开挖加钢筋混凝土现浇、钢筋混凝土预制管件拼装、大型塑钢（或其他材质）管件作为管廊构件的拼装、盾构机施工等。显然，不同的施工方法对应的社会资本响应程度是不同的，像对钢筋混凝土现浇这样的成熟施工工艺，完全可以采用公开招标的方式实施采购，而对于工厂化制备的管件进行现场拼装或盾构施工这样具有相对特定技术要求的管廊工程，由于具备施工条件的社会资本数量相对有限，政府采购方式可能以竞争性磋商或竞争性谈判更为有效。当然，随着新技术、新工艺、新材料不断进入综合管廊行业，出现单一来源采购的可能性也是可以预期的。

3. 不同的前期成果对采购方式选择的影响

综合管廊PPP项目进入政府采购程序前形成的设计成果是政府实施采购的重要依据，不同的设计成果与之匹配的可选采购方式是不同的。反过来说，要想采用既定的采购方式进行综合管廊工程PPP项目的采购，就必须科学地安排前期工作的节奏和目标。

（1）以综合管廊可行性研究报告为依据的采购方式选择。

原则上，不应出现仅仅依据可行性研究设计就进行PPP项目采购的情形。

但就综合管廊而言，存在个别急于申报试点项目的情况，政府实施机构在来不及完成可研后续设计的情况下，匆匆忙忙地节选若干可行性研究成果和参数就组织政府采购，而且要求公开招标。对这种做法我们认为极不严肃也决不可行。

首先，这种做法违背基本建设项目建设管理程序，程序没到位，就不可能获得相关许可证。因此，不具备政府采购的基本条件，采购工作显然不能展开。其次，对于个别地方"先上车后买票"等变通做法，虽然有可能会获得部分社会资本响应，但是不管是用招标还是用磋商等其他方法满足一时采购之快后，由于诸多不确定性因素的广泛存在，会使项目面临巨大的失败风险。

不过，如果市场上出现了综合管廊领域颠覆性的技术创新，那么应用该技术的第一个工业化综合管廊的建设有可能就在可行性研究设计得到批复后实施政府采购，此时，可用的采购方式符合单一来源采购要件。

（2）以综合管廊工程初步设计为依据的采购方式选择。

当政府实施机构主导完成了综合管廊工程的初步设计后，此时可根据所设计管廊的技术特征和可能的社会资本响应度，确定适宜的采购方式来选择合作方。工程技术特征决定了掌握该技术的潜在社会资本的响应能力，如像混凝土现浇构筑廊道这样的施工工艺，则完全可以采用公开招标的方式选择合作者，如果设计主张的是用工业构件拼装构筑廊道或盾构施工，这种情况下可能采用竞争性谈判或竞争性磋商的采购方式更为有效。

在完成初步设计后进行合作方采购,还可以得到在不同的采购方式下实现闭口价总承包和多种组合下的开口价承发包的采购效果。

(3)完成综合管廊施工图设计后的采购方式选择。

原则上,在设计深度已经达到了施工图阶段,也就是说设计风险基本由政府方承接下来的情况下,工程施工的风险应该最大限度地分配给社会资本,这样的话采用公开招标的方式便成为首选,或者退而求其次,采用邀请招标的方式实现合作方采购。

需要指出的是,在完成施工图设计后进行合作方采购,合同的价款形成方式只能是开口价,这将会给PPP项目的投资控制带来难度。

4. 适宜的PPP模式下综合管廊项目社会资本采购方式建议

作为政府大力倡导的产业,其各项发展目标都会具有强烈的政策色彩,这在城市地下综合管廊工程方面尤其明显。财政部、住房和城乡建设部关于《2016年地下综合管廊试点城市申报指南》中就突出地表明了中央在应用PPP模式建设城市地下综合管廊方面的政策导向,其在第二章评审内容的第二大项竞争性评审中的关于建设运营模式的要求中,明确提出了采取设计采购施工运营总承包(EPCO)模式的取向。这为包括综合管廊政府采购工作在内的全套业务架构指明了方向。

在过去的20年间,我国石化、冶金、电力、煤炭、铁路等工业领域应用EPC模式建设工程项目取得了令人瞩目的综合效益,而在即将进行的《建筑法》修订中,工程总承包也将作为重要成分纳入其中。因此,在城市地下综合管廊建设领域推行工程总承包是完全正确的,也是大势所趋。

实施工程总承包是需要有先决条件的,其中就设计而言,包括:设计范围要全面覆盖综合管廊的所有工程内容,完成项目的初步设计(包括初步设计说明书、机械设备明细表、工程概算书以及环保、节能、职业健康和工业卫生、消防等专项设计说明书),完成初步设计文件的审批。

当发起政府采购的其他条件都具备后，政府实施机构就可以综合上述利弊分析选择合适的方式，组织综合管廊 PPP 项目的"EPC+ 运营 + 融资"的复合型合作方采购。这样的合作方可以是综合实力强大的单一总承包商，也可以是具备相关资质和能力、具有相互约束力的多家企业法人的联合体。

综上所述，建议综合管廊 PPP 项目采用 EPCO 模式采购社会资本，采购方式选用邀请招标方式。如果联合体成员单位的服务领域能最大限度地避免二次招标，则建议采用竞争性磋商方式。

二、对综合管廊规划设计能力的匹配要求与建议

城市地下综合管廊工程的规划、设计是建设综合管廊的先导和龙头。当采用 PPP 模式建设综合管廊时，承担其规划、设计的社会资本具有极其重要的作用和地位。

但是在 PPP 项目中，并不是承担设计的企业肯定就是社会资本成员，这要看政府实施机构怎么分配 PPP 项目的设计风险。

区域业态的发展规划、项目的方案建议及可行性研究设计、项目的工程勘察设计都属于规划设计口的业务范畴。就城市地下综合管廊项目而言，如果按常规项目的建设管理程序办理，政府相关主管机构应该首先按照《城市地下综合管廊工程规划编制指引》的要求委托有资质的规划设计单位编制当地综合管廊工程规划并经地方人民政府审查通过，继而分步完成项目建议书阶段、可行性研究报告的编制与审查阶段和项目初步设计及施工图设计阶段的工作，然后参考施工图预算制定标底，组织工程招标。在上述过程中，参与综合管廊规划、设计的企业仅仅是受政府机构委托的规划和设计承接人，只对规划、设计成果承担责任，不涉及项目建造期的融资、管理等其他责任与义务。但是如果地方政府想采用 PPP 模式建设综合管廊，那么设计机构就有可能成为 PPP 项目的社会资本，而判断依据就是看政府实施机构怎么考虑设计风险的分担。当政府部门认为把设计环节交给社会资本可能会导致项目

出现不可控的风险，希望在自己主导下完成施工图设计后再进行社会资本采购，那么这种情况下与政府合作的设计机构，就不构成 PPP 项目社会资本的主体要件，该设计单位就不是 PPP 项目的社会资本。只有在 PPP 项目的产出要求中包括设计内容，设计风险交由社会资本承担时，则承担设计的企业才有可能成为该 PPP 项目的社会资本成员。

所以，就设计机构而言，应以它是否是 PPP 项目社会资本而对其有不同的匹配要求。

一般来说，无论综合管廊项目是否采用 PPP 模式建设运营，综合管廊的工程规划、可行性研究设计、项目初步设计都应该由政府机构按照基本建设管理程序要求单独委托有资质的企业承担。这些承担规划和设计的企业只要满足资质、能力、业绩等要求即可开展工作，设计费用独立支付，规划设计单位不作为社会资本对待，不接受超出设计范围的其他要求。

对于承担施工图设计的企业，当政府实施机构愿意自行承担设计环节的风险而自我主导施工图设计时，则该设计机构仍然只是一般设计人。它不是严格意义上的 PPP 项目政府合作人，不是项目的社会资本也不承担额外责任。但是，当政府为有效发挥 PPP 模式的优点，其实施机构将综合管廊的施工图设计纳入到了 PPP 项目采购范围，使有能力的设计企业通过政府采购而得以进入 PPP 项目的设计环节，则该设计企业便具有了合法的社会资本属性，进而通过该设计企业技术优势的发挥，使政府实施机构能够规避设计风险。同时，可以保证在 SPV 系统内项目的设计与施工、设计与采购、设计与运营管理达到有机衔接和统一调配，最终完成一个高质量的 PPP 项目。

1. 对综合管廊工程规划单位的匹配要求与建议

任何一项城市基础设施或公共服务工程都应该在建设规划的基础上有序推进，城市地下综合管廊工程尤其有必要"规划先行"。

（1）综合管廊工程规划的编制依据和政策解读。

即将颁布执行的《城市地下管线管理条例》要求，"城市人民政府城乡规划主管部门应当根据城市总体规划，组织编制城市地下管线综合规划，报城市人民政府批准"。城市地下综合管廊是城市地下管线敷设的一种特殊方式，符合上述条例客体的一般性要求，因此必须把其工程规划的编制列入政府工作计划。

国务院《关于加强城市基础设施建设的意见》（国发〔2013〕36号）、国务院办公厅《关于加强城市地下管线建设管理的指导意见》（国办发〔2014〕27号）、国务院办公厅《关于推进城市地下综合管廊建设的指导意见》（国办发〔2015〕61号）、住建部关于印发《城市地下综合管廊工程规划编制指引》的通知（建城〔2015〕70号）等文件对编制城市地下综合管廊工程规划给出了明确指引，通过政策解读，可以归纳出以下要点。

① 坚持先地下、后地上原则，优先保障提供与民生密切相关的基础设施建设。

② 坚持先规划、后建设原则，发挥综合管廊工程规划的控制和引领作用。

③ 坚持能入廊的管线全部入廊原则，为综合管廊工程设计提供法律支持。

④ 管廊工程规划应统筹兼顾城市新区和老旧城区。

（2）综合管廊工程规划编制单位的资质要求。

城市地下综合管廊的工程规划编制单位目前还没有特别的资质规定。综合管廊作为影响城市区域地下空间利用、道路及沿线建筑发展规划、区域人口和服务需求发展规划、城市整体景观等的大型线性地下构筑物，且涉及给水、排水、燃气、热力、电力（含城市照明）、通信（含广播电视、交通信号、城市监控）、工业等多种行业管理部门，以及发展和改革、工业和信息、国土、规划、财政、审计、城市交通、园林、水务、公安、消防、人防、安全监督、质量监督、环保、文物等多个政府职能部门。因此，承担工程规划的单位必须具备一定的资格和能力。

建议承担城市地下综合管廊工程规划的编制单位参照甲级城市规划编制单位的资质要求进行遴选。根据建设部84号令《城市规划编制单位资质管理规定》，甲级资质等级的规划编制单位应具备的条件为：第一，具备承担各种城市规划编制任务的能力；第二，具有高级技术职称的人员占全部专业技术人员的比例不低于20%，其中高级城市规划师不少于4人，具有其他专业高级技术职称的不少于4人（建筑、道路交通、给排水专业各不少于1人）；具有中级技术职称的城市规划专业人员不少于8人，其他专业（建筑、道路交通、园林绿化、给排水、电力、通信、燃气、环保等）的人员不少于15人；第三，达到国务院城市规划行政主管部门规定的技术装备及应用水平考核标准；第四，有健全的技术、质量、经营、财务管理制度并得到有效执行；第五，注册资金不少于80万元；第六，有固定的工作场所，人均建筑面积不少于10平方米。就综合管廊工程特殊性而言，除了上述基本要求，建议在第二条具有高级技术职称的人员占全部专业技术人员的比例中，增加燃气、暖通、电力、通信专业的高级技术职称人员配备。

（3）综合管廊工程规划的编制条件和适宜的编制时间安排。

由于政府推动PPP模式建设城市地下综合管廊力度强劲，使得当前一个阶段已经列入综合管廊建设计划或正在准备申报的项目中，出现很多因来不及组织编制综合管廊工程规划而将工程规划和可行性研究同期展开甚至后期补做的现象。这既失去了规划的作用和意义，也造成后期工作被动。综合管廊PPP项目落地难，其中规划不规范是其成因之一。

综合管廊的工程规划原则上应结合当地城市总体规划和各类专业管线控制性详细规划组织编制。因此，地方人民政府应在提出建设城市地下综合管廊的设想之前要提前编制完成城市总体规划，继而编制完成综合管廊覆盖区域的各专业管线控制性详细规划。而后者往往被政府忽视，因而影响综合管廊工程规划的及时编制。

鉴于城市地下综合管廊是今后一段时间内政府重点投入的基础设施，因此地方人民政府应统筹安排，动员城市给排水、燃气、热力、电力、通信等行业主管部门抓紧编制本行业地下管线控制性详细规划，尤其是对高强度开发区和管线密集区等适宜综合管廊建设的区域，宜率先完成地下管线修建性详细规划或控制性详细规划，不要到了需要编制综合管廊工程规划时，还拿不出基础数据，影响地方经济发展。

（4）关于综合管廊工程规划编制中的几点建议。

第一，综合管廊规划区位选择问题

《城市地下综合管廊工程规划编制指引》第 8 条要求："管廊工程规划应统筹兼顾城市新区和老旧城区。"但是从试点城市包括目前大多数正准备建设综合管廊的城市来看，综合管廊的规划区域大多选在城市新区。对于这个动向，建议相关部门要引起警觉，因为综合管廊集中建在城市新区会出现两个突出问题。一是不能从根本上发挥综合管廊的现实效益。由于老旧城区过去陈旧的、凌乱的各类管线仍然大量存在，管线爆裂或断损事故随时都可能发生，所以综合管廊建在城市新区对改善老旧城区马路拉链和城市生命线安全问题起不到任何正面效果。二是综合管廊建在城市新区，管线用户规模会随着新城区人口的发展而逐步发展，要达到设计容量将是一个相对漫长的过程。这势必影响入廊费和管线运营费的收取，不但综合管廊综合效益难以发挥，而且社会资本回收投资和取得合理回报就难以保证，这将极大地影响 PPP 模式的应用，甚至最终导致综合管廊 PPP 项目失败。

资料显示，主要的发达国家或地区都是在高密度建成区如中央商务区（CBD）考虑建设综合管廊。据统计，全球共有 CBD127 个（参考维基百科中对 CBD 的统计），其中建设综合管廊的有 21 个，普及率达到 16.5%。因此，我们的城市主管部门不能简单地以城市新区建设规格要求高，甚至以在新区建设麻烦少为由就轻率地决定把地下综合管廊建在城市新区，如此决策会损害城市地下综合管廊的发展前景。

第二，适宜入廊的管线问题

《城市地下综合管廊工程规划编制指引》第 7 条要求："管廊建设区域内的所有管线应在管廊内规划布局。"当前适合我国城市入地的管线主要有电力电缆（高压、低压）、通信电缆（包括电信、联通、移动、网通、铁通及有线电视信号等）、燃气、给水、热力、污水和雨水管道等，还有埋藏于道路下的路灯电缆、交通信号指挥线路，如果考虑到城市的发展，可能埋入地下的城市管线还有中水回用管道、供冷管道、垃圾管道、充电桩线缆及其他专用管道（如军用管道等）。通过对已建和在建项目的考察，国内综合管廊中真正纳入的管线种类距"区域内所有管线"的要求差距还是很大的，分析和建议如下。

① 电力和电信缆线、给水（包括中水、再生水）管道纳入管廊已成共识，但对高压的给水管线要在安全保障下入廊。

② 热力管道入廊虽然在概念上已被接受，但受高温、管道变形等部分技术因素干扰入廊仍受到掣肘；供冷管道由于大型地面制冷设施建设滞后还没有形成规模。以上两类管道具有鲜明的南北方城市地域特色，应克服困难，在工程规划中将其有效纳入管廊。

③ 雨水污水管道纳入综合管廊目前争议较大。建议在雨量充沛的南方城市将雨水管道进行入廊布局，在综合考虑平均降雨量、管廊覆盖区域的汇水面积、管廊路径与当地主要地表水系的区位关系等因素下，采用压力输送方式将雨水管道纳入综合管廊。而在干旱和半干旱地区，城市雨水应结合海绵城市发展规划另行安排，不宜进行管道收排。污水管道应该结合综合管廊与城市污水处理厂的区位关系，参照雨水管道压力输送方式纳入综合管廊。

④ 燃气管道入廊已被公认可行。目前，我国已经基本普及城市民用天然气，城市内燃气管道均已形成规模。但是在财政部试点项目中竟然有多个城市没有将其纳入综合管廊，可见燃气管道入廊还是受到了相当大的阻力。其实国内外燃气管道纳入综合管廊统一管理已有众多成功案例，个别地方燃气管道拒绝入廊是完全不应该发生的现象。所以，在管廊的工程规划中应旗帜鲜明地把燃气管线纳入综合管廊。

至于城市综合管廊干线和支线沿线的路灯电缆、交通信号指挥线路、充电桩线缆等完全可以顺带规划入廊。

2. 对综合管廊工程设计单位的匹配要求与建议

根据我国基本建设项目审批程序要求，凡列入建设前期工作计划的项目，均应有批准的项目建议书，项目建议书获批准即为立项。项目立项后须进行可行性研究报告的编制和报批工作，并在上报项目可行研究报告的同时或稍后还需要编报项目环境影响评价报告书。项目可行性研究报告和项目环境影响报告书经主管机构批准以后，即可进入工程初步设计的编制阶段。初步设计文件报项目设计审查主管部门审批后方可进入施工图设计阶段。

严格地说，城市地下综合管廊已有别于传统意义上的公共基础设施，是一套呈线性体系特征的完整的地下生产运营系统。首先，廊道内部的照明、通风、排水、监视监控等正常使用需要运营管理。更关键的是，廊道内敷设的各种管线需要进行开闭、切换、压力、流量、温度、湿度、电流、电压、继电保护、电磁防护、管线介质流不中断检修等运营操作，因此综合管廊已成为实实在在的有着工艺操控特征的构筑物，可以把它等同于独立的工业系统来看待，可行性研究报告和初步设计应该遵循相关工业项目的格式要求完成文件编制。

城市地下综合管廊工程项目建议书可由政府主管机构直接编报，可行性研究报告应由政府机构委托有资格的设计单位或工程咨询单位编制，工程初步设计必须由有相应资质的设计单位编制。施工图设计则必须由具备初步设计单位同等资质的设计单位承担。可研、初设、施工图设计三个阶段具有相对独立性，前两个阶段的成果可能会因审查被否决而使项目终止，所以原则上每一个阶段的设计应该单独委托。鉴于有利于项目设计资讯合理利用的考虑，建议初步设计阶段的工作继续委托可行性研究报告编制单位来承担，而施工图设计单位则完全可以在一种新的竞争环境下择优选定。

（1）对综合管廊可行性研究设计的资源匹配要求与建议。

第一，综合管廊可行性研究报告应该体现的特点。

就城市地下综合管廊工程而言，因其建设的必要性、市场的准经营性、项目的综合经济效益等已经被相关政策及综合管廊固有的特点基本框定，所以可行性研究阶段在上述几个方面发挥的空间已经不大，没有必要过多地着墨于此，应该结合综合管廊的工程规划，扎扎实实地将工程可行性研究的重点落实在以下几个方面。

① 项目建设条件及管廊区域工程地质情况研究（包括建设区域地下空间原有管线状况、区域水文地质情况、可行的基础工程实施方案等）。

② 综合管廊应用技术研究（包括廊道内各类管线产品标准、生产方法、技术参数、工艺流程等技术方案；总地下空间布置原则、管廊内部各类管线平立面布置方案、综合管廊吊装口、进引风口等节点布置方案、廊内外运输方案等总图设计；主要建、构筑物的建筑特征与结构设计、特殊基础工程的设计、建筑材料、建设施工方案等土建工程；各类入廊管线的管道及线缆设计、主要管线器材选型、安装工程设计、安装工程施工方案等安装工程；廊道内的消防、通风、照明、供电、排水、监视监控、标识等附属设施设计）。

③ 综合管廊项目实施进度安排（包括建立地下综合管廊项目实施管理机构、资金筹集安排、技术获得与转让、勘察设计和设备订货、施工准备、施工和生产准备、竣工验收等）。

④ 投资估算与资金筹措（包括固定资产投资总额、流动资金估算等地下综合管廊项目总投资估算，资金来源及地下综合管廊项目筹资方案，投资使用计划及借款偿还计划，投资回收期等）。

上述几条研究到位，也就突出体现了综合管廊可行性研究设计的精华与亮点。

第二，综合管廊可行性研究报告编制单位的选择

在当前城市地下综合管廊工程火热兴起的市场需求下，投身综合管廊项目前期可行性研究和技术咨询服务的机构越来越多。综合考查这些机构的背景、咨询专家的组成结构、擅长的咨询服务领域等，基本可以归纳为两大类。一类是综合咨询服务机构（如北京华经纵横咨询有限公司、北京瑞德森企业

管理咨询有限公司等），这类机构多有政府背景、学院支持、业务范围广泛、气场宏大。他们擅长在政策解读、市场分析、投资分析、竞争分析、营销计划、管理方案、技术研发等方面提供强大的高端咨询服务，使项目的各个方面都能满足可行的要求。另一类是常规的工程咨询单位（具有相应资质的设计单位）。他们的特点在于通过对工业新建项目的市场研究，可明确项目新建的必要性；通过对项目的工艺研究，可解决技术上的可行性；通过对项目的经济效益研究，可明确项目建设的合理性。两类咨询机构风格迥异、各有所长，都能胜任城市地下综合管廊工程的可行性研究报告编制工作。但是，综合管廊不是新品开发，不是装备制造，不是产业投资，而是简单实在的生产类工程设施，所以选用工程咨询单位来承担城市地下综合管廊的可行性研究更切合实际需要。

根据《中华人民共和国行政许可法》、国务院《对确需保留的行政审批项目设定行政许可的决定》（中华人民共和国国务院令第 412 号）、国家发展和改革委员会发布的《工程咨询单位资格认定办法》（第 29 号令），工程咨询单位必须依法取得国家发展改革委颁发的《工程咨询资格证书》，并凭此证书才可以开展相应的工程咨询业务。工程咨询单位资格分为甲级、乙级和丙级三个等级，各级工程咨询单位必须按照国家有关规定和业主要求依法开展业务。从投资角度来看，城市地下综合管廊工程属于地方大型基本建设项目，对应于不同等级承担不同的咨询业务范围的规定，其可行性研究报告编制工作应由甲级工程咨询单位承担。

在甲级工程咨询单位中，有相当一部分单位只做工程咨询业务而没有能力承担工程设计的。相反在拥有设计资质的单位，却有相当一部分单位同时具有甲级工程咨询资质。考虑到综合管廊除了具有地下工程特点外，还涉及诸多专业管线的选型与设计，可行性研究阶段建立起的与多种管线权属机构的沟通管道对后续工程设计有着极大影响，所以为了创造有效衔接两个阶段设计思维的天时地利人和的条件，建议政府机构在甄选可行性研究承担单位的同时把具有相应综合管廊设计资质作为重要考量条件之一，以期接下来的综合管廊工程初步设计仍委托给做过可行性研究的同一家单位，甚至同一班人马接续进行，从而可以大大提高设计质量和设计效率。

第三，综合管廊可行性研究阶段需要注重的几个问题。

① 要建立通过可行性研究设计有效控制总造价的政府意识。

综合管廊是一种特殊的城市基础设施，不属于水、电、气等公用事业中直接为社会提供产品和服务的单一基础设施，而是为这些不同类型的公用事业提供一种公共性和基础性服务的综合设施。过去给水、燃气、供热等划定为公用事业，基本是由政府单方面出资兴建，并以低廉的价格向市民收取费用（仅仅满足管线运营维护成本，根本无法回收工程投资）。供电、通信等则实行市场化经营，线路工程多由权属单位自行出资兴建，并通过纳入工程总成本然后折算销售价格的方式让使用者付费来回收投资及得到合理回报。这样一来，传统的单一管线工程就有可能出现两种工程费用承担主体，即政府和管线权属单位。作为具有公共性和基础性服务特性的城市地下综合管廊，由于打破了原有的利益格局，同时大幅度提高了基建总投资，因此只有政府有能力推动这一事业的发展，并在相当长的时期内由政府单方面出资兴建。

PPP模式下建设城市地下综合管廊，由于表面上的投融资主体成了社会资本方，政府在建设过程中只承担了总造价0~49%的份额。在极端时，政府以一元金股的方式入股SPV，因此有人便错误地认为该综合管廊工程费用由社会资本承担，投资控制也应该是社会资本的责任，从而忽视对综合管廊的造价控制。其实，对PPP项目而言，无论社会资本方的总投资额多大，相比政府方投资占比多高，其全部的建设投入（包括运营管理费和合理的投资回报）都将会在政府授予的特许经营期内通过使用者付费和政府的可行性缺口补贴一分钱都不少地收回去，因此PPP项目的社会资本方只是起到了项目融资并承担一定时期内的资金垫付作用（当然，还包括社会资本在建造、运营、维护期的艰辛付出），项目工程费用的承担主体仍然是政府，项目花费的是全体国民的资产，政府必须对它进行造价控制，而控制的源头就在于项目前期的可行性研究。

② 正确把握"适度超前"。

由于综合管廊工程的设计寿命长达100年，因此对一个百年工程怎么把握"适度超前"的确是一个难题。另外，我国目前与《城市地下综合管廊工程规划编制指引》相配套的《城市地下综合管廊设计规范》还没有推出，相关的超前概念没有具体定位，建筑规格标准尚不清晰。这就给综合管廊工程在设计阶段留下了比较大的发挥空间，使得一段时间内可研阶段综合管廊高大上的设计现象频繁出现。

在这种相对不利的情况下，综合管廊可行性研究报告编制单位更应该以科学的态度，站在为全体公民服务的高度度量综合管廊适宜的工程构成，在项目前期就把节约每一分钱的意识贯彻到综合管廊的诸多可行性设计环节中去，以注重设计为根本，取得降低综合管廊工程造价的前端控制效应。

③ 综合管廊工程应统筹规划，一次性完成全面设计。

《城市综合管廊工程技术规范》第3.0.6条明确要求：综合管廊应统一规划、设计、施工和维护。完整的城市地下综合管廊工程设计应该包括廊体结构、附属工程、管线设计、管线安装等，但是当前存在的一个普遍现象是，综合管廊可行性研究中的工程内容只含廊体结构、附属工程和部分管线（主要是给排水），而将行业特征显著的燃气、热力、电力、通信等管线设计留给了管线权属单位，造成综合管廊工程设计不完整。

这个现象的形成应该归咎于部门本位主义和习惯于满足现有状况。本位主义表现可能更为突出一些，反映在两个方面。一方面，目前承揽综合管廊工程设计的单位基本都是市政工程设计院，这类单位在既有业务中较少涉及规模较大的燃气、热力管道和电力、通信线缆等的设计，本身设计实力不够，达不到包揽全部设计内容的能力，只能有多大力使多大力，造成目前的残缺局面。另一方面，我们已有设计院也想统领综合管廊工程的全部设计，对于自身欠缺的设计专业实行分包，但在实际操作中专业设计分包却难以实现，原因是各类管线权属部门的设计单位分包响应度不高。经对这种情况的分析，原因可能来自两种情形。第一就是他们本身都是些强势部门，提到综合管廊专业管线入廊，他们的一个基本态度就是：我们的管线我们来设计（这也是长期占有市场的习惯思维）。还有一种是可以接受专业设计分包，但分包设计要接受他们的条件。这将可能会出现要价过高，影响设计总览单位的利益，这种情况下，设计合作肯定无法实现。

为此提出两点建议：一是国家应在高级层面上建立沟通协调机制，营造各专业管线权属部门设计机构积极配合设计总览单位的良好氛围，在综合管廊工程可行性研究设计阶段形成高度融洽的设计沟通，避免重大设计漏项，减少重复设计，保证设计的完整性。二是可行性研究报告编制单位要有突破自身能力限制的勇气，快速提升自身实力，加强统筹整合力度，提交具备科学性、完整性的城市地下综合管廊可行性研究报告。

④ 对综合管廊可行性研究阶段若干关注点的建议。

一是统一综合管廊工程可行性研究报告编制内容和深度

目前，城市地下综合管廊工程设计方面的相关制度规范还不健全，其中包括没有关于城市地下综合管廊可行性研究报告编制内容和深度的规定。

就可行性研究而言，综合管廊工程适宜采用工业建设项目可行性研究设计中规定的研究范围和内容，主要有：第一章总论，第二章市场分析，第三章产品方案和建设规模，第四章项目地区建设条件，第五章项目工艺技术方案，第六章管廊建设方案及公用工程，第七章环境保护，第八章节约能源，第九章劳动安全与工业卫生、消防，第十章项目组织机构及劳动定员，第十一章项目实施进度安排，第十二章项目招投标，第十三章投资估算及资金筹措，第十四章项目财务评价及社会效益分析，第十五章项目风险分析及防范对策，第十六章可行性研究结论建议。

为统一口径和科学地组织可行性研究，建议相关单位抓紧出台《城市地下综合管廊可行性研究报告编制内容和深度的规定》。

二是能共舱的尽量共舱。

根据工程量测算，综合管廊断面每增加一个舱室，其土建及附属设施造价就要提高20%~25%。同时，相对多仓结构的廊道来说还弱化了运营期管廊集约化管理的功效。

当前技术上的一个交锋点是燃气管道是否必须独立设仓。一直以来燃气管道能否纳入到综合管廊存在争议，随着技术的进步和越来越多的城市将燃气管道放入了地下综合管廊，使得谨慎派不得不接受了可以入廊的现实，但是同时又留下了一个保守概念并写入《城市综合管廊工程技术规范》，即条目4.3.4，天然气管道应在独立舱室内敷设。

资料显示，德国、瑞士等国家的地下综合管廊多是单舱结构，其燃气管道与其他管线共舱敷设。我国早期的深圳市大梅沙至盐田坳电缆隧道中就敷设了2.7 km的中压燃气管道。它是国内第一条容纳燃气管道在内的地下隧道，至今隧道内各种管线已经安全运营了十多年，效果良好。

燃气管道纳入综合管廊的危险性主要表现是火灾和爆炸，其最直接的起因可归纳为燃气泄漏及存在火源。因此，燃气管线纳入综合管廊设计的安全要素是对这两个危险源（起因）的消除和控制。在当前的材料技术、监控技术、管理水平条件下，通过对燃气管线本体及附件的泄漏控制，对综合管廊内其他火源的控制及燃气管线发生泄漏后可行的应对措施的实施，燃气管道的危险是完全可以避免和控制的，而当这种控制力足够强大时，管线共舱便是自然的选择。

热力管道入廊也有类似问题，条目4.3.5规定：热力管道采用蒸汽介质时应在独立舱室内敷设。由于设计者过于考虑免责，目前多个采用高温热水作为供热介质的热力管道也采用了独立舱室，单独设舱出现某种随意性。其实，从对高温蒸汽泄漏的控制手段和其泄漏后的危险程度来看，比燃气管道带来的破坏性要小得多，更何况以热水为介质的热力管道。

因此，建议可研报告编制单位应注重技术层面研究，正确理解规程规范，能共舱的一定要共舱。

三是充分考虑综合管廊信息化管理需要。

综合管廊信息化管理除了工程本身的相关信息（如管廊路线图、管线相关属性信息等）要进入到城市管理信息系统，管廊内的通风、排水、照明、预警、环境监视信息要进入综合管廊廊道管理信息系统之外，重要的是利用BIM、远程监视监控等先进技术实现对综合管廊内各种管线的生产管控。

廊道内敷设的各种管线不同点位的开闭、切换、分流等操控动作的执行，不同管道的压力、流量、温度等的监视监控，各种线缆中的电流、电压、电磁辐射、接地等的监视监控，对廊道内各类管线及其关键部位的外观巡检与局部详查，保证管线介质流不中断检修的操作要求等，都是综合管廊实现信息化管理的重要内容。过去，我们将它们分散在各管线权属部门独立操办，难免出现技术水平参差不齐，器材装备重复交叉，既不经济也难以实现高效管理。

充分考虑综合管廊信息化管理的要求，同时也是对可行性研究报告编制单位提交完整可行性研究设计的要求所隐含的一个重要方面。若可研阶段缺失了这方面内容，初步设计将无法深入，在设计阶段实现高度信息化管理综合管廊便会成为空话。

四是有效实现投资决策阶段的造价控制。

城市地下综合管廊PPP项目虽然是由社会资本投融资建设，但是其资产本质是国有性质，政府实施机构必须义无反顾地加强对综合管廊PPP项目的总投资控制，且从设计的源头就要着手，任何以第三方审计为说辞的末端控制都是对国民财富不负责任的表现。

造价控制是一个全过程的控制，同时又是一个动态的过程控制。在设计阶段控制造价充分体现了事前控制的思想。因此，在项目建议书阶段应编制初步投资估算，在可行性研究设计阶段应编制投资估算，把造价控制在投资决策阶段便开始抓起。

投资估算误差较大，原因有三：第一，因项目模型尚不清晰，估算难以准确；第二，受长官意志影响比较突出，投资估算变幅较大；第三，所选用的数据资料信息过于陈旧，难以真实反映实际情况。另外，还有一个现象就是设计费压得太低，致使可行性研究设计粗制滥造。

资料显示，设计费一般只相当于建设工程全寿命周期不足百分之一的费用，但正是这少于1%费用的设计工作对工程造价的影响度却占到75%以上。由此可见，设计质量对整个工程建设的效益是至关重要的。为此，可行性研究设计单位应克服困难，尽可能地在综合管廊工程规划的指引下，清晰定义项目的规模及其主要组成要件，排除非技术因素干扰，引用最新定额或指标，把可行性研究阶段造价控制的落脚点放在做好方案估算工作，既保证估算不漏项，又能有效地保证概算总额，真正体现设计价值。

五是应就纳入管廊的各类管线直埋成本做出估算。

综合管廊工程可行性研究工作应该与时俱进。鉴于今后一个时期内综合管廊的建设可能都会采用PPP模式，因而可行性研究的工作内容也就需要为配合PPP的政策要求而相应做出一些调整。例如，为了有效落实管线入廊，就需要为管线权属单位和政府搭建一个入廊费讨价还价的基本平台，而这个平台的基础就要把该管线采用直埋敷设的成本计算出来。显然，这项工作只有可行性研究报告编制单位最有条件承担。

可行性研究设计第一时间给出了综合管廊的选线、走向、长度、各种需要纳入廊道的管线以及各种管线的基本技术规格等工程指标。在这个基础上，可研报告编制单位可以方便地套用管线直埋的相关估算指标得出与综合管廊走向一致的各单种管线直埋施工的工程造价，这些数据及时且准确地出现有利于综合管廊项目PPP可行性研究展开，关键在于使政府方在入廊费问题上可以有一个与各管线权属单位谈判的科学而具体的参考数据，加快落实管线入廊及其费用分摊的进程。

（2）对综合管廊初步设计的资源匹配要求与建议。

第一，综合管廊初步设计应该体现的特点。

城市地下综合管廊工程初步设计是可行性研究设计的深化，要依据项目的可行性研究报告来确定设计原则、设计标准、设计方案和重大技术问题，结合到具体项目应注意在以下几个方面发挥好作用。

① 清晰定义项目边界，明确设计依据、设计原则、设计指导思想，明确项目组成、工艺特点、产品方案、总图运输、原材料消耗及来源、建构筑物设计、关键管线、设备及仪器仪表选型、消防、劳动安全、工业卫生、环境保护等。

② 要在初设阶段进一步勘察综合管廊沿线工程地质状况，规避地质风险并为土方工程、基础工程提供可靠设计。

③ 工程初步设计概算是这个阶段完成的前期造价控制的重要文件。项目可行性研究阶段、初步设计阶段、施工图设计阶段均是项目还未实施的阶段，是项目前期投资控制的关键环节。各设计阶段形成的造价（估算、概算、预算）相互制约、相互补充，前者控制后者，后者补充前者，共同组成工程造价的控制系统。初步设计阶段的责任就是要在可行性研究估算的基础上把概算做全并且不能超过估算，这个全面且准确的设计概算应该是项目造价控制系统的关键指标，当项目业主试图自我承担设计风险时，这个指标便是控制施工图设计的重要参数，即依据施工图编制的预算不能超过初步设计概算。当项目采用EPC建设管理模式时，既是项目业主想要达到的总投资控制目标，又是推动承建方合理配置资源，充分释放管理能效才能争取得到的项目效益目标。

④ 初步设计文件系统是工程设计的重要组成部分，也是工程实施所依托的重要的系统文件，因此该文件系统应符合国家行政主管部门颁布的规范要求。初步设计文件编制完成以后应该报项目设计审查主管部门审批。工程初步设计审查的主要内容有：项目初步设计是否符合国家方针、政策和行业规章、标准的要求；是否符合可行性研究要求；是否切合实际、安全适用、技术先进

可靠、经济合理等。

初步设计审查也是进一步优化设计的过程。

第二，综合管廊初步设计承担单位的选择。

在前一节关于综合管廊可行性研究设计单位选择的讨论中，我们曾建议把具有相应综合管廊设计资质作为遴选工程咨询单位的条件之一，以期初步设计与可行性研究能高质量对接，利于项目推进。

城市地下综合管廊的设计必须由具有设计资质的单位承担。但是经对试点城市和部分正在建设综合管廊城市的调查，政府实施机构大多在设计单位招标时把具有建设行政主管部门颁发的工程设计综合甲级或市政公用工程行业设计甲级作为资质条件，使得当前一个时期活跃在综合管廊设计市场的设计单位呈一边倒的现象，即由市政工程设计院主导综合管廊工程的设计。

工程设计综合甲级资质是我国工程设计资质等级最高、涵盖业务领域最广、条件要求最严的资质，持工程设计综合甲级资质的企业可承接我国工程设计全部21个行业的所有工程设计业务，并可承担其取得的施工总承包一级资质证书（施工专业承包）许可范围内的工程总承包业务。目前由住房和城乡建设部授予工程设计综合甲级资质的企业共59家，按大类分布，石化15家、电力14家、港航8家、铁路6家、冶金4家、市政3家，还有机械、水利、兵器、电子等行业数家。从研究团队进行的调查情况看，综合甲级证书比较集中的石化、电力、港航等设计院参与综合管廊工程设计的积极性并不高，即使有意愿参与的铁路、冶金等综合甲级设计院也因种种原因尚没有进入实质性角色。

而就行业设计甲级资质来看，据不完全统计，我国目前有包括市政工程在内的甲级工程勘察设计单位约820家，分散在30多个行业，遍布全国各地，其中市政工程类甲级设计单位占比不足5%。

通过对上述设计资源分布分析，不难发现如果政府实施机构仍然按工程设计综合甲级或市政公用工程行业设计甲级作为综合管廊工程设计单位进入的门槛,将使综合管廊设计单位选择面大大缩小。这不仅弱化政府采购效果,而且把很多有能力承担综合管廊设计的企业挡在了门外,难以实现更大程度上发挥社会资本优势、共同高效建设城市公共设施的初衷。因此,政府部门应转变观念,适时调整资格限制,创造综合管廊工程设计市场百花齐放、充分竞争的局面。

当预设综合管廊工程实行 EPCO 建设运营管理模式时,政府实施机构对承担综合管廊工程初步设计的设计单位应从更高一级的要求进行遴选,即考查该设计单位是否具有工程总承包的能力和业绩。因为只有具备工程总承包经验的设计单位才能高屋建瓴、站在项目顶层设计的高度对项目整个合同范围内的工作进行总体策划和全面协调,提交的初步设计成果才能成为编制施工图设计,安排项目总体计划,组织主要设备、器材采购及控制项目总投资的依据。而市政工程设计机构因为受行业项目特点限制,长期以来一直难有为项目提供装置装备采购和生产运营调试的机会,因此无法激发这样的设计机构创立并提升包括采购、工艺调试在内的 EPC 总装式服务机制,所以市政工程设计院在我国经济高速发展的很长一段时期内,鲜有工程总承包建树。与此相对应的,除了上述综合甲级设计单位外,还有大量实力雄厚的行业甲级、专项甲级设计单位具有类似综合管廊工程的设计及总承包的能力和业绩,如煤炭、有色、水利、核工业等工程设计单位,虽然他们中的大多数没有市政类工程设计高等级资质,但确确实实具备城市地下综合管廊 EPCO 竞争实力,应该把他们作为突破综合管廊工程总承包瓶颈的潜在力量,使其得到充分发挥。由此建议:在选择综合管廊初步设计承担单位时,其资质条件以具有国家建设行政主管部门颁发的甲级工程设计证书即可,以摆脱行业束缚,广招天下英才,开创综合管廊工程 EPCO 领域新局面。

第三,综合管廊初步设计阶段需要注重的几个问题。

① 保持项目可行性研究的延续性,一次性完成全面设计。

一直强调设计的完整性是因为目前综合管廊 PPP 项目的设计确实没有达

到完整性要求。

长期以来，我国各类管线建设都是由相应专业管线机构单独承担，在管线工程的设计、施工、采购等环节所形成的技术标准、工程经验、资质条件等都呈现出高度的行业化、部门化特色，导致我们现在还没有一家设计机构能够承担完全覆盖廊道内多种管线在内的全面的工程设计。这个问题在项目建议书阶段就出现，到可行性研究阶段变得更具体，因此研究团队特别建议项目的工程咨询机构应在编制可行性研究报告时注意解决这个问题。到了综合管廊初步设计阶段，项目设计的不完整性将极大地影响综合管廊从造价、质量到工期的全面控制，影响综合管廊集约化管理效果，同时还将直接影响PPP模式的成败，因此完成一项全面的综合管廊工程初步设计是基本要求。

由于可研和初设的承担单位是由政府方分别委托的，故原则上存在初步设计承担单位与项目可行性研究报告编制单位不是同一家单位的可能性，为避免个别另外委托的设计单位仍套用习惯做法组织编制项目的初步设计，所以必须突出强调，承担综合管廊初步设计的单位要保持项目可行性研究的延续性，一次性完成全部工程的初步设计。

显然，要想在短时期内迅速培育一批能够覆盖综合管廊全部工程的设计单位还是有难度的，但是我们必须朝着这个方向走，起码要培育一批敢于统揽综合管廊全部工程设计的单位作为设计总牵头人，专业设计可以采用分包制，并由总牵头人负责实施，从而一方面明确设计风险分担机制，让最有条件和能力承担设计风险的一方承担该风险，另一方面也让政府实施机构可以摆脱技术管理的重负，释放更多能量去关注其他该关注的事项。

统揽设计的总牵头人的一个艰巨任务就是与各管线权属单位及其下设的专业设计机构的沟通。在这个方面政府实施机构除了加强组织协调之外，还得建立相应的设计费用补偿机制，以解决设计分包费用突破预算可能引发的问题。

正是因为设计总牵头人与管线单位协调难度大，所以研究团队曾在上一节建议，在政府方委托综合管廊可行性研究设计单位时宜一并考虑继续委托其承担初步设计的可能性，以使这两个阶段的设计沟通工作在相同的两组人员之中进行，从而减少扯皮，提高效率。

②注意设计的可施工性，避免返工。

在以前不完整的综合管廊项目的设计中，我们更多关注的对象是综合管廊的廊道及其附属设施，对管线工程兼顾的程度和力度相对有限，因此在设计的可施工性方面可能会忽略廊道与管线之间存在的制约关系，给项目建设带来隐患。因此，建议除了廊道及附属设施设计的土建工程可施工性之外，对各种管线敷设及安装工程中的可施工性尤其要引起重视。这也是之前综合管廊建设过程中因为条块分割、各管一段而出现频繁变更的问题所在，有的还付出了不小的代价。

在未来的城市地下综合管廊工程初步设计中，应借助设计总牵头人的系统筹划与专业设计分包的紧密配合。着重解决的问题有：廊道内具有水平推力的大型管道支承问题，大规格管线最小转弯半径与廊道的平面设计关系问题，管线最大纵坡限制与廊道的竖向设计关系问题，管道与线缆吊装敷设施工的着力设计问题，各种共舱管线垂直安全间距及安装空间预设问题，各种管线的引出及与引出口的设计关系问题等。通过一揽子统筹设计解决综合管廊安装工程的可施工性。

③突出综合管廊廊道与各类管线监视监控统筹设计。

综合管廊的建设要与城市地下管线信息管理系统建设同步。

国内城市地下管线信息管理系统发展过程缓慢，经历了以下几个阶段。一是20世纪80年代前，各城市的地下管线分别由管线权属单位、城建档案部门等保存管线的竣工图及相关纸质资料，整个地下管网体系信息凌乱、无动态化更新、手工方式管理，所以效率低下，远远跟不上城市发展的需要。二是20世纪80年代至90年代中后期，大多数城市开展了大规模的地下管网普查工作，利用计算机辅助制图技术绘制管线分布图，并建立了计算机数据库管理系统来存储管线相关属性信息。但由于管线的空间布局和属性的信息仍然分别存储于不同系统，无法进行管线资料的统一管理和利用，管线信息化管理效率无法完全发挥。三是 20 世纪 90 年代后期，地理信息系统软件的广泛应用，尤其是 GIS（地理信息系统）推广应用到城市地下管线信息管理系统之后，城市地下管线信息化建设才有了突破性的发展。

广义的城市地下管线管理信息系统建设目标是做好地下管线信息管理。它要求建成分级、分布式的地下管线信息数据库、建立公共数据交换服务平台、建立具有空间化、数字化、网络化、智能化和可视化的技术信息系统，实现地下管线信息的实时、动态管理与维护，提供地下管线信息的检索、查询、定位等服务。

狭义的综合管廊项目信息系统包括完善的新建综合管廊建设档案及竣工的综合管廊各类管线信息数据库，以及管廊和内部管线生产运营信息处理。

因此，综合管廊工程必须在初步设计阶段清晰且完备地对综合管廊廊道与纳入廊道的各类管线进行监视监控设计，建立综合管廊的信息系统，并为接入上层信息交换中心提供保障。

综合管廊监视监控对象包括廊道环境和纳入廊道的各类管线。廊道环境管理和各类管线的生产管理是综合管廊运营管理密不可分的两个有机部分，监视监控是对这两个部分实施管理的必要手段，其集控机房应统一设置。廊道环境管理的目的是配合管线生产管理，如照明、通风；管线运营时的特别生产处置要求廊道环境管理的手段及时跟进，如给水管道泄漏需要报警、排水。所以，综合管廊廊道环境管理和各类管线的生产运营管理要在初步设计阶段充分反映出各种需求，并对应需求全面落实工程措施。在这个方面，优秀高效的监视监控设计甚至可以极大地减轻综合管廊运营维护阶段的生产成本，使监视监控系统投资在建设和运营的结合点上发挥最佳效益。

当上述监视监控信息通过 BIM 技术、计算机集中控制系统能够进行有效地采集、分析、传输、显示、执行、存储等操作，再配合有效执行建设管理程序、完整提交竣工资料时，狭义的综合管廊信息系统建设任务才算得上基本完成。

④ 突出初步设计总投资控制概念，为后续工作创造条件。

初步设计阶段完成的设备清册、概算书是项目实物采购和工程总造价控制的直接依据，而根据初步设计原则进一步编制完成的施工图则是项目工程数量和工程质量的直接控制依据，因此，工程项目的初步设计成果是后续项目实施过程的总体控制依据。

对于城市地下综合管廊工程而言，无论是在传统的设计、施工独立承包制还是 EPC 工程总承包制的建设管理模式下，到了初步设计环节都必须要求设计单位突破单一设计的陈旧观念，在完成必要的初步设计说明书、图纸、清册、概算、专项设计说明等技术文件的基础上，还要为项目的施工组织、进度安排、竣工试验及竣工后试验、劳动定员、资金筹措、财务评价、工程验收等相关管理服务提供资讯，发挥好设计是项目综合管理的龙头作用。

⑤ 尽快出台综合管廊初步设计编制内容与深度要求的规范性文件。

城市地下综合管廊工程设计要不要涵盖纳入管线的内容至今还存有争议，且不说争议的缘由，仅从技术角度对一个工程项目的设计而言，理应全盘考虑。就人们对综合管廊初步设计所承载的对项目总体部署的期待而言，也需要对综合管廊初步设计究竟要做哪些工作，以及这些工作要做到什么程度有一个明确的说法，反观目前市场上流行的综合管廊工程初步设计说明书版本，其传递的信息显然不尽如人意。所以，引导综合管廊工程设计健康发展的《城市地下综合管廊工程初步设计编制内容与深度要求》的规范性文件应尽快发布并执行。

（3）对综合管廊施工图设计的资源匹配要求与建议。

施工图设计是项目工程设计过程中的最后一个环节，施工图是指导施工的最直接依据。

我国现阶段采用的明挖现浇、预制拼装或盾构技术建设城市地下综合管廊，相对来说其技术的成熟度已经很高，项目的核心边界条件和技术经济参数也都比较明确。对于这一类工程若采用PPP模式建设运营,那么最有可能把设计风险分配给社会资本承担的应该就是施工图阶段的设计。

政府实施机构采用不同的施工图设计风险分配机制将使其对自身的管理要求和对施工图设计承担单位的资源匹配要求有不同的着眼点。

第一,政府承担风险时综合管廊施工图设计单位的选择。

① 设计资质要求。

一般来说,凡根据工程规模确定的初步设计承担单位的设计资质便是要求施工图设计承担单位的同等或以上资质,即施工图设计承担单位的设计资质不能低于该项目初步设计承担单位的设计资质。对于城市地下综合管廊工程来说,我们曾建议其初步设计承担单位应具有国家建设行政主管部门颁发的甲级工程设计证书(不设行业限制),当独立遴选该项目的施工图设计单位时,也应该以其具有甲级工程设计证书为基本要求,同时考查其信誉与业绩。

② 需要把控的主要风险。

需要特别强调的是,在上述情况下,政府实施机构组织的施工图设计招标不属于PPP模式的社会资本采购范畴,中标的设计单位要与政府方共同承担PPP项目的设计风险。

为使政府方尽可能地少担设计风险,需要选择一家能承担风险的设计单位。此时,政府实施机构应重点关注以下几个方面,即除了要避免施工图设计可能出现的一般性错漏碰缺和延迟交图等风险外,还需突出考虑设计潜在的缺陷风险、绩效风险、技术落后风险、升级障碍风险等。其中,缺陷风险包括设计单位的能力缺陷和设计成品的数量与质量缺陷。而绩效风险则主要表现为设计单位在施工图设计过程中把握技术经济综合效益控制方面的能力,即所谓限额设计或保证施工图预算不突破初步设计概算的能力。因此,政府方必须甄选优秀的设计单位并通过该设计单位创造的优良设计产品来化解风险,具体来说,就是在进行综合管廊施工图设计单位招标时,最好能在原资质等级的基础上再提高一个等级,选择出能力超强的设计单位。或者在资质等级等同的条件下，注意对参与投标的设计企业进行实际业务考查，必要时，采用深入企业内部调研的方式以获取对对方能力的充分知晓。

③ 选择方式。

综合管廊施工图设计按费用规模衡量属于公开招标范畴。

鉴于上述阶段设计所考虑的风险因素，较好的方式是将通过考查的设计单位作为邀请投标对象，采用邀请招标的方式实现施工图设计单位采购。

第二，设计风险交与社会资本时施工图设计单位的选择。

在这种情况下，政府实施机构发出的招标文件便是 PPP 项目 EPCO 模式的要约邀请，此时竞标施工图设计的单位角色已经转变成社会资本。

投标的社会资本可能是具有设计资质的，包括施工、运营、融资能力在内实力强劲的单一工程总承包商，也或许是包括拥有设计资质独立法人在内的，与其他社会资本构成的联合体。此时，政府实施机构的采购责任是把好潜在的承担设计的社会资本入门关，即除了考查他的设计资质外，还要看他有没有能力既把设计责任担当起来又在不损害公共利益的前提下通过释放技术优势和管理能效收获项目建造和运营的综合效益。而这个能力就是工程总承包能力。

工程总承包是指从事工程总承包的企业按照与建设单位签订的合同，对工程项目的设计、采购、施工等实行全过程的承包，并对工程的质量、安全、工期和造价等全面负责的承包方式。对于 PPP 项目，社会资本在采用 EPC 建设管理模式建造完毕后，还要进行有效的特许经营期的运营管理，因此，社会资本在施工图设计阶段还有一个权衡建造与运营投入关系的问题，这将为施工图设计留下优化的空间，同时也将对施工图设计单位构成考验。

综合管廊 PPP 项目 EPCO 模式下对施工图设计机构的选择应注重以下几个方面。

① 资格预审。

在项目完成初步设计并采用 EPCO 模式发包时，无论是单一投标人还是联合体投标人，在设计环节要完成的任务就是施工图设计，从事设计的机构不再适宜简单地称为设计单位。它将是未来PPP项目的社会资本方。因此，按照PPP项目政府采购办法的要求必须实行资格预审。

投标人资格是一个需要系统性证明材料支撑的形象表达。以下仅就设计资格预审需要注意的几个问题做一简述。

一是投标人主体资格（关注单一总包商或联合体内的设计成员的设计资质）。投标人要出具的下列证书证明主体资格：企业法人营业执照、法人授权委托书、组织机构代码证、税务登记证、设计资质等级证书、联合体协议书（如果是联合体）。

二是项目设计经理及设计资源配置。推举的项目设计经理简介、设计资源配置说明、项目设计经理及设计团队的信息必须齐全，并对项目经理和主要设计人的资格、资历、业绩及经验等进行必要的文字描述，附有项目经理和主要设计人的资格证书、学历证书、职称证书。

三是投标人业绩。投标人业绩是资格预审的重要指标。投标人必须按照要求提供近年来承担的类似工程设计（或工程总承包）情况一览表，并附项目合同、竣工验收证明材料、业主评价报告等。需要注意的是，工程业绩尽可能是登记的项目设计经理组织实施过的工程项目，主体公司的业绩仅作为参考。

四是投标人的企业财务状态。投标人需要对本公司的财务状况进行说明并具备接受招标人关于履约担保的相关要求。它主要包括三个方面：账户信息、资产负债情况、第三方财务审计情况。

五是投标人的企业信誉和信用。投标人提供的可资证明其信誉、诚信等方面的附件可以作为具备资格的重要参考依据。如安全生产许可证、ISO9002质量体系认证证书、ISO14001环境管理体系认证证书、ISO18000职业健康安全管理体系认证证书、国内有关机构颁发的企业AAA信用证书、国内有关机构颁发的优秀设计奖、优质工程奖和优秀工程总承包奖等。

② 采购执行过程中的报价评审。

采购执行过程中的报价评审是考查综合管廊 EPC 项目社会资本施工图设计和对项目总体掌控能力的关键环节。

原则上 EPCO 模式的投标文件由商务报价书、技术建议书、实施建议书三部分文件构成，且在投标文件编制过程中承担设计的部门起着决定性的作用。招标代理机构应合理设计标底价格、评标办法、评分项分值及权重，着重审查它的技术建议书和项目实施建议书的编制水平和质量，利用综合评分法选出得分最高者并授予中标资格。

③ 合同谈判。

获得中标资格的社会资本应在规定的时间内与政府实施机构进行合同谈判并签订项目合同。在这个过程中不乏谈判失败而由第二中标人替补并与招标人继续进行合同谈判的现象发生。也就是说，合同谈判又一次给了招标人进行细节化甄别的机会。

第三，设计风险交与社会资本时，施工图设计机构应体现的价值。

① 使政府实施机构解脱设计管理重负。

项目的设计管理不是政府实施机构所擅长的管理对象。EPC 模式即源于业主希望减轻建设程序的管理负荷与压力并通过提高对总承包人的要求、提高收益回报、总体风险包干的方式来实现合同目的。因此，将项目包括设计在内的全部工作内容交给有经验和能力的高水平总承包商来完成，业主的管理机构就可以相对精简。就施工图设计管理而言，政府实施机构要做的事就是审查交付的施工图是否满足初步设计的原则，而关于图纸细节上的问题、对应图纸所要投入的工程成本问题就无须过问了。这样既有利于专业的承包商发挥其设计管理运行效率，也达到了减轻业主负担、释放业主管理压力的目的。

② 相对固定业主风险。

尽管在传统的施工总承包合同模式中也有固定总价合同形式，但是由于传统施工总承包中承包人无法参与到设计中去,一旦发生设计变更和现场签证就需要对工程价款以及工期进行调整,实际上无法实现固定工程价款的初衷。因此绝对不可调的固定总价合同比较少见,最终往往变成暂估价加上洽商变更的合同价款形式。

在EPC模式中,业主与总承包人签订EPC合同,把建设项目的设计、采购、施工、调试等工作全部委托给了工程总承包商来实施,由工程总承包人统一策划、统一组织、统一指挥、统一协调和全过程控制,只要不涉及突破设定范围的业主变更,其风险均由工程总承包人承担,从而使业主风险在合同签订之初就可以得到很好的固定。而得以使业主风险固定的保证就来自总承包人在施工图设计过程中的技术经济综合控制能力。大量的工程实例表明,采用EPC模式,业主的工程总价和工期风险都能得到相对很好的实现,充分证明了EPC模式带来的双赢效果。

③ 发挥设计团队高度的资源整合和协调能力。

在EPC模式下业主除了提出要求和进行质量、进度、安全、费用监管外,工程的实施均由工程总承包人负责,包括勘察、设计、采购、施工和调试等具体工作。因而原则上需要有一个对所承接项目具有高屋建瓴、全盘把控能力的项目总协调团队,而从客观上来说具有这样能力的团队就是掌握了雄厚的工程设计资源(包括相应等级的设计资质、专业配备、技术人员层次设置、业绩以及健全的内部规章)的设计机构。

④ 获得相对的高回报。

所谓高回报是针对以项目施工图预算为参考标底的施工总承包模式而言的。EPC模式的一个重要特点就是把项目从初步设计到施工图设计的细化工作留给了总承包商,从而一方面把项目的初步设计概算总价与施工图预算总价的差值作为利润让渡给了总承包商,而另一方面也把详细工程设计及其设计风险转移给了总承包商。作为一个有能力的总承包商,他的设计团队必须在遵循初步设计原则的基础上,高度发挥设计才能、精打细算、精益求精,并在采购、施工、调试的有机协作下取得合理收益。

⑤ 配合提供适宜的运营管理能力。

有必要特别指出的是：结合 PPP 模式需要，在项目建成后，总承包商还要继续承担项目在特许经营期内的运营管理。这应该说是对总承包商（或称社会资本）的一个崭新的考验。虽然在这之前，市场已经有了委托运营管理的需求，并在一些有实力的企业中建立并培育了一批生产运营管理队伍，但是当时的状况是即使是同一家总承包商承担同一个项目的工程总承包和项目运营管理，但其 EPC 和运营事项都是由两个独立的合同体系来调整双方权益，两个合同本身并不发生因果关系。PPP 模式项目合同则不然，它是将 EPCO 全部纳入到了项目的主体合同中，EPCO 中的各项工作相互依存又彼此影响。因此，对总承包商（或称社会资本）而言，他不仅需要构建强有力的生产运营管理队伍，而且要把运营管理可能出现问题的解决方案前置到设计、采购、施工的各个环节来进行考虑，这就进一步加大了对总承包商（或称社会资本）设计要求的深度和广度。像综合管廊这样的项目，若设计团队提前将廊道管理和廊内管线生产运营管理可能涉及的监视监控、管理制度、劳动定员、检修与应急处置考虑齐全并在项目建造期同时完成，则将极大地有利于提升漫长的特许经营期的运营管理绩效。

第四，设计风险交与社会资本的困局化解途径。

根据研究团队的调研结果，到目前为止国内综合管廊工程项目还没有一个成功采用 EPCO 模式的案例。这从客观上反映了 EPCO 模式在城市综合管廊工程方面的应用还是有很多掣肘因素的。经分析，可从以下几个方面化解困局。

① 核心技术机构要勇于担当。

这里所说的核心技术机构可以理解为当前主导城市地下综合管廊设计市场的各主要大型市政工程设计院。

市政工程包括城市道路、桥涵、堤岸、河渠、隧道、地铁、高架、轻轨、城市给排水及管网、城市广场、景观工程、路灯照明、电力管线的市政部分、污水处理、垃圾处理设施、园林绿化工程的市政部分、热力、燃气、通信等工程的市政部分，以及其他市政公用配套设施等，从以上工程的特征和建设成品长期由政府管理的情况来看，市政工程设计机构一直难有为项目提供装置装备采购和生产运营调试的机会，因此也就无法激发设计机构创立并提升包括采购、工艺调试在内的 EPC 总装式服务机制，所以市政工程设计院在我国高速发展的很长一段时期内，鲜有工程总承包建树。在当下突然出现综合管廊工程总承包市场井喷式需求时，由于体制机制的制约，市政工程设计单位，包括大型甲级市政工程设计院在工程总承包方面都少有突出表现。他们承接的综合管廊项目大多还是传统的单一设计（初步设计或施工图设计），既失去了难得的利用总承包盈利机会，也无法发挥出以设计为龙头带动综合管廊采购、施工、调试一体化管理的综合效益。

基于市政工程设计单位既是综合管廊工程的行业龙头又相对缺乏工程总承包实战能力这样的窘状，建议市政工程类设计院深度整合内部资源，积极创建、培育具备 EPC 综合实力的体制机制，转换经营理念，率先扛起综合管廊 EPCO 大旗，为我国应用 PPP 模式建设城市地下综合管廊发挥应有作用。

② 激发非主营建筑类设计企业的潜在能量。

目前由住房和城乡建设部授予工程设计综合甲级资质的企业共 59 家。按照国家设计资质管理规定，持工程设计综合甲级资质的企业可承接我国工程设计全部 21 个行业的所有工程设计业务，并可承担取得的施工总承包一级资质证书（施工专业承包）许可范围内的工程总承包业务。这些工程设计综合甲级资质企业按大类分布，市政类只有 3 家，而石化、电力、港航、铁路、冶金五大行业占比达 80%。所以说，真正具有综合管廊工程设计和总承包能力的企业更多的是非主营建筑类设计企业且不受资质限制。

除以上综合甲级设计单位外，还有大量实力雄厚的行业甲级、专项甲级设计单位具有类似综合管廊工程的设计和总承包业绩，如煤炭、有色、水利、核工业等工程设计单位。虽然他们中的大多数没有市政类工程设计高等级资质，但确实具备城市地下综合管廊EPCO竞争能力，应该作为突破综合管廊工程总承包瓶颈的潜在力量得到充分重视。

如果我们希望在未来5~10年培育出一个综合管廊行业，那么从现在起就应打破过去的行业壁垒，创造、提供一个适宜的综合管廊工程总承包市场环境，让有能力的总承包企业有机会参与到综合管廊建设的大潮中，开创综合管廊工程EPCO领域新局面。

③政府实施机构管理理念需要革新。

首先，要建立打破行业垄断的概念。

城市地下综合管廊对于市政类工程而言已不单单是设施，里面放置了起码三种管线，甚至达到近十个种类，而且有运营维护管理的需求，因此无论是工程的广度还是要求提供服务的层级都较普通的市政工程有很大不同，部分工作已大大超出了市政工程设计单位和施工单位的能力，所以固守行业资质要求已不能满足客观需要，形势的发展迫使我们必须接纳行业外的有实力的社会资本介入综合管廊项目竞争。再者，根据国家总体部署，城市地下综合管廊工程将在"十三五"规划期间以每年2000 km的速度推进建设，工程量不可谓不大。如此庞大的市场如果仅仅局限在行业内部消化，那么必然会影响总体推进计划的实现以及受市场保护导致的低能、低效，妨碍技术进步。因此，必须形成打破行业垄断的高度一致的舆论氛围。

打破行业垄断的具体表现形态就是在政府采购环节适当设定资格预审门槛，摒弃不合理的限制性要求，如工程设计综合甲级资质、市政工程一级施工总承包资质等。

其次，要正确把握项目前期政府方风控尺度。

对项目设计的有效监管是最重要的前期风险管控环节之一。就PPP产出概念而言，我们的政府方可能会过分关注如何实现产出而非产出本身，或者说是误把目标当成了产出来控制，把项目的产出说明书搞成了目标说明书。

在这种情况下，政府实施机构不仅对项目产出做了定义和要求，还担心可研、环评等审批环节的不确定性，将设计环节纳入自己主导的工作范围，认为政府方对某项工作的控制力越强承受的风险就越低，所以出现了很多的在完成施工图设计后才将项目主导权交予社会资本的 PPP 项目。殊不知，这样的做法实际上是将设计风险留存了下来，政府部门不仅在设计风险发生后需承担潜在缺陷风险、绩效风险、技术落后风险、升级改造风险等带来的损失，而且还失去了利用社会资本的技术和经验优势的机会，扼杀了社会资本产出交付方式的灵活性。

在综合管廊 PPP 项目实际操作中，采用完成施工图设计后再进行政府采购的现象非常普遍，这应该理解为政府公共部门不当的风控意识导致的一个结果，这种意识不进行转变，综合管廊工程就无法实施 EPCO 模式。

最后，需要营造综合管廊 EPCO 发包的有利环境。

实现综合管廊工程 EPCO 承发包，政府实施机构需要创造以下几个条件。

一是充分落实综合管廊工程"规划先行"的政策要求。由于综合管廊具有向覆盖区域提供各种管线服务的广泛性和持久性特点，因此对它进行综合规划是十分必要的。该规划原则上应该建立在当地区域性发展规划和各专业管线详细规划的基础上，故地方政府主管部门需要适时地组织编制、审批《城市地下综合管廊工程规划》，预先完成这个前期必做的工作。

二是完成综合管廊项目初步设计及审批。当然，在组织开展综合管廊工程初步设计之前政府部门肯定需要先期完成该项目的可行性研究并得到批复。在这基础上，政府实施机构应该把综合管廊的初步设计阶段的工作单独委托（注意，只委托项目的初步设计，项目的施工图设计纳入 EPCO 采购范畴），以该阶段设计成果及批复意见作为项目产出目标并向社会资本提出要求。

三是制定精准的综合管廊 PPP 项目实施方案。PPP 项目实施方案是指导政府实施机构操作 PPP 项目的行动纲领，包括政府采购在内的完备的方案设计是保证项目高效落地的基本条件。过去一个阶段由于社会咨询机构在 PPP

咨询领域成熟度不够，提供的实施方案存在一些不可实施、或需要做出大的调整才能继续推进项目的问题，给政府实施机构带来麻烦。随着PPP项目咨询向专业化、精细化方向的发展，政府实施机构应严格筛选社会咨询机构，保证综合管廊这种相对特殊项目的咨询质量，实现高效落地。

三、对社会资本方建造能力的匹配要求与建议

1. 当前活跃在综合管廊领域内的社会资本分析

城市地下综合管廊工程一次性投资大、工程类型新颖、涉及的技术面广、收益保障性差，所以在以PPP模式招揽社会资本投资建设的初期并不被看好，大家观望情绪浓厚。

由于2015年国家大的经济环境是调结构、去库存，整体社会投资疲软，使得大量的建筑施工企业出现资产闲置、产能过剩现象。就在此时国家推行PPP模式建设运营城市公共基础设施，为施工企业提供了新的市场机会，进入2016年，采用PPP模式建设综合管廊的政策力度持续发酵，成为当前建设市场的一个亮点，各路社会资本纷纷跃跃欲试。但令人遗憾的是，由于大多数企业仍对PPP概念缺乏了解，真正敢于涉足的多是大型国企，尤其在综合管廊这样的项目上，基本都是央企在参与。

从研究团队对财政部综合管廊试点项目的调查来看，已经签约或正在与政府方进行合同谈判的社会资本多为大型施工企业，主要有中国建筑股份有限公司及下属单位，中国中铁股份有限公司及下属单位，中国铁建股份有限公司及下属单位，中国冶金科工集团有限公司及下属单位，以及中交系统个别单位等，一般性地方国企有很少一部分参与了竞标，但中标率很低，而石化系统、电建系统、矿建系统、水利系统等非主营建筑业务的央企则很少介入，关键是作为社会资本中一个主要组成部分——民营建筑企业除了在白银市综合管廊项目上有所表现外尚没有看到其他身影。

PPP项目的社会资本是一个大的概念，参与PPP项目的社会资本必须具

有实施项目设计、建造、运营、融投资的条件和能力,也就是说当某一承包商同时具备提供上述四个方面服务的保障并与政府实施机构签订PPP项目合同,那么该承包商即为唯一的项目社会资本方。当由分别具备设计、建造、运营、融投资资质与能力的社会资本联合体中选时,该联合体必须推举一个牵头人并由联合体协议授权与政府实施机构签订PPP项目合同,该牵头人可以是承担PPP项目设计、建造或运营的任何一家法人企业,但原则上不能由融投资机构为联合体牵头人。由于现阶段综合管廊PPP项目大多采用的是施工总承包,故呈现出多以施工企业而且是大型央企为综合管廊PPP项目社会资本的局面。应该说这只是一个过渡性现象,一旦时机成熟,以施工企业为主的社会资本现象将会有大的改观。

需要正视的是,上述现象毕竟在某种程度上反映了PPP模式的异化。那么是什么原因造成了提供综合管廊建造、运营服务的社会资本高度集中在几个大型施工类央企的现象呢?分析如下。

(1) PPP项目投融资要求对施工企业参与热情的影响。

总体来说,在经济增速下滑的背景下,政府大力度提倡以PPP模式提供城市公共基础设施建设市场,是众多施工企业热切盼望的利好消息,广大施工单位的高层领导和业务精英都急不可待地多次接受PPP培训即可证明他们想参与的诚意和迫切感。然而,对大多数建筑施工企业来说,以全新的投融资主体的角色介入PPP项目是困扰和束缚他们的主要原因。传统的施工企业无论从机构设置还是人才配备上都还没有来得及适应当前PPP项目运作的硬件要求,总体经营理念也还没有转换过来,因此谨慎的企业领导大多会采取等一等战略。而像综合管廊这样的工程项目,动辄投资几亿元、几十亿元,甚至上百亿元,让一家不曾有过类似经验的施工单位向未来的SPV一下子注入数亿资本金,为项目建设承担数十亿元的投融资债务风险,确实是令他们感到畏惧的。就这一点来说,对规模一般的国企、尤其是民营企业,PPP项目投融资要求不啻是最大的拦路虎。

其实，即使是大型央企，他们也会对综合管廊工程前期的巨大投入和特许经营期漫长时段内的诸多不确定性感到棘手。但是采用PPP模式推动城市基础设施建设已经成为国家战略选择，PPP模式引发的"微观层面的操作方式升级，宏观层面的体制机制创新"效应必然会带动建筑领域发生重大变革。作为央企有责任率先垂范，有责任为国家发展担纲助力，为此在PPP模式建设综合管廊工程的起步阶段由央企深度参与是顺理成章的。同时，从另一个方面来看，央企业绩好、资信度高、融资能力强、抗风险能力强，都是敢于涉足综合管廊PPP项目的重要因素。

（2）项目实施机构对建造资质要求的影响。

根据调查，政府实施机构在发布综合管廊项目的政府采购资格预审公告中，大多对拟投标的施工企业，除了提出具有营业执照、税务登记证、社保登记证等基本资格条件之外，还提出了一些特别要求，下面是摘自某综合管廊项目招标公告中资格要求的部分内容。

"具有建设行政主管部门颁发的有效施工总承包特级或市政公用工程施工总承包壹级及以上资质。"

"具有良好的财务状况以及相应的投融资、偿债能力；截止到×年×月×日，企业净资产不低于××亿元人民币（须出具×年度经会计师事务所或审计机构审计的资产负债表和损益表）。"

"具有良好的企业信用，银行信用等级为AAA级（有效期内），且近三年没有处于财产被接管、破产或其他不良状态。"

"×年×月×日以来，至少应具有投资、建设和运营城市地下综合管廊工程（同一城市累计综合管廊长度不少于×公里）、城市隧道工程（单项合同中隧道工程投资额不少于×亿元）、地铁工程（单项合同金额不少于××亿元）项目（类似业绩证明材料要求具体详见资格预审文件）等。"

上述投标资格要求无疑成了高门槛。

先看对应资质条件的施工单位分布及数量情况。目前，全国特级施工资质企业总数313家，包括同时持有多个专业类别特级资质，共有339本特级资质证书分布在全国各地。其中按企业性质统计，央企数量最多，达到118家占37.70%；民营企业111家占35.46%；地方国企84家占26.48%；按专业类别统计，主营建筑类特级资质的企业数量最多，总数达204家占60.36%；总数排第二、第三的是公路工程和铁路工程，分别是37家和35家；最少的是电力工程仅2家；我们所关注的市政工程为10家。从区域分布来看（不含央企），浙江41家占21.03%，江苏34家占17.44%，分别排名第一和第二，80%的省级区域特级资质数量都少于10家。而市政公用工程施工总承包一级施工资质企业的情况是，全国具有市政公用工程施工总承包壹级证书的企业共421家。其中，中字头单位100家，主要是中铁（61家）、路桥（9家）、中建（6家）、港航（5家）、冶金（5家）等系统，地方国企和民营企业各占35%之多。从以上两类资质企业的分析可知，虽然总数高达700多家，但是能满足地方政府心理预期的不到100家。

　　再来看看对企业的信誉、资产和业绩要求。总的来看，招标公告中的要求普遍高于企业申请市政公用工程施工总承包一级施工资质时的标准要求，尤其是对综合管廊工程或类似的城市隧道工程、地铁工程的业绩方面的要求过高，可以断定很多施工企业难以具备这样的条件，因为综合管廊、城市隧道、地铁等工程都是近年来的新开发项目，有机会承揽到这种项目的施工企业毕竟是少数。

　　综上所述，不恰当的资格门槛的设置屏蔽掉了大多数施工企业，这既助推了大型央企扎堆介入综合管廊项目，也在某种程度上为行业保护开了方便之门。

　　（3）施工企业自我认知结果的影响。

　　北京中建政研信息咨询中心依托为行业搭建资源与信息交流对接平台的优势，有机会与国内众多的施工企业及其各层次管理人员进行多方面接触。就采用PPP模式建设城市地下综合管廊这个热门话题，我们得到了来自多渠道的信息反馈，在一定程度上摸清了他们的需求、希望、困惑甚至无奈的一些思想动态，可从他们的自我评价中获知对参与城市综合管廊PPP项目的态度和应对准备，梳理结果如下。

① 自我感觉基本具备条件的施工企业。

有这种自信的多为大型以建筑业为主营业务的施工企业。因为这些企业本身就是从事市政工程或属于市政工程的同僚，获得信息较早，内部机制调整和知识更新都较非主营建筑企业先行一步，再加上企业规模较大、资金实力较雄厚，有资质和业绩支撑，估计容易被政府实施机构认可和接受。故此，他们对综合管廊工程大多跃跃欲试。但是他们多为单一施工型企业，对实施机构要求提供综合管廊运营维护服务缺乏必要的准备，企业的投融资能力也将会受到考验，所以这类企业底气还不是那么足。不过个别拥有设计资质的工程公司更具有挑战性，他们的实力和项目的要求相对更加匹配。目前参与综合管廊的社会资本主要是这类企业，如中建系统的工程公司等。

② 以非建筑业为主营业务的大型国有施工企业。

具有施工及施工总承包一级资质（或以上）的以非建筑业为主营业务的国企都是在国内各大行业中承担大型工程建设任务的施工企业。他们的综合实力非常强大，均是行业内翘楚，具有行业所属区域建设的能力和业绩，是可以参与城市综合管廊建设的主要的潜在社会资本。由于目前国家正处于经济结构调整时期，国内的建设市场发展极不平衡，工业门类建设项目多寡不一，因此对是否进入综合管廊业务领域他们的态度表现各异。石化、电力、港航、通信等行业的大型施工企业相对来说本行业新建项目和原有未完项目尚可消化他们的产能，所以在新产业布局上并不那么迫切，综合管廊业务板块没有引起他们大的兴趣，主动参与较少。铁路系统施工企业因为管廊工程类型与地铁工程有相似之处，所以中国中铁、中国铁建成了当前参与综合管廊建设的主要以非建筑业为主营业务的社会资本。而冶金、煤炭系统等施工企业面对本行业建设市场急剧萎缩，有着极其强烈地开拓包括综合管廊在内的新型市场的欲望。这两个行业的大型施工企业在他们以往承担的项目中不乏大型工矿区管道工程，各方面实力足以担当综合管廊工程所有的工程任务，有的还拥有相当规模的生产运营能力，然而不同的开拓魄力导致不同的开发结果，冶金类施工企业大胆创新，积极探索，已经在综合管廊领域占据相当份额，并形成一定的口碑，而矿山类施工企业则以行业壁垒难破为借口，行自我束缚之举，裹步不前，在综合管廊方面至今还没有任何实质性的突破。

③ 地方国企。

具有施工总承包一级资质的地方国企，其中很多是中央直属后来下放到地方的，其综合实力都是很强的。他们也都做了相应的准备，试图使自己成为当地综合管廊项目建设的主要社会资本备选方。然而很遗憾，我们所了解的情况是，包括以建筑业为主营业务的地方国企，在综合管廊社会资本公开招标中也很难看到他们的身影。

④ 民营企业。

在全国 700 多家施工总承包一级和特级资质的施工企业中，民营企业占 1/3，约有 260 多家。按照推行 PPP 模式建设城市基础设施的基本构想，民营企业应该是政府依托的主要社会资本，但是实际情况却非如此，PPP 政策推行近两年了，民营企业大多仍处于徘徊和动摇中，除了 PPP 模式下的水务、环保等少数工程门类有参与外，综合管廊工程到目前为止只有白银市一例。其实就综合管廊项目而言，相当一部分民营企业是有能力承接的。他们的技术力量足够强大，有的已经搭建了很强的投融资平台，自身的资金实力也相当强大，有的经过十多年提供项目运营服务已经打造出了比较健全的生产运管体系，这些资源足以使他们在综合管廊建设市场具有纵横捭阖之势，但是他们普遍心存疑虑，政府过去留下的信誉污点成了他们的心理障碍，怎么平等地与公共部门合作共事也是一个痛点所在。与其贸然地冒风险投巨资，不如再等等再看看，这就是他们的应对策略。

施工企业的自我认知是一个企业对有没有能力开拓新市场的基本策划形

式，会与市场的变化发生高频率碰撞并可能适时地产生调整。但是我们发现，时至2016年年中，综合管廊建设市场在社会资本遴选方面正像上面分析的一样，一边倒的现象并没有松动，即没有出现足以让各类施工企业重新定位的变化趋势，这不能不引起高层重视。

2. 对综合管廊建造能力的匹配要求

（1）明挖现浇法建造综合管廊的施工能力匹配要求。

明挖现浇法建造综合管廊是国内建设综合管廊的主要技术选择之一。

现代意义上的城市地下综合管廊工程建设在我国20世纪90年代就开始了，已经建成的上海、广州等地的综合管廊起到了很好的示范作用。从工程角度来看，综合管廊只是一个埋设于地下的带状构筑物，廊道断面的体量远小于地铁，埋深位于浅层地下空间（小于15 m），采用的土方大开挖加混凝土现浇的施工工艺，其技术含量并不高，技术风险基本可控。据此判断，这样的工程项目完全不需要使用国内顶尖的施工单位或专业市政工程施工单位来承建。需要注意的是，当前把廊道工程的土建施工和管线安装施工完全割裂的做法是违背建设项目整体性原则的错误做法，必须得到迅速纠正。而当依据改正后的整体设计展开社会资本采购时，作为综合管廊整体工程中重要的各种专业管线的安装、调试就自然成为对投标施工企业的能力要求。从这一点来看，市政工程公司可能还不如其他工业门类的工程公司更有经验。鉴于此，与综合管廊施工能力相匹配的施工企业以综合性见长的工业门类甲级工程公司更为适宜。政府主管部门应该尊重科学，在进行社会资本采购时避免人为垫高门槛，把可能的社会资本拦在门外，让竞争更加充分，让行业壁垒遁形于公开、公平、公正的竞争氛围中。

（2）预制拼装法建造综合管廊的施工能力匹配要求。

第一，预制拼装法建造综合管廊的技术发展简况。

1875年Willion Henry Lascell发明的建设工程中改进技术（improvement in the construction of building）标志着装配式结构的诞生。1945~1970年，

在全欧洲因为劳动力缺失，大规模使用了预制装配式建筑，与此同时，欧美国家预制装配式综合管廊建设随之兴起。日本后来居上，自1990年之后，采用预制箱涵装配化建设综合管廊开始在工程中大量应用。

我国随着制造工业的迅猛发展，预制装配式结构工厂化生产也实现了快速崛起，在交通业、建筑业以前的现浇施工领域，逐渐形成了标准的预制构件装配式施工，不仅提高了工效，也有效地保证了质量，预制构件中小的像铁路轨道板、盾构管片，大的像铁路箱梁、城轨的U形梁等，混凝土预制制品的范围不断扩大，其中综合管廊的预制管涵也在近年得到了大的发展。

第二，综合管廊预制拼装的施工特点与有待完善的技术空间。

预制装配式城市综合管廊，与现有明挖现浇技术比较，具有以下优势：一是以预制管件结构为主体的管廊结构，可以不仅大大降低材料消耗，而且管廊结构具有优异的整体质量、抗腐蚀能力强，使用寿命长；二是可实现标准化、工厂化预制件生产，不受自然环境影响，可以充分保证预制件质量和批量化生产；三是现场拼装施工，可大大提高生产效率，降低建设成本；四是工厂化生产保证了管廊结构的尺寸准确性，同时也保证了预制装配式城市综合管廊安装的准确性；五是无需施工周转材料，无须占用大量材料堆场，施工时间大为减少，可有效降低综合管廊的建设成本。因此，预制拼装法是代表我国综合管廊建设领域技术进步的一个方向。

目前，我国综合管廊混凝土预制构件生产方式根据构件规格和运输条件，分工厂化作业模式和移动式现场预制模式。在工厂化作业模式中又有台座法生产和流水线制造之别，技术日臻成熟。

工厂化生产在产品质量、生产进度、环境影响以及管廊的适应性等方面都具有较强的应用优势。采用工厂化生产，可以实现流水作业，生产效率高，质量有保障，更适用于体积小、重量轻、批量生产的预制构件。

受制于运输的经济性和安全性，对于大型预制构件，工厂化制备显得不利，由此诞生了移动式预制生产模式。移动式预制生产模式类似游牧作业，像综合管廊这样的带状工程，可以借用沿施工线路一侧或者周边规划大临或者小临用地，利用安全区域的某狭长地带建立移动式预制生产设施，将预制混凝土构件所需的设备、材料、工装模块等直接运到项目的施工现场附近，就近下料、预制、养护，然后将产成品短距离运输到拼装场地，进而完成拼装作业。当某个区段的廊道施工完毕后，可将移动式装备拆装到下一个场地，如此往复，从而大大节约成本、提高工效。

但是，预制拼装法建设综合管廊仍然面临很多问题。从预制工装模块的角度来看，因为预制构件的形状、材料等不同而有很大的差异。在拼装构件的形状方面，当前有底板现浇加预制板片拼装、双侧对称的正反L型预制构件拼装、U形预制结构体加预制顶板拼装、整体预制管涵节段拼装、预应力顶盖节段与预应力底座节段拼装等。在预制管件材料选用方面，除了钢筋混凝土预制构件外，大直径塑钢缠绕管也进入到了综合管廊工程应用中。以上各种预制拼装方法在国内城市地下综合管廊工程应用中应该说都还没有进入到大规模市场化阶段，预制拼装除了技术上诸如综合管廊走向出现垂直变化或水平变化时，预制件的结构调整问题、各类管线导入导出时与拼装节段如何结合问题、预制构件如何解决管线安装所需的预埋预留问题、预制构件节段拼装缝防水问题、装成段廊体防漂浮问题等有待完善外，还涉及预制构件二次设计、预制构件模具设计与制作、预制设备研发与应用、预制工法、移动式混凝土预制装置模块化设计与制备、预制件运输与吊装机械整合、拼装设备研发与应用、拼装工法等一系列技术和管理水平的提升。

第三，预制拼装法建造综合管廊的施工单位选择。

当通过可行性研究阶段的多方案比选，决定采用某种预制拼装法建设综合管廊时，政府实施机构应结合预制拼装法建造综合管廊的诸多特点，在验证技术成熟度的基础上，提前与项目的设计单位、潜在的预制拼装技术提供单位进行沟通，同时也要向PPP咨询机构充分交底，以便在PPP项目实施方案中选择并确定合适的政府采购办法。考虑到预制拼装领域多表现出技术初创、技术及装备的普及率较低、拥有该技术及施工能力的企业相对固定等特点，估计在施工单位的选择上难有更大的选择范围。换句话说，可能采购方式不得不选用竞争性磋商甚至单一来源采购。

有一个现实的问题必须引起注意，一般来说，即使是能够制备大型混凝土构件的预制企业，大多数都不具备较高的施工资质，这是同一家企业试图完全承揽综合管廊预制与拼装工程时的尴尬情形，此时，应该有一家具有一级以上（含一级）施工资质的企业参与社会资本联合体，并由其主导施工管理。

（3）盾构法建造综合管廊的施工能力匹配要求。

第一，盾构技术在隧道工程中的应用情况。

采用盾构法建造城市地下综合管廊的思路来自盾构技术在隧道工程中的应用。

盾构法应用始于1818年，由法国工程师布罗诺尔（M. I. Brunel）研发并取得专利，至今已有180多年的历史。我国在1957年北京的下水道工程中首次使用了盾构法修建地下工程。

盾构法进行隧道施工的基本原理是用一组有形的钢质组件沿隧道设计轴线开挖土体并向前推进。这个钢质组件在初步和最终隧道衬砌建成前，主要起着防护开挖出的土体坍塌、防止地下水或流沙的入侵、保证作业人员和机械设备安全的作用。盾构作业方法是先在隧道某段的一端建造竖井或基坑，以供盾构设备安装就位。盾构从竖井或基坑的墙壁预留孔出发，在地层中沿着设计轴线，向另一竖井或基坑的设计预留洞推进。盾构推进中所受到的地层阻力，由盾构千斤顶反作用于竖井或基坑后壁的力予以克服。盾构是一个既能支撑地层压力，又能在地层中推进的钢筒结构，钢筒直径稍大于隧道衬砌的直径，在钢筒的前面设置各类支撑和开挖土体的装置，在钢筒中段周圈内安装顶进所需的千斤顶，钢筒尾部是具有一定空间的壳体，在盾尾内可以安置数环拼成的隧道衬砌环。盾构每推进一环距离就在盾尾支护下拼装一环衬砌，并及时向盾尾后面的衬砌环外周的空隙中压注浆体，以防止隧道及地面下沉，隧道在盾构推进的过程中不断形成。

我国盾构技术及装备水平发展很快，目前国内已经拥有从 2.44~16.00 m 挖掘直径的不同型号盾构机，可满足圆形、矩形、马蹄形及其他特殊断面形状的隧道掘进需要，在地铁、过江隧道等建设领域发挥了重要作用。

第二，盾构法建造地下综合管廊的优势及其局限性。

① 盾构法建造综合管廊的现状及优势。

我国采用盾构法建设综合管廊的历史不长，且多为配合性局部工程，如天津市刘庄桥海河改造工程中的地下共同过河隧道，盾构施工总长度 226.5 m。隧道内部共分为 4 个功能空间，分别供电力、通信、热力自来水、中水和煤气管线通过。南京云锦路电缆隧道莫双线 220 kV 地下工程中的一部分采用了盾构技术。该工程是江苏省首条盾构法施工的电缆隧道，也是国内首条超高压电缆隧道。盾构隧道全长 849 m，埋深 5.2~9.8 m，盾构穿越地段主要地层为淤泥质粉质黏土。在当前新一轮城市地下综合管廊建设热潮中，沈阳市南运河段综合管廊拟采用盾构法施工，其双圆单舱综合管廊总长度 12.8 km，建成以后将是国内盾构法施工建设中最长的一条综合管廊。

采用盾构法建设城市地下综合管廊具有一系列优点，主要表现在以下几个方面。

第一，在盾构支护下进行地下工程暗挖施工，不受地面交通、河道、航运、潮汐、季节、气候等条件影响，能经济合理地保证综合管廊安全施工。

第二，盾构的推进、出土、衬砌拼装等可实现自动化、智能化和施工远程控制信息化，掘进速度快，施工劳动强度较低。

第三，地面人文自然景观可以得到良好的保护，周围环境不受盾构施工干扰，这在中央商务区、交通密集区及老旧城区改造建设综合管廊时，尤其显示出盾构法施工的优越。

第四，在松软地层中，较开挖埋深大、距离长、直径大的综合管廊，盾构法具有经济、技术、安全等方面的优越性。

②盾构法建造综合管廊的局限性。

一是经济性。盾构法运用于城市地下综合管廊工程最突出的问题就是工程造价偏高，这将非常不利于盾构法在该领域的推广应用。从对沈阳市综合管廊试点项目的相关数据比较可知，盾构法施工较明挖现浇法施工土建工程造价要高出一倍左右。由于目前市面上还没有开发出适应地下综合管廊特点的盾构设备，大部分盾构机都是直接采用修建城市地铁的盾构装置，这样就导致修建综合管廊工程的土建造价与修建同样数量的地铁相当。因此，如何降低土建造价是一个必须面对和要解决的问题。

二是盾构技术与综合管廊的匹配要求。盾构技术本身还需要与综合管廊的诸多要求相磨合，相关标准、规范、工程技术等的成型与成熟尚需时日。其中包括：浅埋深状态下（地表标高 −15 m 左右）综合管廊盾构施工的适宜性、廊道盾构施工与综合管廊附属设施（如通风口、投料口、管线引出口等）的关系处理、如何满足综合管廊廊道特殊设计（主要是转弯、起伏、交叉等）时的盾构施工、如何满足廊道内各类管线的架设、悬吊、支撑等技术要求等。

三是盾构装备水平及操作技术水平的提升空间。盾构机是与廊道形状一致的在盾构外壳内装备着推进机构、挡土机构、出土运输机构、安装衬砌机构等部件的隧道开挖专用机械，主要包括九大组成部分，分别是：盾体、刀盘驱、双室气闸、管片拼装机、排土机构、后配套装置、电气系统、液压系统和辅助设备。这样一个庞大的集约化装置，任何一个部件的缺陷或故障都会影响盾构施工效率，事实上，装备的改进一直在进行中。

完整的盾构作业更是需要设备制造、气压设备供应、衬砌管片预制、衬砌结构防水及防堵、施工测量、场地布置、盾构转移等施工技术的高度配合，工程的系统协调及其复杂。

四是盾构施工中的几项具体技术问题。

首先，廊道管片设计问题。廊道衬砌结构主要是由管片构成，它也是盾构施工的最终产物。管片所形成的结构物是永久性的，因此管片的设计是非常重要的环节。目前我国一些地区已涉及到盾构隧道管片设计的规范性要求，但尚没形成系统的、完整的盾构隧道设计规范。因此，进行盾构隧道管片设计理论的研究成为当务之急。

其次，开挖面的稳定问题。盾构法的主要原理就是尽可能在不扰动围岩的前提下完成施工，因此施工的关键就是维持开挖面的稳定性。泥水加压式盾构与土压平衡式盾构是目前维持开挖面稳定性方面的主要方式，应在采用泥浆或流塑性土体控制开挖面压力的机理研究方面下大工夫。

再次，盾构姿势和线路控制问题。盾构机是一个由盾构千斤顶驱动、在地中运动的庞然大物。盾构机行走的轨迹要严格遵循廊道的设计要求，小的偏移会造成管片拼装等施工操作上的困难，过大的偏移会造成廊道的偏移甚至影响廊道使用，而盾构机的偏移由于围岩的不均匀性、曲线段施工、推力的偏心、刀盘旋转的反作用力等影响，可以说在实际施工中是难以避免的。这就需要对千斤顶和推力进行合理的调控，严密掌握盾构机姿态，将偏移量始终控制在允许的偏差范围之内，保证综合管廊盾构施工质量。

最后，盾构法建造综合管廊的施工单位选择。

采用盾构法建造综合管廊绝对不是到施工图设计阶段才可以决定的，必须通过前期可行性研究阶段的一系列方案对比选择，具备相应条件才能决定采用。因此，政府实施机构应参照预制拼装法建设综合管廊的做法，结合盾构法建造综合管廊的诸多特点，提前与项目的设计单位、潜在的盾构技术提供单位进行沟通，同时要向PPP咨询机构充分交底，以便在PPP项目实施方案中选择并确定合适的政府采购办法。考虑到盾构法施工对大型盾构装备的要求，对操作大型系统化盾构机技术力量配备的要求，估计具备条件的施工单位不会太多，因此建议选用竞争性磋商的采购方式。

就施工单位应具备的条件来看，盾构施工需要配置盾构机是基本要求，即使可以通过租赁市场租用到盾构机（当前此类市场尚不发育），施工单位也需要组建一支技术力量有充分保障的盾构施工队伍。因此，这样的一支施工队不是短时间内能够拼凑起来的，再加上对工程业绩的要求，盾构法建设综合管廊的施工单位必须具有施工总承包一级以上（含一级）资质。

3. 对建造单位匹配综合管廊项目需要的几点建议

（1）适应工程总承包管理趋势，以总承包商形象参与竞争。

综合管廊工程具备实行工程总承包的基本要素，以施工为主导产业的社会资本应该转变观念，调整传统营销策略，适应PPP模式盈利规则，通过购并设计院，创建旗下综合管廊运营公司，打通"EPC+运营管理"的全站式服务通道，快速整合内部资源，适应工程总承包的管理需求，争取以工程总承包方式承接综合管廊PPP项目，这样既为国家节约投资，又能使自己赚取合理收益。

（2）捆绑实力强劲的设计单位，争取构建联合体。

对于一般的甲级施工企业，应该结合企业自身实力、特点和原行业背景，组建相应规模的综合管廊运营维护机构，并与实力强劲的、有一定渊源的设计公司建立紧密联系，为构建综合管廊竞标联合体做好充分准备。

（3）提前建立融资伙伴关系，突出投融资实力。

在企业层面，强大的融资能力已成为企图掘金综合管廊PPP项目的建筑企业应具备的基本能力。在目前以施工企业为主要社会资本竞争PPP项目的情况下，施工企业一定要及早地为如何进行项目融资做好准备，应物色具有实力的金融机构，通过谈判建立框架合作关系，从而一方面在政府实施机构招标资格预审中，可以顺利通过对与之合作金融机构的资格审查；另一方面一旦中标，能够迅速地筹措项目建设资金，满足工程建设进度的需要。

（4）委托专业咨询机构，扎实做好项目前期工作。

为实现综合管廊PPP项目中标并达成多赢的合作氛围，主要的社会资本（总承包商或联合体牵头单位）应尽早地选择可信赖的社会咨询机构协助筹备投标事宜并提前进入合同谈判准备，在自身不熟悉或不适应的方面如投融资安排、股权结构设计、合同体系构建、权益处置、回报机制、运营监管、项目移交等方面依托咨询智库，扎实做好项目前期工作，共同完成项目落地。

四、对社会资本方运营能力的匹配要求与建议

1. 综合管廊运营管理现状分析

（1）现阶段综合管廊运营管理的主体与客体。

我国现阶段在城市地下综合管廊运营管理方面尚没有形成一个统一的格局，无论是管理的主体还是管理的客体都并行着多种方式。

PPP概念提出之前，在综合管廊的运营管理方面被清晰地分成了两大块。第一块是廊道管理，主体单位一般为国有企业或事业单位，管理的客体即为综合管廊廊道和附属设施。第二块是对纳入综合管廊各种管线的生产运营管理，管理主体分别为管线权属单位，管理的客体即为对应的专业管线。

廊道管理的主体单位由于投资主体的不同而出现不同形式，主要有四种。一是由政府全资负责建设综合管廊，建成后移交给所属国有企业组建的综合管廊管理公司对管廊实施运营维护管理，如上海世博园综合管廊。二是由国有企业出资建设综合管廊，并由该企业二级管理公司负责综合管廊的运营维护管理，如广州大学城综合管廊。三是政府和管线公司联合出资建设综合管廊，建成后移交给管线公司运营管理，如杭州地下电力管廊。四是以BT模式公开招标社会独资企业进行综合管廊融资与建设，建成后移交给政府，然后由政府委托专业运营管理公司对综合管廊运营管理，如南京浦口新城核心区综合管廊。上述综合管廊运营管理的主体单位不论形式如何变化，本质都是国有企业承担综合管廊运营管理的角色。他们一般都是与建设期的融资平台公司或国有工程开发公司高度关联，管廊建成以后，或直接移交或政府授权进行综合管廊的运营管理，企业性质单一。管理的内容是负责综合管廊的照明、通风、排水、消防、监视监控和标识，担负廊道日常清洁、管廊及附属设施的维护保养、管廊的日常安保巡查等物业管理工作。

综合管廊内部各种管线的生产运营管理主体则由各管线权属单位派驻的人员构成。由于考虑投资收益的需要，在管线所有权和使用权不同处置办法下又派生出了多种经营方式，使得在管线运营管理和管线与管廊交集地带的管理呈现出复杂局面。

建设方向管线权属单位交换管线权益的方式包括以下三个方面。

首先，向管线权属单位出租管廊内的空间，由管线单位自行敷设、维修和运营管理其所属的管线。这种方式主要表现在垄断性较强的电力和电信行业，并且已经形成了一个固定的利益格局。

其次，出租综合管廊内的管线。这种方式是先由建设单位自行建设好综合管廊并架设好管廊内管线，然后通过合同约定的形式向管线运营商出租，由管线运营商管理管线并提供管线输配服务。采用这种方式的有热力和供水等管线权属单位。

最后，出售综合管廊内建成的管线。建设单位授权承建方出售全部或者部分由综合管廊建设单位出资建成的管线，以回收管线建设费用，并且乘此机会厘清与管线购买单位在管线后期的维护管理责任。

上述情况下，综合管廊的管理出现主、客体多元化。同一条管廊内混杂着不同的利益主体，各利益主体面对或具有所有权、或只有使用权的管理客体——廊道、廊道环境保障设施、管线及管线的生产运营维护，以及各种主客体之间的交互影响，必然会产生很多矛盾，弱化综合管廊的集约化管理效果。

（2）现阶段综合管廊运营管理的主要问题。

以上综合管廊运营维护管理的复杂格局将会极大地影响运营管理效果，表现在以下三个方面。

① 廊道与管线分属管理必然降低总体管理绩效。

综合管廊运营管理机构的配置一般包括以下几项内容。

技术部。职能主要是在总工程师的领导下负责综合管廊的岗位技术标准、安全操作规程的制定与监督执行，负责运营过程中的技术管理工作。

运行部。主要职责是负责综合管廊内附属设备的监护，负责这些设备的运行分析及操作控制，保证综合管廊内的照明、排水、通风及监视监控系统的正常运行。

检修部。主要职责是对管廊内附属设备如水泵、通风机、照明灯具、配电箱、监视监控仪器仪表等进行日常检查和维修，对于管廊内积水、异味等情况按照程序进行处理。如果综合管廊运营管理合同有约的话，检修部同时负责对纳入廊道的各类管线进行日常巡检，发现问题时及时通过既定程序上报相关出问题管线的权属单位，通知其进行维修处理。

显然，在综合管廊运营管理机构的职能中不含管线的生产运行管理，为保证各种管线能够有效连续工作，纳入管廊的各家管线权属单位势必还要为综合管廊区段配备各自的值守人员并建立工作制度，根据各自管线统一调度的需要，操控综合管廊区段内的线路运行指标。

这种管理格局不仅提高了用工成本，而且会极大地影响综合管理效益。由于在综合管廊中多家管线单位利益共存又多有制约，哪怕在正常发生的细小环节的更改上都会引起扯皮，协调难度大，办事效率低。

② 难以形成地下管线系统、高效的运行管理效果。

已建综合管廊（包括PPP试点城市）的大部分是将廊道建设与管线安装分别实施的，这样的建设安排埋伏了综合管廊区段各类管线安全运行的隐患。

由各家管线权属单位各自设计、施工的综合管廊区段管线，由于设计时序脱节，会在管线运行管理设备的配备和监视监控系统的配置上形成各自为政的局面，表现为上述系统在设计和装备规格选型方面技术水平参差不齐，装置、装备的安装位置和施工空间出现相互干扰，与上位机和下位机联通的机房布置受到限制，各管线运行管理信息处理与综合管廊监控系统兼容产生矛盾等，从而影响管线生产运行效率。

③ 分属管理将使应急响应效果大打折扣。

综合管廊信息系统构成中具有安全应急响应功能。为保证相关管线安全运行，管线权属单位也会在系统中建立应急响应制度。但是，廊道与管线分属管理，由于危险信号采集分布各行其是、危险信息源信息处理不准确或者误判，独立的报警或警示方式不足以迅速传播，各自为政的处警方式不足以成规模、快速地进行现场处置等，会使安全隐患发现不及时，更重要的是影响联动效果，致使应急响应效果大打折扣，造成不该有的生命财产损失。

对于相对封闭的地下综合管廊，我们要建立一个"5分钟时限"的概念。"5分钟时限"是指从管廊紧急状态确定开始之后的5分钟。这5分钟的时间非常关键，因为在没有任何应对措施的5分钟内，灾害将发展到非常严重的程度。具体表现为：5分钟内火灾温度将从初起时，发展到高于1000℃；恐暴活动5分钟内可以导致大规模破坏；5分钟内城市严重内涝可以将管廊的部分区段完全淹没；5分钟内处理不力，导致需要5个月甚至更多的时间来恢复管廊的正常运行。应急响应就是尽量使"5分钟时限"内可怕的情况不发生，或者在发生时，争取在"5分钟时限"内采取正确的应对措施，杜绝事故或以尽可能小的损失解决故障。

2. PPP模式下综合管廊运营的管理要求

（1）信息化建设与应用是地下管廊综合运营管理的基本要求

综合管廊信息系统是城市地下管线信息系统的有机组成部分。在城市地下综合管廊信息系统中，除了综合管廊的地理信息和容纳的管线属性信息之外，综合管廊内部的信息管理是工程项目在建设期和运营期的重要工作内容之一，它应该包括廊道环境管理信息系统和廊道内各类管线生产运行信息系统两大部分。

第一，廊道环境管理要素及其信息系统的建立。

首先，综合管廊廊道环境管理要根据其工程技术特点进行配置，这些特点包括：生命周期长（设计寿命为100年），内部管线设施的更换周期长（15~30年），线性分布、距离较长，管廊设施主体位于地下、空间相对狭小，存在照度、氧气、湿度、粉尘、可吸入颗粒物、微生物、动植物干扰等因素。

其次，要结合廊道内的各种风险因素对应采取措施。这些风险因素包括：灾害类风险（如火灾、水灾、恐怖袭击、自然和人为地质环境变化导致管廊结构体发生变化），环境类风险（如高温、高湿、管廊建设材料和入廊管线挥发的部分有毒气体、附着或漂浮在管廊中的各类细菌和病毒、小动物、粉尘和可吸入颗粒物），设备类风险（如电源故障、通信故障、照明故障、传感器故障、控制器、阀门、开关、风机、排水泵等可动作的设备产生故障、软件故障导致系统可靠性下降），人员类风险（如不合格的人员的使用、符合资格的人员未按照相关规范和标准进行操作、相关人员未尽职守、不同主体和部门间沟通不畅等）。

经对上述城市地下综合管廊技术特点和风险的分析，可以总结出管廊运营和维护的目标和重点是：保持管廊长期稳定可靠运行，将任何偏离正常运行的倾向给予充分关注和分析并及时排除事故隐患，实时监控紧急状态出现的征兆和苗头并及时报警，正确地处置紧急状态。

要实现综合管廊安全运营，必须构建一个完整的监视监控系统，同时配合以严密的管理制度设计和作风优良的管理执行团队。而监视监控系统应由环境与设备（包括消防、通风、温控、供电、照明、监视与报警、排水、标识）系统、监控系统、安全防范系统、通信系统、预警与报警系统、地理信息系统、信息管理统一平台等构成。

第二，廊内各种管线的运行操作、安全监控与信息处理。

可能置入综合管廊内的管线主要有电力电缆（高压、低压）、通信线缆（包括电信、联通、移动、网通、铁通及有线电视信号）、燃气、给水、热力、污水和雨水管道，还有路灯电缆、交通信号指挥线路、中水回用管道、供冷管道、垃圾管道、充电桩线缆及其他专用管道（如军用管道等）。

上述每一种管线甚至同一种类但不同规格的管线运营操作和安全监控的方法、要素都不一样，经过梳理，大致有以下几方面需要调控或监视监控的内容：

① 电力电缆。

电力电缆在综合管廊内的正常生产管理中需要采集电缆电压、电流、功率、电能、频率、功率因数、跳闸计量、开关状态等参数，并通过通信接口上传至电力电缆监控系统。综合管廊内的电力电缆还需要将为之特别设置的环境温度监测系统、气体监测系统、视频监控及红外防盗系统、主要电缆负荷水平监测系统、绝缘状况在线实时监测系统，与综合管廊集控室综合自动化系统主机、火灾报警与消防联动主机、气体监测控制器、光纤感温探测控制器、视频监控主机等子系统的后台管理设备联动。

电力电缆运行管理信息通过综合管廊集控室计算机网络技术，把引入、引出口供配电系统、火灾报警与消防联动系统、电力电缆与环境温度监测、气体监测、视频监控及红外防盗系统等具有完整功能的独立子系统整合成一个有机体，所有子系统都要提供通信接口，以便组成集成管理的监控预警体系。然后接入电力系统专网或互联网与当地电力监控中心联网，实现系统生产调度与信息共享。

② 通信线缆。

通信技术发展日新月异，当前用作电子信息传输的方式有电缆通信、光缆通信和光纤通信。光纤通信正以独特的优势飞速发展，将会逐步代替光缆通信并主导未来信息网，而电缆通信则日渐式微。不过目前上述三种通信方式共存的局面可能还要持续一个阶段，因此通信线缆的运行维护管理需要有针对性。

根据国务院、中央军委《关于保护通信线路的规定》，处于综合管廊内需要保护的通信线路设备包括：无人值守载波增音站、水线标志牌、电缆充气站、通信线缆、标识、引出口及其他附属设备。保障目标是：主要的电气性能、技术指标符合规定要求，机械性能、机械强度、部件齐全性和结构完整性达到规定要求，使用良好，运行正常。

电缆通信的日常监管任务就是通过保持电缆干燥来保证通信质量，常规采用的是充气维护的方法，因此对电缆充气机的监控和对与之关联的电缆气压遥测是电缆通信线路运行管理的重要工作内容。其运行管理程序是，通过埋在电缆中的传感器检测并向总控台传递充气机各个物理量参数和电缆内气体物理量参数的变化，观测和操控充气机的运行状态以及发现电缆通道的漏气点，以便及时维修，保证通信电缆正常工作。另外还要对通信电缆接头和引出线等部位及廊道范围内缆线质量进行日常巡检。

光纤通信容量大、传送信息质量高、传输距离远、性能稳定、防电磁干扰、抗腐蚀能力强，因而发展迅速。同时，光缆系统故障预判、光纤劣化程度把控等成为通信网最主要的维护薄弱环节。

光纤通信有单模和多模之分，单模光纤传播路径单一，纤芯直径较小，宽带范围较大，适合长距离信息传输，运行过程中需要配置半导体激励器LD进行激励。多模光纤传播路径广泛，能够允许多个模式同时进行信息传播，光纤的纤芯较大，但传输距离较短，需要中继站补充传输系统的能量损耗。所以为保证光纤通信质量，涉及的运行管理设备包括：接线盒、可变波长激光器、高频调制器、波分复用和解复用器、滤波器、增益平坦和锁定的SCL波段放大器、RAMAN放大器、高频光探测器、MEMS光开关等，运行管理中保证上述设备正常发挥功能是主要工作之一。另外，防止光缆故障、实时监控光纤劣化情况的光纤自动监测系统也是日常运行管理的重要的工作内容。

③燃气管道。

我国城市民用燃气种类高度集中于天然气，天然气已占城市民用气源90%以上，故研究团队以输送天然气管道为对象，研究其设在综合管廊中运行管理所需要的监视监控系统配置。

由于天然气输配一般不设置独立的储气设备，而是利用输气管道空间及其压力差直接在输气管道内储存，所以管道内天然气压力变化频繁，变化幅度较大。由此，其输配运行管理要求：首先对天然气输配管网的运行状态建立数学模型，用实时数据来模拟管网实际运行情况，求解管网中各管段流量、管存量、温度、压力和气体的分布状态，实现燃气输配计划和调控的执行与优化。其次，对天然气引入口和众多引出口压力与流量实行实时监控，防止管道压力过高或过低的情况出现。最后，建立中心调度室，实施全系统燃气输配调度监控。

而对燃气管道的安全监控主要集中在泄漏和火源这两个方面，泄漏的监控对象包括燃气管道的安装接口、阀门、阀件、仪表承插口、管道的腐蚀、磨损、人为破坏、管道材料缺陷、管理因素、操作失误及其他不明因素等。火源的监控对象包括电气、电信、自控、照明设备及电缆以及与天然气管线共舱的电气设备防雷防静电接地等。而实现这些监视监控目标的方式方法、工艺装备都可以与管廊环境管理相结合，统一兼顾，一次性配备到位。

④供水及其他水务管道。

利用先进的计算机网络技术、地理信息系统技术，在专业管网运行管理信息库的基础上，紧密结合相关水务（如供水、中水、雨水、生活污水等）管理的业务流程，实现综合管廊水网管道管理的科学化和自动化。

以供水管道为例，其综合管廊供水管道运行管理要符合《城镇供水管网运行、维护及安全技术规程》的要求，实现供水单位日常的压力、流量控制，完成供水运行调度，必要的管道清洗以保障水质，全面控制漏损，安全供水。

为此，综合管廊内的供水管道信息系统应包括为满足综合调度、水质监测、漏损检查等正常运行管理而要求配备的装置装备的监视监控，包括对供水管道引入和各引出端口的压力、流量、流速监视、各种仪表监管、各种阀门工况监管、全线管道的锈蚀程度监控、各种接口严密性监控等，通过综合管廊计算机控制中心对外与供水管网上位机调度中心接驳，提供供水服务；对内利用计算机控制中心反馈的管廊区段相关信息，保障系统安全运行。

⑤热力管道。

在新的供热体制下，考虑到用户自主调节的可能，热力公司将从现今的热源主动提供者转变为被动的需求适从者。因此，除了加强热源厂和换热站运行优化控制之外，包括综合管廊内热力管道的运行管理也将在保障管网水力平衡和用户调节方面起着关键作用。

目前，供热管网介质主要有热水和蒸汽，介质本身无腐蚀性。热水管网温度控制范围小于120℃，蒸汽管网温度控制范围小于250℃，支线工况压力PN可控制在1.6 MPa以下，每年最多供热时间150天，控制系统的精度设计须满足在0.5级。

综合管廊内的热力管道信息系统除了要提供供水管道类似的压力、流量、流速监视、漏损检查、各种仪表监管、各种阀门工况监管外，突出的专业特点就是输送的介高温质引起管道变形所需采取的应对措施，另外就是管道保温及其效果监控。热力管道的所有监视监控信息也要通过综合管廊计算机控制中心与城市热网调度中心接驳，提供供热服务；对内利用计算机控制中心反馈的管廊区段相关信息，保障供热系统安全运行。

第三，建立综合管廊统一的管理平台，实现管线运行和廊道管理有机融合。

综合管廊安全运营是一个廊内各种管线稳定运行及综合性安全监控和廊道适宜环境有效保障的集合概念，综合性安全监控及保持廊道适宜环境是管线稳定运行的基本条件，管线稳定运行是综合管廊运营管理的终极目标。

集约化管理就是要将管廊及其里面容纳的各种管线所有需要监视监控的因素汇集于同一系统内，通过信息管理平台并交由训练有素的统一的管理机构来实施的管理，任何游离于系统之外的管理手段和方法都将破坏集约化效果。

综合管廊的集约化管理将通过中央控制室实现。中央控制室是实现管线稳定运行和廊道环境管理有机融合的统一的管理平台，其设计、采购、施工、运营管理应一次性完成。

综合管廊信息管理平台应包括：① 对各类管线生产监控与报警配置所组

成的系统进行系统集成,使其分别具备数据通信、信息采集和综合处理功能。② 对综合管廊廊道环境监视监控系统与各管线安全监控与应急响应系统进行关联设计,实现应急联动功能。③ 与各专业管线上位机系统实现联通,接受并执行上位机指令,满足上位机调取、传递、综合处理相关信息的要求。④ 与各专业管线下位机系统实现联通,向下位机发出指令并通过与下位机信息交换及时掌控及调节管线生产运行指标。⑤ 与城市地理信息系统联通,为创建智慧城市添砖加瓦。

(2)综合管廊运营机构的培育与发展建议。

原有综合管廊运营管理方式都是将纳入管廊的管线权属单位作为运营管理主体之一,与综合管廊运营管理单位共同经营综合管廊。这将造成不同的利益部门必须在同一运营环境下共事的局面,且作为主要的管理责任单位——综合管廊运营管理公司较那些强势的管线单位还难以掌握管理的主动权,必须依托政府部门利用其行政职权来进行强有力协调与干预,致使政府方疲于应付、管理方束手无策,局面相当被动!

迄今为止,国内尚无一个综合管廊项目建立了具备集约化运维管理的机制,包括已经进入建设期的哈尔滨、六盘水、包头、白银等试点项目,尽管运营维护管理机构还处于建设准备阶段,但是根据透漏出来的信息分析,他们在综合管廊投入运营后的管理方式上基本还是沿用老办法,即综合管廊运营管理公司负责廊道管理,各管线权属单位负责管线生产运行管理,综合管廊运营管理方式的创新无从谈起。

其实,类似综合管廊的工业或民用设施的集约化管理早就在市场上自然形成,比如城市地下商城运维管理、矿井生产管理等都是由一个部门统一负责。市场上能够提供总体服务的运营商也大有人在。

综合管廊在建设期完整的信息化建设为其集约化运营维护管理创造了极好的条件。鉴于此,建议从两个方向培育城市地下综合管廊专业化运营管理企业,并使之作为PPP模式下的主要社会资本成员,将综合管廊运营管理推向市场。

所谓两个方向培育是通过对现有有能力承担专业化综合管廊运营管理服务的社会资本构成情况分析而总结出来的。一个方向是在具有类似项目综合管理业绩和经验的大型工程公司中发掘并组织专业化机构，专门向综合管廊运营管理方向发展。从这个方向组织的运营管理公司，具有长期管理类似项目的经验，员工资历深厚，专业配备齐全，管理制度充分，能快速实施对管线的维护和检修，有的还开发了不少适用于管线维检的装备，有利于快速整合，迅速形成生产力。他们欠缺的是对高度智能化的监视监控装备及其操作方法的掌握，需要加强培训，持证后上岗。另一个方向是在能够提供综合管廊整体性信息化管理软、硬件服务的供应商中发掘并组织专业化机构。这个方向组建的综合管廊运营管理公司，由于先期参与了综合管廊信息化管理系统的设计、建造，所以熟悉系统功能，可以熟练操作相关设备，员工素质较高。在这个基础上组建的综合管廊运营管理公司需要加强配备的是各专业工种的巡检人员和对中小型管线故障的排除能力。由于目前还没有这样的成型机构，所以从组建到适应全盘接管综合管廊运营管理服务还是需要时间磨合的。

提供综合管廊集约化运营管理必须具备一个重要的前提，那就是综合管廊运营管理公司需要在政府机构的协调下，与当地各管线权属单位分别签订生产运行管理合作协议。通过这个协议明确管理权限，划定责任范围，界定风险管理边界，确定上下游管理流程和审批程序等，为综合管廊运营管理公司独立行使管理职责开辟外部环境。

第六章 结论

一、综合管廊 PPP 模式应用现状和存在的问题

1. 综合管廊建设运营采用 PPP 模式是必然选择

20 世纪 70 年代以前，各国的城市公共事业大多采用的是"国有化"模式，即投资、建设、运营完全由政府承担，基础设施供给为公益性的行政垄断性公营事业。

但是，悄然发生着的一系列变化主导着基础设施供给方式不得不改变。这些变化因素包括：公营事业性质决定的低效率难以满足既有供给的需求；亏损造成的财政负担使既有供给能力的维持出现困难；增加投资扩大供给能力越来越难；公众需求日益增加；消费者主权诉求产生了用商业规律约束基础设施的生产和销售，实现用更低成本提供更好产品和服务的社会需求；以效率为导向，结合竞争机制的市场化制度安排成为一种选择；基础设施所具有的收入稳定、现金流充沛等特点对追求稳定回报的社会资金具有吸引力。于是在政府财力难以为继的情况下，在基础设施和公共服务领域，使用者的需求与私营部门的投资冲动共同导演出以 PPP 为主要内容的制度变迁。

而 PPP 对于中国当下经济社会的发展似乎还罩上了一层闪光的色彩，即通过公私合营加强城市基础设施建设的方式来拉动投资，激发经济活力。因此，政府正不遗余力地加速推动 PPP 模式在基础设施和公共服务领域的应用，与此同时，城市地下综合管廊成了 PPP 模式应用的热点，或者说，采用 PPP 模式已成为城市地下综合管廊工程建设与运营的不二选择。

2. 当前综合管廊 PPP 模式应用领域存在的硬伤

PPP 模式的一个基本特征就是将部分政府责任以特许经营权方式转移给社会主体（企业），利用社会资本在特许经营期的经营收益（部分项目必须附加政府可行性缺口补助）来收回投资并获取合理回报，实现"利益共享、风险共担、全程合作、皆大欢喜"的 PPP 目标。因此，项目的可经营性便成为了该项目能不能利用 PPP 模式来操作的一个基本条件。

而综合管廊自从它在我国市政工程领域出现以来就被业界认定为公益性事业，并由政府长期单方面投资建设和管理。为了打破这种格局，吸引社会资本参与综合管廊的建设与运营，近年来我们借鉴国外经验，设计了入廊收费和分摊运营管理费的办法使综合管廊有了现金流，具备了准经营性，从而可以以 PPP 模式操作项目。

从顶层设计来看，这样的制度安排似乎扫清了应用 PPP 模式的障碍，加之中央政府大力推动，2014 年至今，综合管廊 PPP 项目已在国内全面开花。根据国家发改委等七部门发起的专项建设基金支持综合管廊建设的情况通报披露，到 2016 年 5 月，专项建设基金已经投放六批，共支持综合管廊项目 152 个，投资 2711 亿元，项目建成后将形成 3300 km 的综合管廊，形势喜人。

然而，令人忧虑的是，在城市综合管廊工程应用 PPP 领域，我们在微观操作层面尚有很多以为可解但却未解的问题，有的已经成为硬伤，或将直接影响 PPP 项目的成败，因此，按照目前这样的做法，综合管廊工程将再难以利用 PPP 模式建设与运营！

经研究团队汇总，在 PPP 模式应用于城市综合管廊工程方面，突出的问题如下。

① 综合管廊工程规划落后于可行性研究设计。
② 综合管廊设计内容没有包括管线工程。
③ 在没有管线技术部门充分参与的基础上廊道工程设计难免出现的缺陷。
④ 不完整设计构成的工程估（概）算对 PPP 模式财务指标分析的误导。
⑤ 入廊费和运营管理费收取依据不客观导致无法实现综合管廊的可经营性。
⑥ 缺失预留的管线工程与廊道工程建设和运营的衔接管理措施。
⑦ 政府实施机构对社会资本进入运营期的不当承诺。
⑧ 综合管廊最终产出效果不确定对政府支出预算的负面影响。
⑨ 综合管廊集约化运营管理的期望实现困难。

二、实现PPP模式建设城市地下综合管廊的系统性优化建议

即使在早期由政府方单方面投资兴建和管理的综合管廊，也有相当一部分的工程是廊道和管线同时设计、同时施工、同时投入使用的（如青岛红岛高新区综合管廊），现在利用PPP模式，反而将一个完整的工程切割成了两大块，即廊道（包括附属设施）工程与管线工程，正是由于这样的组织安排，不谈带给工程本身的危害，就是PPP模式的利用也是让人疑虑丛生甚至令人感到荒谬。试想，城市地下综合管廊需要具备什么条件才能发挥作用，产生效益？显然，如果按照当前仅仅建成了廊道及其附属设施是不能产生现金流的，社会资本运营管理一个空置的廊道也是不产生任何实际效益的无效劳动，在管线工程游离于PPP项目之外的情况下，政府部门怎么保证社会资本及时且足量的收取入廊费和管线权属单位缴纳的运营管理费？在不能按时收到上述费用时，政府部门又将通过什么渠道在原PPP项目合同协定的可行性缺口补助的基础上筹措不足的费用？这两个问题将从根本上动摇PPP模式的应用，使投入综合管廊工程的社会资本难以实现利益目标，最终必将导致政府机构与社会资本不欢而散。

因此，综合管廊的建设与运营作为一个成建制的系统工程就必须采用系统管理的方法来组织运作，不论在这个系统中个别因子多么桀骜不驯，都必须想方设法将其纳入到管控范围中来，实现系统工程的整体效益。

现在的难点就在于在综合管廊这个系统中，所谓桀骜不驯的因子可能主要来自于管线权属单位，除了电力、通信等管线单位具有传统的垂直领导特点外，自来水、热力、天然气等管线权属单位也出现了民营、合资、外资和大型直属央企等不同经济成分，使得地方主管部门单方面协调难度越来越大。也正因此，相关主管部门难免产生畏难情绪，导致各自为战的局面难以破解。

在这个档口，所谓系统化管理就是需要政府部门突破行业壁垒，正确认识和呼应PPP模式引发的微观层面的操作方式升级和宏观层面的体制机制变

革要求，打造一个开放、协作、互惠、高效的城市综合管廊PPP项目管理机制，一切以项目为核心，以切实发挥综合管廊综合效益为目的，真正实现"利益共享、风险共担、全程合作、皆大欢喜"的PPP目标。

通过课题研究，我们认为要解决PPP模式在城市综合管廊工程应用方面所面临的问题，仅仅通过局部改良是无法实现的，必须运用系统论方法，在PPP模式技术运用、立法与法律体系完善、政府管理，以及与综合管廊工程密切关联的各路社会资本的匹配要求等方面予以全面梳理，从根本上提出一揽子解决方案，才可化解坚冰，一路畅行。

我们提出的解决方案包括以下内容。

1. 顺应PPP基本理念，选择适宜的PPP投融资模式，构建总体实施框架

具体建议如下。

① 要实现城市综合管廊资产可经营性，就需将综合管廊包括廊道及其附属设施和管线工程在内的完整工程一次性建设，并以出售管线资产的方式收取入廊费；就需将综合管廊包括廊道、附属设施和管线在内实行完整项目的整体运营管理，并向各管线单位收取实际发生的运营服务费；从而实现看得见、摸得着的稳定现金流，为PPP模式用于城市综合管廊提供准经营性先决条件。

② 对于新建城市地下综合管廊项目建议采用PPP-BOT模式；对于有存量但还需要继续建设的城市地下综合管廊项目建议采用PPP-TBT模式；综合管廊PPP项目建设运营管理方式建议采用EPCO方式。

③ 建议加快对保险资金参与PPP项目的研究和指引方案的出台，大力推广保险资金参与PPP模式下综合管廊项目的建设；建议放宽可续期债券（永续债）的准入门槛和审核标准，丰富综合管廊PPP项目融资渠道。

④ 提高政府风险意识，突出对城市综合管廊项目的组织风险、法律风险、设计风险、最小需求风险、项目建设管理风险、项目运营管理风险、融资风险等特色风险的分析和合理分配，防范和规避源头性风险及阶段性核心风险。

⑤ 建议注重对EPCO方式下综合管廊PPP项目合同和SPV内部EPC合

同的关联性研究，从政府方角度要将 EPC 的细节问题前置到 PPP 项目合同的谈判与约定中，突出合同体系中的 PPP 项目合同这个核心合同的价值和作用。

⑥ 根据国家对各行业固定资产投资项目最低资本金比例的要求，建议城市地下综合管廊 PPP 项目的交易结构设计为：政府授权出资机构和社会资本共同设立项目公司，项目公司注册资本金比例可以低于项目总投资的 20%（建议取 20%），项目总投资的剩余资金由社会资本融资。政府在项目公司中的持股比例应当低于 50%、且不具有实际控制力及管理权；余下股本由项目公司中的社会资本承担。

⑦ 建议利用国家城市地下综合管廊建设专项债券发行的优惠政策，加大公司债、专项企业债、项目收益债等发行力度，为 PPP 融资寻找突破口；建议地方政府或专业机构研究设立城市综合管廊建设基金，采取"PPP+基金"的操作形式，吸引民营或投资机构、自然人等共同出资支持基础设施建设，按照投资比例获取收益和承担风险。

⑧ 建议从两个渠着手规制综合管廊 PPP 项目资本退出或培育 PPP 项目二级市场，即：探索 SPV 将资产证券化的途径，使项目公司的资产转化为可转让债权，从而实现基金等各方的资金退出或进行二级市场交易；探索允许 SPV 在一定时间后或者达到一定绩效之后股份可以上市交易，从而实现投资资金的退出或进行二级市场交易。

2. 建立和完善利于综合管廊 PPP 模式建设运营的法制环境

具体建议如下：

① 确立国家地下空间权益主体地位。以"建设用地地下使用权"为核心，将其与空间役权、空间相邻权等规定予以集中，作为"权利束"在《中华人民共和国物权法》中独立成章，使其作为城市地下空间权的基本规则，在此基础上另行制定《中华人民共和国城市地下空间权法》；依照《中华人民共和国物权法》的有关规定，研究制定地下空间权利设定和登记办法，形成独立而有体系的权属、交易等法律关系。

② 明确综合管廊工程规划在城市规划体系中的法律层次。建议综合管廊工程规划依据城市总体规划和各单一管线控制性详细规划，在更高一级机构主持下进行统合与协调，应将城市综合管廊工程规划定性为修建性详细规划。

③ 建议将包括廊道和管线在内的综合管廊工程一次性建成，并以管线直埋成本为主要参照价格将各管线产权一次性向其所属管线单位出售，以形成入廊费收入；建议将综合管廊的管线和廊道运营管理全权交与社会资本负责，由各管线单位从其总的生产管理成本中切出属于综合管廊入廊管线的那一部分成本作为入廊管线的管理支出，以此形成综合管廊运营管理费收入。上述两项费用定价执行政府指导价原则。

④ 高度重视 PPP 项目合同体系所涉及的各类法律关系，尤其建议注意所签合同与《中华人民共和国合同法》的对接问题，在需要遵循的主要原则、合同风险的关注要点、核心条款的把握等方面必须结合综合管廊和 PPP 模式各自的特点有针对性的设置。

3. 要顺应综合管廊 PPP 项目的管理需要，实现政府管理机制创新

（1）适应综合管廊 PPP 项目的政府管理机构组成建议。

具体建议如下。

① 建议在住房和城乡建设部下组建地下空间建设管理司，将包括地下综合管廊在内的城市地下空间建设项目实行归口管理，履行地下空间工程建设项目的规划、申请确权、登记、交易、信息化等管理责任。

② 建议城市综合管廊（包括更广范围的城市地下管线工程）由地方住建口政府部门统一归口管理，同时将机构能力的整合与中央主管部门对接，实现在一个机构下就可以统筹解决综合管廊业务各项管理的效果。

③ 建议地方政府实施机构要授权给住建口政府机构编制中有类似管线管理职能的机构或职能相近的机构，并在人员编制上配备齐全。

（2）综合管廊 PPP 项目政府管理所需要的内容创新及实施建议。

第一，综合管廊工程设计组织工作创新建议。

① 建立将综合管廊工程所有工程内容（廊道及其附属设施和管线工程）一次性完成设计的组织体系，并为此制定相关管理规则。

② 为实现完整的综合管廊工程设计，组织制定相关设计管理规定、规范，如《城市地下综合管廊可行性研究报告编制内容和深度的规定》《城市地下综合管廊工程初步设计编制内容与深度要求》等。

③ 调整综合管廊设计资质的设定门槛，为有能力的设计院搭建竞争舞台，提供竞争机会，为培育有综合管廊全面设计能力的设计院创造适宜土壤。

④ 在目前国内缺少能够独家提供全面的综合管廊工程设计单位的情况下，承担政府协调义务，动员相关专业管线设计单位向主设计单位提供技术协助或承担专业设计分包，创造融洽的综合管廊设计市场和合作机制。

第二，入廊费和运营管理费有效落地的工作机制建议。

① 当政府议定将应用PPP模式投资、建设、运营综合管廊时，应及时组织规划入廊的管线主管单位举行管线入廊双边或多边协调会，协商结果以签订的入廊协议为标准。

② 委托造价咨询机构依据可行性研究报告相关管线设计指标按各类管线直埋法编制"入廊费"计费报告；按管线权属单位现行专业管线综合运营成本编制"运营管理费"计费报告；并使上述工作与PPP项目咨询进度关联。以不耽误物有所值评价和财政承受能力论证工作为宜。

③ 组织入廊管线单位、物价部门、价格听证机构等进行入廊费和运营管理费价格谈判，形成基本定价后，报经当地物价部门审定后向社会发布综合管廊入廊费和运营管理费政府指导价并公布价目表。

④ 综合管廊建成后的当年，负责将入廊费一次性从各管线单位收缴到位（当管线单位筹资有困难时，也可以设定一个3~5年的时段，并按期收缴）。按PPP项目实施方案，负责向各管线单位逐年收缴运营管理费。

⑤ 依据PPP项目合同，适时组织入廊管线单位、物价部门、审计部门对项目公司提交的综合管廊运营管理费调价申请进行审议，调价结果必须履行

听证程序，并由地方物价部门发布。

第三，政府方项目造价管理机制构建和实施建议。

① 提高对项目投资控制的意识，探索 EPC 模式管理，建立政府机关造价控制奖罚激励机制，营造健康的机关氛围，打消负面情绪，鼓励管理创新。

② 抓好 EPC 方式下综合管廊初步设计单位的政府采购工作，建议对相关设计单位进行资讯考察和现场调查，充分掌握其综合实力，采用邀请招标方式遴选能够完成一部指导 EPCO 方式采购社会资本的综合管廊初步设计的承担单位。

③ 抓好 PPP 项目 EPCO 方式下的社会资本政府采购工作，尤其在造价控制方面，建议在招标代理机构的协助下，依据初步设计的总概算，确定综合管廊 PPP 项目标底价，严格履行招标程序和合同谈判程序，确定本综合管廊 PPP 项目固定的合同总价。

④ 在 EPCO 合同总价包死的条件下，重点控制：提交的施工图是否违背初步设计原则出现数量不足、质量规格降低等减料现象；对不可预见费项下发生不可预见工程进行工程量核定和价格核定；对发生超过合同约定额度的业主变更进行工程量确认和价格核定；严密监控项目公司试图将施工方变更转化为政府变更的错误手法，保障政府合法权益。

第四，构建综合管廊 EPC 建设管理架构及操作建议。

① 建立对项目公司的监督考核机制，对达不到合同要求的要实行必要的处罚。

② 依据审批的综合管廊工程初步设计原则，对项目公司提交的各批次施工图进行审查。建立设计文件管理制度，明确须提交、须审议、须批准的设计文件名称与类别。

③ 召开项目开工会议，审议项目公司提交的工程建设总体项目计划；审查各项开工准备工作；批准开工报告。

④ 要求项目公司按时呈报项目月度工程进度计划、月度工程进展情况报告，监督项目公司建设期的工程质量、进度、安全等管理工作，监督必要的安全、

文明生产和环境保护方面的投入，杜绝安全事故；创建文明工地。

⑤ 突出对工程质量的管理，监督施工分包程序的合规性；抽查工程原材料检验程序执行情况；抽检关键部位施工质量；参加重点分部工程质量验收；行使质量否决权。

⑥ 突出对各类管线及大宗材料采购的管理，审查项目公司采购计划；监督项目公司采购程序执行情况；必要时参与项目公司对主要货物的出厂检验。

⑦ 突出对工程进度的管理，及时解决影响工期的、属于甲方责任范围内的外部协调问题；督促项目公司按进度计划完成阶段性工作。

⑧ 突出对项目公司融资的管理，对项目公司的融资方案设计、机构接洽、合同签订和融资交割等进行过程监管，防止企业债务向政府转移；当项目公司未按照项目合同约定完成融资时，政府实施机构可实施提取履约保函直至终止项目合同等措施；当项目出现重大经营或财务风险时，政府实施机构可配合债权人依据其与项目公司签订的合同直接介入。

⑨ 审查项目公司提交的竣工试验和竣工后试验方案，加强项目竣工后试验的组织协调工作，组织入廊管线单位向项目公司提供竣工后试验所必须的相关合格介质，提供试验管线介质的输出路径，协助配合试验过程的管理和应急事件的处理，共同完成项目竣工后试验。

⑩ 组织综合管廊 EPC 工程验收和工程质量认证。

特别建议：在综合管廊 PPP 项目采用 EPCO 方式建设运营时，项目建设期的政府管理最好委托有资质的工程管理机构代行业主管理之责，发挥职业机构的专业管理优势，把项目管好、建好。

第五，构建综合管廊新型运维管理架构及操作建议。

① 实现将综合管廊的管线和廊道全部交由社会资本全权管理的新型运管模式的构建。要通过社会资本的运营管理机构对综合管廊综合性安全操作系统的监控和对廊道适宜环境的管理，实行综合管廊系统化管理，实现综合管廊各种管线稳定运行这个运营管理的终极目标。

② 要在项目竣工之前，组织各入廊管线权属单位分别与项目公司签订管线生产运行管理合作协议。通过这个协议明确双方管理权限，划定责任范围，界定风险管理边界，明确各项操作运行指标，确定上下游管理流程和审批程序等，为综合管廊项目公司运营管理机构独立行使管理职责开辟外部环境。

③ 按PPP项目合同中对政府方的约定，及时向入廊管线单位收缴入廊费和运营管理费，并按合同约定向项目公司转付上述费用及支付政府可行性缺口补助。

④ 配合当地财政部门对综合管廊PPP项目进行财政管理。按照财政部门预算编制要求，编报PPP项目收支预算：管理PPP项目的权益转让收入、股息收入、超额收益收入、社会资本违约赔偿、奖补资金等收入；管理政府承担的股权投资支出，可行性缺口补助支出；责成项目公司按时报送上一年度经第三方审计的项目运营成本详细资料，通过PPP综合信息平台对外公开项目成本信息，接受社会监督。

⑤ 在PPP项目全生命周期内，按照事先约定的产出评价标准，对项目产出、实际效果、成本收益、可持续性等方面进行绩效评价。项目实际绩效优于约定标准的，应执行项目合同约定的奖励条款，未达到约定标准的，要执行项目合同约定的惩处条款或救济措施。评价工作可委托第三方专业机构提出意见，实施机构做出结论。

第六，综合管廊特许经营期满后的移交工作建议。

① 组织移交委员会，完成下列移交前的工作。

（a）项目设施移交的详尽程序，包括移交形式、补偿方式、移交内容和移交标准等。

（b）最终恢复性大修计划。

（c）商定移交项目设施清单（包括备品备件的详细清单）。

（d）就移交向第三方进行公告的方式。

（e）委托具有相关资质的资产评估机构，按照项目合同约定的评估方式，对移交资产进行资产评估。

（f）移交仪式的准备。

（g）向项目公司收纳移交保函。

② 办理移交。完成以下移交内容：

（a）项目所有建筑物、构筑物和设施。

（b）与项目相关的管线、设备、装置、零部件、备品备件以及其他资产。

（c）运营和维护项目所要求的所有知识产权（包括以任何许可方式获得的）。

（d）已经收取但尚未服务到期的剩余期限对应的运行管理费用。

（e）所有尚未到期、按其性质可以转让的保证、保险和其他的合同利益。

（f）土地使用权及与项目用地有关的其他权利。

（g）运营手册、运营记录报表、移交说明、设计图纸和文件等文件资料。

③ 移交验收。

移交验收的标准为：项目设施完好并处于良好的运行状态。

未能达到验收标准（含异议情形下，经第三方机构认定仍未能达到验收标准）的，应责成项目公司自行修正；项目公司不能自行修正的，政府方可从移交维护保函中支取费用用以补偿修正，保证金不足以支付恢复性大修费用的，应向项目公司追偿。

④ 缺陷责任期管理。

跟踪综合管廊移交后接手单位的运营管理状态，凡移交缺陷责任期内属于项目公司责任范围内的任何缺陷或损坏（正常磨损除外）责成项目公司处理；项目公司授权第三方处理时，可提取移交维护保函中相应金额以支付此项费用，保证金不足支付的，应向项目公司追偿。

⑤ 移交批准。

综合管廊项目无偿移交，且移交缺陷责任期到期后，应邀请项目公司、地方国有资产管理部门、财政部门共同办理移交批准手续，完成全面移交程序。

4. 综合管廊 PPP 项目中采购社会资本方时的匹配度建议

（1）适宜的 PPP 模式下综合管廊项目社会资本采购方式建议。

建议综合管廊 PPP 项目采用 EPCO 模式采购社会资本，采购方式选用邀请招标方式。如果联合体成员单位的服务领域能最大限度地避免二次招标，则建议采用竞争性磋商方式。

（2）综合管廊规划设计能力的匹配要求与建议。

第一，综合管廊工程规划机构的匹配要求与工作建议。

①建议承担城市地下综合管廊工程规划的编制单位参照甲级城市规划编制单位的资质要求进行遴选。

②建议在综合管廊工程规划编制中特别注意综合管廊廊道路由的区位规划，要兼顾城市新区和老旧城区，尤其需要在老旧城区规划建设综合管廊。

③力图在综合管廊工程规划中将能纳入管廊的管线全部规划收纳。其中燃气管道必须入廊；热力管道和供冷管道要结合南北方城市地域特色分别考虑有效纳入；雨水管道在南方城市采用压力输送方式纳入管廊。在干旱半干旱地区，结合海绵城市发展规划另行安排；污水管道要结合综合管廊与城市污水处理厂的区位关系，采用压力输送方式纳入管廊。

第二，综合管廊可行性研究设计的资源匹配要求与建议。

① 建议在具备甲级设计资质的甲级工程咨询单位中遴选承担综合管廊可行性研究报告的编制单位；同时考虑继续委托该可研单位继续承担综合管廊工程初步设计阶段工作的可能，为提高设计质量和设计效率预设保障措施。

② 建立综合管廊工程设计沟通协调机制，营造各专业管线权属部门设计机构积极配合设计总揽单位的良好氛围，避免重大设计漏项，减少重复设计，保证设计的完整性。

③ 建议在综合管廊工程可行性研究报告编制中特别注意使能共舱的管线尽量共舱（主要针对燃气和供热管道），充分考虑综合管廊信息化管理需要（管线生产监控和廊道环境监控）、有效实现投资决策阶段的造价控制（可研

投资估算）。

第三，对综合管廊初步设计的资源匹配要求与建议。

① 当预设综合管廊工程实行 EPCO 建设运营管理模式时，应在初步设计单位招标前重点考察其是否具有工程总承包的能力和业绩。建议对设计单位进行资格预审时等级设置以具有国家建设行政主管部门颁发的甲级工程设计证书为宜，摆脱行业束缚，为选择综合管廊初步设计承担单位提供宽松条件。

② 建议在综合管廊工程初步设计过程中特别注意保持项目可行性研究的延续性，一次性完成全面设计；保证设计的可施工性，避免返工；突出综合管廊廊道与各类管线监视监控统筹设计；完成初步设计总投资概算；提供系统的包括初步设计说明书、设备清册、概算书、设计附图等全套设计文件。

第四，化解将设计风险交与社会资本的困局途径和建议。

根据我国城市综合管廊工程的技术发展水平，设计风险交与社会资本的最佳时间节点是在委托施工图设计时，围绕这一命题，建议如下。

① 营造综合管廊 EPCO 发包的有利环境。具体要创造以下几个条件。

（a）充分落实综合管廊工程"规划先行"的政策要求，适时地组织编制、审批《城市地下综合管廊工程规划》，预先完成这个前期必做的工作。

（b）完成综合管廊工程初步设计及其审批，以该阶段设计成果及其批复意见作为项目产出目标并向社会资本提出招标邀请。

（c）制订精准的综合管廊 PPP 项目实施方案，保证综合管廊这种相对特殊项目的 PPP 咨询质量，实现项目高效落地和 EPCO 方式先导。

② 当前主导城市地下综合管廊设计市场的各主要大型市政工程设计院要勇于担当，要深度整合内部资源，积极创建、培育具备 EPC 综合实力的体制机制，转换经营理念，率先扛起综合管廊 EPCO 大旗，为我国应用 PPP 模式建设城市地下综合管廊发挥应有作用。

③ 激发非主营建筑类的其他行业甲级、专项甲级设计单位的潜在能量，

发挥石油、冶金、电力、煤炭、有色、水利、核工业等工程设计单位多年来积累的工程总承包经验，让他们参与到综合管廊工程中来，突破综合管廊工程缺少总承包领头羊的这一瓶颈困境。

④ 鼓励采用公开招标或邀请招标的方式采购包括综合管廊施工图设计工作在内的 EPCO 社会资本。突出考查社会资本方设计承担单位的勘察、设计、采购、施工和调试能力，考查其统一策划、统一组织、统一指挥、统一协调和全过程控制的项目管理能力，实现 EPC 综合效率。

（3）综合管廊社会资本方建造能力的匹配要求与建议。

目前，城市地下综合管廊工程实现方式有明挖现浇法、预制拼装法和盾构施工法等，针对不同的施工方式，社会资本方建造能力的匹配要求与建议如下。

① 基于明挖现浇法建造综合管廊的技术含量不高，技术风险基本可控，同时工程内容涵盖土建和各类管线安装工程。鉴于此，建议以综合性见长的工业门类甲级工程公司承担综合管廊施工更为适宜。

② 预制拼装法是代表综合管廊建设领域技术进步的一个方向，但是目前技术成熟度尚缺火候。大多数制备大型混凝土构件的预制企业不具备较高的施工资质，因此建议预制企业与具有一级以上（含一级）施工资质的企业参与社会资本联合体，由有资质的企业主导施工管理，完成承揽的综合管廊预制与拼装工程。

③ 盾构法运用于城市地下综合管廊工程技术是成熟的，但最突出的问题就是工程造价偏高，不利于盾构法在综合管廊领域的推广应用。建议盾构法建设综合管廊的施工单位必须具有施工总承包一级以上（含一级）资质。

（4）综合管廊社会资本方运营能力的匹配要求与建议。

① 构建综合管廊集约化运营维护管理机制，实现廊道环境要素管理；廊内各种管线的运行操作、安全监控与信息处理；综合管廊统一的管理平台运作等集中管理。

② 建议从两个方向培育城市地下综合管廊专业化运营管理企业并使之作为 PPP 模式下的主要社会资本成员，将综合管廊运营管理推向市场。一个方向是在具有类似项目综合管理业绩和经验的大型工程公司中发掘并组织专业化机构，专门向综合管廊运营管理方向发展。另一个方向是在能够提供综合管廊整体性信息化管理软、硬件服务的供应商中发掘并组织专业化机构。

参考文献

[1] 尚秋谨. 城市地下管线运行管理的美国经验. 城市管理与科技, 2012 (8): 78-81.

[2] 尚秋谨, 刘鹏澄. 城市地下管线运行管理的英法经验. 城市管理与科技, 2014 (3): 76-78.

[3] Hunt D V L, Nash D, Rogers C D F. Sustainable utility placement via Multi-Utility Tunnels. Tunnelling and Underground Space Technology, 39 (2014): 15-26.

[4] Ates U, Bilgin N, Copur H. Estimating torque, thrust and other design parameters of different type TBMs with some criticism to TBMs used in Turkish tunneling projects. Tunnelling and Underground Space Technology, 40 (2014): 46-63.

[5] Hao T, Rogers C D F, Metje N, Chapman D N, Muggleton J M, Foo K Y, Wang P, Pennock S R, Atkins P R, Swingler S G, Parker J, Costello S B, Burrow M P N, Anspach J H, Armitage R J, Cohn A G, Goddard K, Lewin P L, Orlando G, Redfern M A, Royal A C D, Saul A J. Condition assessment of the buried utility service infrastructure. Tunnelling and Underground Space Technology, 28 (2012): 331-344.

[6] Canto-Perello J, Curiel-Esparza J, Calvo V. Criticality and threat analysis on utility tunnels for planning security policies of utilities in urban underground space. Expert Systems with Applications, 40 (2013): 4707-4714.

[7] 张光明. 城市地下空间权立法探讨. 城市建设理论研究, 2014 (5): 1-5.

[8] 黎桦. 先行先试权与科学民主立法的协调——以城市地下空间开发利用为视角. 襄樊学院学报, 2011.

[9] 王恒栋, 王静霞, 吴其伟. 城市地下综合管廊: 统筹规划, 协调管理. 城市建设, 2015 (6): 22-25.

［10］楼可为.城市综合管廊的经济分析及对策建议.现代经济信息，2012（6）：275-276.

［11］于玲.PPP模式下提供公共服务的财政路径-以四川省为例.财政税收，2015（1）：5-8.

［12］井发明，王苑楠，王英林.宁波市地下管线动态更新及管理机制探讨.城市勘测，2014（3）：156-158.

［13］傅健.国外城市地下空间的发展对我国的借鉴.山西建筑，2008（1）：42-43.

［14］刘春彦.日本地下空间开发利用管理法制研究.民防苑，2006.

［15］刘春彦，束昱，李艳杰.台湾地区地下空间开发利用管理体制、机制和法制研究.民防苑，2006.

［16］孙波，胡敏智，魏怀，罗达邦，许贝儿.城市地下空间开发规划与设计——亚洲稠密城市经验研究.隧道建设，2015.

［17］油新华.城市地下空间开发综述.建筑技术开发，2015.

［18］陈燕.对当前城市地下空间开发的思考.中华建设，2015.

［19］段天雷.城市地下管线现状及未来发展方向.科学导报，2013（15）：279-280.

［20］于骏.城市地下管线综合管理系统建设构想.文摘版：工程技术，2015（8）：56.

［21］段巧，李治.城市地下综合管廊系统规划及典型案例.汉中科技，2015（3）：21-25.

［22］王超，孙晓洪，李伟，刘光媛.基于顶层设计的地下管线信息管理新模式.地下空间与工程学报，2010，06（6）：1118-1124.